AF329051

J.-J. ROUSSEAU

LES CONFESSIONS

Compositions
de
MAURICE LELOIR

TOME DEUXIÈME

ÉDITIONS JULES TALLANDIER
75, *Rue Dareau*, 75
PARIS

LES
CONFESSIONS

LES CHEFS-D'ŒUVRE DE L'ESPRIT

J.-J. ROUSSEAU

LES CONFESSIONS

ILLUSTRATIONS

DE

MAURICE LELOIR

TOME SECOND

PARIS

ÉDITIONS JULES TALLANDIER

75, RUE DAREAU, 75

LIVRE VI

LIVRE SIXIÈME

1736

Hoc erat in votis : modus agri non ita magnus,
Hortus ubi, et tecto vicinus jugis aquæ fons ;
Et paulum sylvæ super his foret...

Je ne puis pas ajouter :

Auctius atque

Di melius fecere ;

mais n'importe, il ne m'en fallait pas davantage ; il ne m'en fallait pas même la propriété : c'était assez pour moi de la jouissance ; et il y a longtemps que j'ai dit et senti que le propriétaire et le possesseur sont souvent deux personnes très différentes, même en laissant à part les maris et les amants.

Ici commence le court bonheur de ma vie ; ici viennent les paisibles mais rapides moments qui m'ont donné le droit de dire que j'ai vécu. Moments précieux et si regrettés ! ah ! recommencez pour moi votre aimable cours ; coulez plus lentement dans mon souvenir, s'il est possible, que vous ne fîtes réellement dans votre fugitive succession. Comment ferai-je pour prolonger à mon gré ce récit si touchant et si simple, pour redire toujours les mêmes choses, et n'ennuyer pas plus mes lecteurs en les répétant, que je ne m'ennuyais moi-même en les recommençant sans cesse ? Encore si tout cela consistait en faits, en actions, en paroles, je pourrais le décrire et le rendre en quelque façon ; mais comment dire ce qui n'était ni dit, ni fait, ni pensé même, mais goûté, mais senti, sans que je puisse énoncer d'autre objet de mon bonheur que ce sentiment même ? Je me levais avec le soleil, et j'étais heureux ; je me promenais, et j'étais heureux ; je voyais maman, et j'étais heureux ; je la quittais, et j'étais heureux ; je parcourais les bois, les coteaux, j'errais dans les vallons, je lisais, j'étais oisif, je travaillais au jardin, je cueillais les fruits, j'aidais au ménage, et le bonheur me suivait partout : il n'était dans aucune chose assignable, il était tout en moi-même, il ne pouvait me quitter un seul instant.

Rien de tout ce qui m'est arrivé durant cette époque chérie, rien de ce que j'ai fait, dit et pensé tout le temps qu'elle a duré n'est échappé de ma mémoire. Les temps qui précèdent et qui suivent me reviennent par intervalles ; je me les rappelle inégalement et confusément ; mais je me rappelle celui-là tout entier comme s'il durait encore. Mon imagination, qui dans ma jeunesse allait toujours en avant, et maintenant rétrograde, compense par ces doux souvenirs l'espoir que j'ai pour jamais perdu. Je ne vois plus rien dans l'avenir qui me tente ; les seuls retours du passé peuvent me flatter, et ces retours si vifs et si vrais dans l'époque dont je parle me font souvent vivre heureux malgré mes malheurs.

Je donnerai de ces souvenirs un seul exemple qui pourra faire juger de leur force et de leur vérité. Le premier jour que nous allâmes coucher aux Charmettes, maman était en chaise à porteurs, et je la suivais à pied. Le chemin monte : elle était assez

LES PERVENCHES

pesante, et craignant de trop fatiguer ses porteurs, elle voulut descendre à peu près à moitié chemin, pour faire le reste à pied. En marchant, elle vit quelque chose de bleu dans la haie, et me dit : Voilà de la pervenche encore en fleur. Je n'avais jamais vu de la pervenche, je ne me baissai pas pour l'examiner, et j'ai la vue trop courte pour distinguer à terre des plantes de ma hauteur. Je jetai seulement en passant un coup d'œil sur celle-là, et près de trente ans se sont passés sans que j'aie revu de la pervenche ou que j'y aie fait attention. En 1764, étant à Cressier avec mon ami M. du Peyrou, nous montions une petite montagne au sommet de laquelle il a un joli salon qu'il appelle avec ràison Belle-Vue. Je commençais alors d'herboriser un peu. En montant et regardant parmi les buissons, je pousse un cri de joie : *Ah! voilà de la pervenche* ! et c'en était en effet. Du Peyrou s'aperçut du transport, mais il en ignorait la cause ; il l'apprendra, je l'espère, lorsqu'un jour il lira ceci. Le lecteur peut juger, par l'impression d'un si petit objet, de celle que m'ont faite tous ceux qui se rapportent à la même époque.

Cependant l'air de la campagne ne me rendit point ma première santé. J'étais languissant ; je le devins davantage. Je ne pus supporter le lait ; il fallut le quitter. C'était alors la mode de l'eau pour tout remède ; je me mis à l'eau, et si peu discrètement, qu'elle faillit me guérir, non de mes maux, mais de la vie. Tous les matins en me levant, j'allais à la fontaine avec un grand gobelet, et j'en buvais successivement, en me promenant, la valeur de deux bouteilles. Je quittai tout à fait le vin à mes repas. L'eau que je buvais était un peu crue et difficile à passer, comme sont la plupart des eaux des montagnes. Bref, je fis si bien, qu'en moins de deux mois je me détruisis totalement l'estomac, que j'avais eu très bon jusqu'alors. Ne digérant plus, je compris qu'il ne fallait plus espérer de guérir. Dans ce même temps il m'arriva un accident aussi singulier par lui-même que par ses suites, qui ne finiront qu'avec moi.

Un matin que je n'étais pas plus mal qu'à l'ordinaire, en dressant une petite table sur son pied, je sentis dans tout mon corps une révolution subite et presque inconcevable. Je ne saurais

mieux la comparer qu'à une espèce de tempête qui s'éleva dans
mon sang et gagna dans l'instant tous mes membres. Mes artères
se mirent à battre d'une si grande force, que non seulement je
sentais leur battement, mais que je l'entendais même, et surtout
celui des carotides. Un grand bruit d'oreilles se joignit à cela, et
ce bruit était triple ou plutôt quadruple, savoir : un bourdonne-
ment grave et sourd, un murmure plus clair comme d'une eau
courante, un sifflement très aigu, et le battement que je viens de
dire, et dont je pouvais aisément compter les coups sans me tâter
le pouls ni toucher mon corps de mes mains. Ce bruit interne
était si grand, qu'il m'ôta la finesse d'ouïe que j'avais auparavant,
et me rendit non tout à fait sourd, mais dur d'oreille, comme je le
suis depuis ce temps-là.

On peut juger de ma surprise et de mon effroi. Je me crus mort ;
je me mis au lit : le médecin fut appelé ; je lui contai mon cas en
frémissant, et le jugeant sans remède. Je crois qu'il en pensa de
même ; mais il fit son métier. Il m'enfila de longs raisonnements
où je ne compris rien du tout ; puis, en conséquence de sa sublime
théorie, il commença *in anima vili* la cure expérimentale qu'il lui
plut de tenter. Elle était si pénible, si dégoûtante et opérait si
peu, que je m'en lassai bientôt ; et au bout de quelques semaines,
voyant que je n'étais ni mieux ni pis, je quittai le lit et repris ma
vie ordinaire avec mon battement d'artères et mes bourdonne-
ments, qui depuis ce temps-là, c'est-à-dire depuis trente ans, ne
m'ont pas quitté une minute.

J'avais été jusqu'alors grand dormeur. La totale privation du
sommeil qui se joignit à tous ces symptômes, et qui les a cons-
tamment accompagnés jusqu'ici, acheva de me persuader qu'il me
restait peu de temps à vivre. Cette persuasion me tranquillisa
pour un temps sur le soin de guérir. Ne pouvant prolonger ma
vie, je résolus de tirer du peu qu'il m'en restait tout le parti qu'il
m'était possible ; et cela se pouvait par une singulière faveur de la
nature, qui, dans un état si funeste, m'exemptait des douleurs
qu'il semblait devoir m'attirer. J'étais importuné de ce bruit, mais
je n'en souffrais pas : il n'était accompagné d'aucune autre incom-
modité habituelle que de l'insomnie durant les nuits, et en tout

temps d'une courte haleine qui n'allait pas jusqu'à l'asthme, et ne se faisait sentir que quand je voulais courir ou agir un peu fortement.

Cet accident, qui devait tuer mon corps, ne tua que mes passions ; et j'en bénis le ciel chaque jour, par l'heureux effet qu'il produisit sur mon âme. Je puis bien dire que je ne commençai de vivre que quand je me regardai comme un homme mort. Donnant leur véritable prix aux choses que j'allais quitter, je commençai de m'occuper de soins plus nobles, comme par anticipation sur ceux que j'aurais bientôt à remplir et que j'avais fort négligés jusqu'alors. J'avais souvent travesti la religion à ma mode, mais je n'avais jamais été tout à fait sans religion. Il m'en coûta moins de revenir à ce sujet, si triste pour tant de gens, mais si doux pour qui s'en fait un objet de consolation et d'espoir. Maman me fut, en cette occasion, beaucoup plus utile que tous les théologiens ne me l'auraient été.

Elle, qui mettait toute chose en système, n'avait pas manqué d'y mettre aussi la religion ; et ce système était composé d'idées très disparates, les unes très saines, les autres très folles, de sentiments relatifs à son caractère et de préjugés venus de son éducation. En général, les croyants font Dieu comme ils sont euxmêmes ; les bons le font bon, les méchants le font méchant ; les dévots, haineux et bilieux, ne voient que l'enfer, parce qu'ils voudraient damner tout le monde ; les âmes aimantes et douces n'y croient guère ; et l'un des étonnements dont je ne reviens point est de voir le bon Fénelon en parler dans son Télémaque, comme s'il y croyait tout de bon : mais j'espère qu'il mentait alors ; car enfin, quelque véridique qu'on soit, il faut bien mentir quelquefois quand on est évêque. Maman ne mentait pas avec moi ; et cette âme sans fiel, qui ne pouvait imaginer un Dieu vindicatif et toujours courroucé, ne voyait que clémence et miséricorde où les dévots ne voient que justice et punition. Elle disait souvent qu'il n'y aurait point de justice en Dieu d'être juste envers nous, parce que, ne nous ayant pas donné ce qu'il faut pour l'être, ce serait redemander plus qu'il n'a donné. Ce qu'il y avait de bizarre était que, sans croire à l'enfer, elle ne laissait pas

de croire au purgatoire. Cela venait de ce qu'elle ne savait que faire des âmes des méchants, ne pouvant ni les damner ni les mettre avec les bons jusqu'à ce qu'ils le fussent devenus : et il faut avouer qu'en effet, et dans ce monde et dans l'autre, les méchants sont toujours bien embarrassants.

Autre bizarrerie. On voit que toute la doctrine du péché originel et de la rédemption est détruite par ce système, que la base du christianisme vulgaire en est ébranlée, et que le catholicisme au moins ne peut subsister. Maman, cependant, était bonne catholique, ou prétendait l'être, et il est sûr qu'elle le prétendait de très bonne foi. Il lui semblait qu'on expliquait trop littéralement et trop durement l'Écriture. Tout ce qu'on y lit des tourments éternels lui paraissait comminatoire ou figuré. La mort de Jésus-Christ lui paraissait un exemple de charité vraiment divine, pour apprendre aux hommes à aimer Dieu et à s'aimer entre eux de même. En un mot, fidèle à la religion qu'elle avait embrassée, elle admettait sincèrement toute la profession de foi ; mais quand on venait à la discussion de chaque article, il se trouvait qu'elle croyait tout autrement que l'Église, toujours en s'y soumettant. Elle avait là-dessus une simplicité de cœur, une franchise plus éloquente que des ergoteries, et qui souvent embarrassait jusqu'à son confesseur ; car elle ne lui déguisait rien. Je suis bonne catholique, lui disait-elle, je veux toujours l'être ; j'adopte de toutes les puissances de mon âme les décisions de la sainte mère Église. Je ne suis pas maîtresse de ma foi, mais je le suis de ma volonté. Je la soumets sans réserve, et je veux tout croire. Que me demandez-vous de plus ?

Quand il n'y aurait point eu de morale chrétienne, je crois qu'elle l'aurait suivie, tant elle s'adaptait bien à son caractère. Elle faisait tout ce qui était ordonné ; mais elle l'eût fait de même quand il n'aurait pas été ordonné. Dans les choses indifférentes, elle aimait à obéir ; et s'il ne lui eût pas été permis, prescrit même, de faire gras, elle aurait fait maigre entre Dieu et elle, sans que la prudence eût eu besoin d'y entrer pour rien. Mais toute cette morale était subordonnée aux principes de M. de Tavel, ou plutôt elle prétendait n'y rien voir de contraire. Elle eût couché tous les

jours avec vingt hommes en repos de conscience, et sans même en avoir plus de scrupule que de désir. Je sais que force dévotes ne sont pas, sur ce point, plus scrupuleuses ; mais la différence est qu'elles sont séduites par leurs passions, et qu'elle ne l'était que par ses sophismes. Dans les conversations les plus touchantes, et j'ose dire les plus édifiantes, elle fût tombée sur ce point sans changer ni d'air ni de ton, sans se croire en contradiction avec elle-même. Elle l'eût même interrompue au besoin pour le fait, et puis l'eût reprise avec la même sérénité qu'auparavant : tant elle était intimement persuadée que tout cela n'était qu'une maxime de police sociale dont toute personne sensée pouvait faire l'interprétation, l'application, l'exception, selon l'esprit de la chose, sans le moindre risque d'offenser Dieu. Quoique sur ce point je ne fusse assurément pas de son avis, j'avoue que je n'osais le combattre, honteux du rôle peu galant qu'il m'eût fallu faire pour cela. J'aurais bien cherché d'établir la règle pour les autres, en tâchant de m'en excepter ; mais, outre que son tempérament prévenait assez l'abus de ses principes, je sais qu'elle n'était pas femme à prendre le change, et que réclamer l'exception pour moi c'était la lui laisser pour tous ceux qu'il lui plairait. Au reste, je compte ici par occasion cette inconséquence avec les autres, quoiqu'elle ait eu toujours peu d'effet dans sa conduite, et qu'alors elle n'en eût point du tout : mais j'ai promis d'exposer fidèlement ses principes, et je veux tenir cet engagement. Je reviens à moi.

Trouvant en elle toutes les maximes dont j'avais besoin pour garantir mon âme des terreurs de la mort et de ses suites, je puisais avec sécurité dans cette source de confiance. Je m'attachais à elle plus que je n'avais jamais fait ; j'aurais voulu transporter tout en elle ma vie, que je sentais prête à m'abandonner. De ce redoublement d'attachement pour elle, de la persuasion qu'il me restait peu de temps à vivre, de ma profonde sécurité sur mon sort à venir, résultait un état habituel très calme, et sensuel même, en ce qu'amortissant toutes les passions qui portent au loin nos craintes et nos espérances, il me laissait jouir sans inquiétude et sans trouble du peu de jours qui m'étaient laissés. Une chose contribuait à les rendre plus agréables : c'était le soin de nourrir

son goût pour la campagne par tous les amusements que j'y pou-
vais rassembler. En lui faisant aimer son jardin, sa basse-cour,
ses pigeons, ses vaches, je m'affectionnais moi-même à tout cela ;
et ces petites occupations, qui remplissaient ma journée sans
troubler ma tranquillité, me valurent mieux que le lait et tous les
remèdes pour conserver ma pauvre machine et la rétablir même
autant que cela se pouvait.

Les vendanges, la récolte des fruits, nous amusèrent le reste de
cette année, et nous attachèrent de plus en plus à la vie rustique,
au milieu des bonnes gens dont nous étions entourés. Nous
vîmes arriver l'hiver avec grand regret, et nous retournâmes à la
ville comme nous serions allés en exil ; moi surtout, qui, doutant
de revoir le printemps, croyais dire adieu pour toujours aux
Charmettes. Je ne les quittai pas sans baiser la terre et les arbres,
et sans me retourner plusieurs fois en m'en éloignant. Ayant quitté
depuis longtemps mes écolières, ayant perdu le goût des amuse-
ments et des sociétés de la ville, je ne sortais plus, je ne voyais
plus personne, excepté maman et M. Salomon, devenu depuis
peu son médecin et le mien, honnête homme, homme d'esprit,
grand cartésien, qui parlait assez bien du système du monde, et
dont les entretiens agréables et instructifs me valurent mieux que
toutes ses ordonnances. Je n'ai jamais pu supporter ce sot et niais
remplissage des conversations ordinaires ; mais des conversations
utiles et solides m'ont toujours fait grand plaisir, et je ne m'y
suis jamais refusé. Je pris beaucoup de goût à celles de M. Salo-
mon : il me semblait que j'anticipais avec lui sur ces hautes con-
naissances que mon âme allait acquérir quand elle aurait perdu
ses entraves. Ce goût que j'avais pour lui s'étendit aux sujets
qu'il traitait, et je commençai de rechercher les livres qui pou-
vaient m'aider à le mieux entendre. Ceux qui mêlaient la dévotion
aux sciences m'étaient les plus convenables : tels étaient particu-
lièrement ceux de l'Oratoire et de Port-Royal. Je me mis à les
lire, ou plutôt à les dévorer. Il m'en tomba dans les mains un du
P. Lamy, intitulé *Entretiens sur les sciences*. C'était une espèce
d'introduction à la connaissance des livres qui en traitent. Je le
lus et relus cent fois ; je résolus d'en faire mon guide. Enfin je

me sentis entraîné peu à peu, malgré mon état, ou plutôt par mon
état, vers l'étude, avec une force irrésistible ; et tout en regardant
chaque jour comme le dernier de mes jours, j'étudiais avec autant
d'ardeur que si j'avais dû toujours vivre. On disait que cela me
faisait du mal ; je crois, moi, que cela me fit du bien, et non seu-
lement à mon âme, mais à mon corps ; car cette application, pour
laquelle je me passionnais, me devint si délicieuse, que, ne pen-
sant plus à mes maux, j'en étais beaucoup moins affecté. Il est
pourtant vrai que rien ne me procurait un soulagement réel ;
mais, n'ayant pas de douleurs vives, je m'accoutumais à languir,
à ne pas dormir, à penser au lieu d'agir, et enfin à regarder le
dépérissement successif et lent de ma machine comme un progrès
inévitable que la mort seule pouvait arrêter.

Non seulement cette opinion me détacha de tous les vains
soins de la vie, mais elle me délivra de l'importunité des remèdes,
auxquels on m'avait jusqu'alors soumis malgré moi. Salomon,
convaincu que ses drogues ne pouvaient me sauver, m'en épargna
le déboire, et se contenta d'amuser la douleur de ma pauvre
maman avec quelques-unes de ces ordonnances indifférentes qui
leurrent l'espoir du malade et maintiennent le crédit du méde-
cin. Je quittai l'étroit régime : je repris l'usage du vin et tout le
train de vie d'un homme en santé, selon la mesure de mes forces,
sobre sur toute chose, mais ne m'abstenant de rien. Je sortis
même, et recommençai d'aller voir mes connaissances, surtout
M. de Conzié, dont le commerce me plaisait fort. Enfin, soit qu'il
me parût beau d'apprendre jusqu'à ma dernière heure, soit qu'un
reste d'espoir de vivre se cachât au fond de mon cœur, l'attente
de la mort, loin de ralentir mon goût pour l'étude, semblait l'ani-
mer ; et je me pressais d'amasser un peu d'acquis pour l'autre
monde, comme si j'avais cru n'y avoir que celui que j'aurais
emporté. Je pris en affection la boutique d'un libraire appelé
Bouchard, où se rendaient quelques gens de lettres ; et le prin-
temps que j'avais cru ne pas revoir étant proche, je m'assortis de
quelques livres pour les Charmettes, en cas que j'eusse le bon-
heur d'y retourner.

J'eus ce bonheur, et j'en profitai de mon mieux. La joie avec

laquelle je vis les premiers bourgeons est inexprimable. Revoir le printemps était pour moi ressusciter en paradis. A peine les neiges commençaient à fondre, que nous quittâmes notre cachot ; et nous fûmes assez tôt aux Charmettes pour y avoir les prémices du rossignol. Dès lors je ne crus plus mourir ; et réellement il est singulier que je n'aie pas fait de grandes maladies à la campagne. J'y ai beaucoup souffert, mais je n'y ai jamais été alité. Souvent j'ai dit, me sentant plus mal qu'à l'ordinaire : Quand vous me verrez prêt à mourir, portez-moi à l'ombre d'un chêne, je vous promets que j'en reviendrai.

Quoique faible, je repris mes fonctions champêtres, mais d'une manière proportionnée à mes forces. J'eus un vrai chagrin de ne pouvoir faire le jardin tout seul ; mais quand j'avais donné six coups de bêche, j'étais hors d'haleine, la sueur me ruisselait, je n'en pouvais plus. Quand j'étais baissé, mes battements redoublaient, et le sang me montait à la tête avec tant de force qu'il fallait bien vite me redresser. Contraint de me borner à des soins moins fatigants, je pris entre autres celui du colombier, et je m'y affectionnai si fort que j'y passais souvent plusieurs heures de suite sans m'y ennuyer un moment. Le pigeon est fort timide, et difficile à apprivoiser ; cependant je vins à bout d'inspirer aux miens tant de confiance, qu'ils me suivaient partout et se laissaient prendre quand je voulais. Je ne pouvais paraître au jardin ni dans la cour sans en avoir à l'instant deux ou trois sur les bras, sur la tête ; et enfin, malgré tout le plaisir que j'y prenais, ce cortège me devint si incommode, que je fus obligé de leur ôter cette familiarité. J'ai toujours pris un singulier plaisir à apprivoiser les animaux, surtout ceux qui sont craintifs et sauvages. Il me paraissait charmant de leur inspirer une confiance que je n'ai jamais trompée : je voulais qu'ils m'aimassent en liberté.

J'ai dit que j'avais apporté des livres : j'en fis usage, mais d'une manière moins propre à m'instruire qu'à m'accabler. La fausse idée que j'avais des choses me persuadait que, pour lire un livre avec fruit, il fallait avoir toutes les connaissances qu'il supposait, bien éloigné de penser que souvent l'auteur ne les avait pas lui-même, et qu'il les puisait dans d'autres livres à mesure qu'il en

avait besoin. Avec cette folle idée, j'étais arrêté à chaque instant, forcé de courir incessamment d'un livre à l'autre; et quelquefois, avant d'être à la dixième page de celui que je voulais étudier, il m'eût fallu épuiser des bibliothèques. Cependant je m'obstinai si bien à cette extravagante méthode, que j'y perdis un temps infini, et faillis à me brouiller la tête au point de ne pouvoir plus ni rien voir ni rien savoir. Heureusement je m'aperçus que j'enfilais une fausse route qui m'égarait dans un labyrinthe immense, et j'en sortis avant d'y être tout à fait perdu.

Pour peu qu'on ait un vrai goût pour les sciences, la première chose qu'on sent en s'y livrant, c'est leur liaison, qui fait qu'elles s'attirent, s'aident, s'éclairent mutuellement, et que l'une ne peut se passer de l'autre. Quoique l'esprit humain ne puisse suffire à toutes, et qu'il en faille toujours préférer une comme la principale, si l'on n'a quelque notion des autres, dans la sienne même on se trouve souvent dans l'obscurité. Je sentis que ce que j'avais entrepris était bon et utile en lui-même, qu'il n'y avait que la méthode à changer. Prenant d'abord l'Encyclopédie, j'allais la divisant dans ses branches. Je vis qu'il fallait faire tout le contraire, les prendre chacune séparément, et les poursuivre chacune à part jusqu'au point où elles se réunissent. Ainsi, je revins à la synthèse ordinaire; mais j'y revins en homme qui sait ce qu'il fait. La méditation me tenait en cela lieu de connaissances, et une réflexion très naturelle aidait à me bien guider. Soit que je vécusse ou que je mourusse, je n'avais point de temps à perdre. Ne rien savoir à près de vingt-cinq ans, et vouloir tout apprendre, c'est s'engager à bien mettre le temps à profit. Ne sachant à quel point le sort ou la mort pouvaient arrêter mon zèle, je voulais, à tout événement, acquérir des idées de toutes sortes, tant pour sonder mes dispositions naturelles que pour juger par moi-même de ce qui méritait le mieux d'être cultivé.

Je trouvai dans l'exécution de ce plan un autre avantage auquel je n'avais pas pensé, celui de mettre beaucoup de temps à profit. Il faut que je ne sois pas né pour l'étude, car une longue application me fatigue à tel point qu'il m'est impossible de m'occuper une demi-heure de suite avec force du même sujet, surtout en

suivant les idées d'autrui; car il m'est arrivé quelquefois de me livrer plus longtemps aux miennes, et même avec assez de succès. Quand j'ai suivi durant quelques pages un auteur qu'il faut lire avec application, mon esprit l'abandonne et se perd dans les nuages. Si je m'obstine, je m'épuise inutilement, les éblouissements me prennent, je ne vois plus rien; mais que des sujets différents se succèdent, même sans interruption, l'un me délasse de l'autre, et, sans avoir besoin de relâche, je les suis plus aisément. Je mis à profit cette observation dans mon plan d'études, et je les entremêlai tellement que je m'occupais tout le jour, et ne me fatiguais jamais. Il est vrai que les soins champêtres et domestiques faisaient des diversions utiles; mais, dans ma ferveur croissante, je trouvai bientôt le moyen d'en ménager encore le temps pour l'étude, et de m'occuper à la fois de deux choses, sans songer que chacune en allait moins bien.

Dans tant de menus détails qui me charment et dont j'excède souvent mon lecteur, je mets pourtant une discrétion dont il ne se douterait guère, si je n'avais soin de l'en avertir. Ici, par exemple, je me rappelle avec délices tous les différents essais que je fis pour distribuer mon temps de façon que j'y trouvasse à la fois autant d'agrément et d'utilité qu'il était possible; et je puis dire que ce temps, où je vivais dans la retraite et toujours malade, fut celui de ma vie où je fus le moins oisif et le moins ennuyé. Deux ou trois mois se passèrent ainsi à tâter la pente de mon esprit, et à jouir, dans la belle saison de l'année et dans un lieu qu'elle rendait enchanté, du charme de la vie dont je sentais si bien le prix, de celui d'une société aussi libre que douce, si l'on peut donner le nom de société à une aussi parfaite union, et de celui des belles connaissances que je me proposais d'acquérir; car c'était pour moi comme si je les avais déjà possédées, ou plutôt c'était mieux encore, puisque le plaisir d'apprendre entrait pour beaucoup dans mon bonheur.

Il faut passer sur ces essais, qui tous étaient pour moi des jouissances, mais trop simples pour pouvoir être expliquées. Encore un coup, le vrai bonheur ne se décrit pas, il se sent, et se sent d'autant mieux qu'il peut le moins se décrire, parce qu'il ne résulte

pas d'un recueil de faits, mais qu'il est un état permanent. Je me répète souvent; mais je me répéterais bien davantage, si je disais la même chose autant de fois qu'elle me vient dans l'esprit. Quand enfin mon train de vie souvent changé eut pris un cours uniforme, voici à peu près quelle en fut la distribution.

Je me levais tous les matins avant le soleil; je montais par un verger voisin dans un très joli chemin qui était au-dessus de la vigne et suivait la côte jusqu'à Chambéri. Là, tout en me promenant, je faisais ma prière qui ne consistait pas en un vain balbutiement de lèvres, mais dans une sincère élévation de cœur à l'auteur de cette aimable nature dont les beautés étaient sous mes yeux. Je n'ai jamais aimé à prier dans la chambre; il me semble que les murs et tous ces petits ouvrages des hommes s'interposent entre Dieu et moi. J'aime à le contempler dans ses œuvres, tandis que mon cœur s'élève à lui. Mes prières étaient pures, je puis le dire, et dignes par là d'être exaucées. Je ne demandais pour moi, et pour celle dont mes vœux ne me séparaient jamais, qu'une vie innocente et tranquille, exempte du vice, de la douleur, des pénibles besoins; la mort des justes, et leur sort dans l'avenir. Du reste, cet acte se passait plus en admiration et en contemplation qu'en demandes; et je savais qu'auprès du dispensateur des vrais biens, le meilleur moyen d'obtenir ceux qui nous sont nécessaires est moins de les demander que de les mériter. Je revenais en me promenant par un assez grand tour, occupé à considérer avec intérêt et volupté les objets champêtres dont j'étais environné, les seuls dont l'œil et le cœur ne se lassent jamais. Je regardais de loin s'il était jour chez maman : quand je voyais son contrevent ouvert, je tressaillais de joie et j'accourais; s'il était fermé, j'entrais au jardin en attendant qu'elle fût réveillée, m'amusant à repasser ce que j'avais appris la veille ou à jardiner. Le contrevent s'ouvrait, j'allais l'embrasser dans son lit, souvent encore à moitié endormie; et cet embrassement, aussi pur que tendre, tirait de son innocence même un charme qui n'est jamais joint à la volupté des sens.

Nous déjeunions ordinairement avec du café au lait. C'était le temps de la journée où nous étions le plus tranquilles, où nous

causions le plus à notre aise. Ces séances, pour l'ordinaire assez longues, m'ont laissé un goût vif pour les déjeuners: et je préfère infiniment l'usage d'Angleterre et de Suisse, où le déjeuner est un vrai repas qui rassemble tout le monde, à celui de France, où chacun déjeune seul dans sa chambre, ou le plus souvent ne déjeune point du tout. Après une heure ou deux de causerie, j'allais à mes livres jusqu'au dîner. Je commençais par quelque livre de philosophie, comme la Logique de Port-Royal, l'Essai de Locke, Malebranche, Leibnitz, Descartes, etc. Je m'aperçus bientôt que tous ces auteurs étaient entre eux en contradiction presque perpétuelle, et je formai le chimérique projet de les accorder, qui me fatigua beaucoup et me fit perdre bien du temps. Je me brouillais la tête et je n'avançais point. Enfin, renonçant encore à cette méthode, j'en pris une infiniment meilleure, et à laquelle j'attribue tout le progrès que je puis avoir fait, malgré mon défaut de capacité; car il est certain que j'en eus toujours fort peu pour l'étude. En lisant chaque auteur, je me fis une loi d'adopter et suivre toutes ses idées sans y mêler les miennes ni celles d'un autre, et sans jamais disputer avec lui. Je me dis : Commençons par me faire un magasin d'idées, vraies ou fausses, mais nettes, en attendant que ma tête en soit assez fournie pour pouvoir les comparer et choisir. Cette méthode n'est pas sans inconvénient, je le sais : mais elle m'a réussi dans l'objet de m'instruire. Au bout de quelques années passées à ne penser exactement que d'après autrui, sans réfléchir pour ainsi dire et presque sans raisonner, je me suis trouvé un assez grand fonds d'acquis pour me suffire à moi-même, et penser sans le secours d'autrui. Alors, quand le voyage et les affaires m'ont ôté les moyens de consulter les livres, je me suis amusé à repasser et comparer ce que j'avais lu, à peser chaque chose à la balance de la raison, et à juger quelquefois mes maîtres. Pour avoir commencé tard à mettre en exercice ma faculté judiciaire, je n'ai pas trouvé qu'elle eût perdu sa vigueur; et quand j'ai publié mes propres idées, on ne m'a pas accusé d'être un disciple servile, et de jurer *in verba magistri*.

Je passais de là à la géométrie élémentaire; car je n'ai jamais

Aux Charmettes

été plus loin, m'obstinant à vouloir vaincre mon peu de mémoire à force de revenir cent et cent fois sur mes pas et de recommencer incessamment la même marche. Je ne goûtai pas celle d'Euclide, qui cherche plutôt la chaîne des démonstrations que la liaison des idées; je préférai la géométrie du P. Lamy, qui dès lors devint un de mes auteurs favoris, et dont je relis encore avec plaisir les ouvrages. L'algèbre suivait, et ce fut toujours le P. Lamy que je pris pour guide. Quand je fus plus avancé, je pris la Science du calcul du P. Reynaud, puis son analyse démontrée, que je n'ai fait qu'effleurer. Je n'ai jamais été assez loin pour bien sentir l'application de l'algèbre à la géométrie. Je n'aimais point cette manière d'opérer sans voir ce qu'on fait; et il me semblait que résoudre un problème de géométrie par les équations, c'était jouer un air en tournant une manivelle. Le première fois que je trouvai par le calcul que le carré d'un binôme était composé du carré de chacune de ses parties et du double produit de l'une par l'autre, malgré la justesse de ma multiplication, je n'en voulus rien croire jusqu'à ce que j'eusse fait la figure. Ce n'était pas que je n'eusse un grand goût pour l'algèbre en n'y considérant que la quantité abstraite; mais appliquée à l'étendue, je voulais voir l'opération sur les lignes, autrement je n'y comprenais plus rien.

Après cela venait le latin. C'était mon étude la plus pénible, et dans laquelle je n'ai jamais fait de grands progrès. Je me mis d'abord à la méthode latine de Port-Royal, mais sans fruit. Ces vers ostrogoths me faisaient mal au cœur, et ne pouvaient entrer dans mon oreille. Je me perdais dans ces foules de règles, et en apprenant la dernière j'oubliais tout ce qui avait précédé. Une étude de mots n'est pas ce qu'il faut à un homme sans mémoire ; et c'était précisément pour forcer ma mémoire à prendre de la capacité que je m'obstinais à cette étude. Il fallut l'abandonner à la fin. J'entendais assez la construction pour pouvoir lire un auteur facile, à l'aide d'un dictionnaire. Je suivis cette route et je m'en trouvai bien. Je m'appliquai à la traduction, non par écrit, mais mentale, et je m'en tins là. A force de temps et d'exercice, je suis parvenu à lire assez couramment les auteurs latins, mais jamais à pouvoir ni parler ni écrire dans cette langue,

ce qui m'a souvent mis dans l'embarras quand je me suis trouvé, je ne sais comment, enrôlé parmi les gens de lettres. Un autre inconvénient, conséquent à cette manière d'apprendre, est que jamais je n'ai su la prosodie, encore moins les règles de la versification. Désirant pourtant de ₁sentir l'harmonie de la langue en vers et en prose, j'ai fait bien des efforts pour y parvenir; mais je suis convaincu que sans maître cela est presque impossible. Ayant appris la composition du plus facile de tous les vers, qui est l'hexamètre, j'eus la patience de scander presque tout Virgile, et d'y marquer les pieds et la quantité; puis quand j'étais en doute si une syllabe était longue ou brève, c'était mon Virgile que j'allais consulter. On sent que cela me faisait faire bien des fautes, à cause des altérations permises par les règles de la versification. Mais s'il y a de l'avantage à étudier seul, il y a aussi de grands inconvénients, et surtout une peine incroyable. Je sais cela mieux que qui que ce soit.

Avant midi je quittais mes livres, et si le dîner n'était pas prêt, j'allais faire visite à mes amis les pigeons, ou travailler au jardin en attendant l'heure. Quand je m'entendais appeler, j'accourais fort content et muni d'un grand appétit; car c'est encore une chose à noter que, quelque malade que je puisse être, l'appétit ne me manque jamais. Nous dînions très agréablement, en causant de nos affaires, en attendant que maman pût manger. Deux ou trois fois la semaine, quand il faisait beau, nous allions derrière la maison prendre le café dans un cabinet frais et touffu, que j'avais garni de houblon, et qui nous faisait grand plaisir durant la chaleur. Nous passions là une petite heure à visiter nos légumes, nos fleurs, à des entretiens relatifs à notre manière de vivre et qui nous en faisaient mieux goûter la douceur. J'avais une autre petite famille au bout du jardin : c'étaient des abeilles. Je ne manquais guère, et souvent maman avec moi, d'aller leur rendre visite; je m'intéressais beaucoup à leur ouvrage; je m'amusais infiniment à les voir revenir de la picorée, leurs petites cuisses quelquefois si chargées qu'elles avaient peine à marcher. Les premiers jours, la curiosité me rendit indiscret, et elles me piquèrent deux ou trois fois; mais ensuite nous fîmes si bien connaissance, que, quelque

près que je vinsse, elles me laissaient faire ; et quelque pleines
que fussent les ruches, prêtes à jeter leur essaim, j'en étais quel-
quefois entouré, j'en avais sur les mains, sur le visage, sans
qu'aucune me piquât jamais. Tous les animaux se défient de
l'homme, et n'ont pas tort ; mais sont-ils sûrs une fois qu'il ne
leur veut pas nuire, leur confiance devient si grande qu'il faut
être plus que barbare pour en abuser.

Je retournais à mes livres ; mais mes occupations de l'après-midi
devaient moins porter le nom de travail et d'étude que de récréa-
tion et d'amusement. Je n'ai jamais pu supporter l'application du
cabinet après mon dîner, et en général toute peine me coûte
durant la chaleur du jour. Je m'occupais pourtant, mais sans gêne
et presque sans règle, à lire sans étudier. La chose que je suivais
le plus exactement était l'histoire et la géographie ; et comme cela
ne demandait point de contention d'esprit, j'y fis autant de pro-
grès que le permettait mon peu de mémoire. Je voulus étudier le
P. Pétau, et je m'enfonçai dans les ténèbres de la chronologie :
mais je me dégoûtai de la partie critique, qui n'a ni fond ni rive,
et je m'affectionnai par préférence à l'exacte mesure des temps et
à la marche des corps célestes. J'aurais même pris du goût pour
l'astronomie, si j'avais eu des instruments ; mais il fallut me con-
tenter de quelques éléments pris dans les livres, et de quelques
observations grossières faites avec une lunette d'approche, seule-
ment pour connaître la situation générale du ciel : car ma vue
courte ne me permet pas de distinguer, à yeux nus, assez nette-
ment les astres. Je me rappelle à ce sujet une aventure dont le
souvenir m'a souvent fait rire. J'avais acheté un planisphère céleste
pour étudier les constellations. J'avais attaché ce planisphère sur
un châssis ; et les nuits où le ciel était serein, j'allais dans le jardin
poser mon châssis sur quatre piquets de ma hauteur, le plani-
sphère tourné en dessous ; et pour l'éclairer sans que le vent
soufflât ma chandelle, je la mis dans un seau à terre entre les
quatre piquets : puis, regardant alternativement le planisphère
avec mes yeux et les astres avec ma lunette, je m'exerçais à con-
naître les étoiles et à discerner les constellations. Je crois avoir
dit que le jardin de M. Noiret était en terrasse ; on voyait du che-

min tout ce qui s'y faisait. Un soir, des paysans passant assez tard me virent, dans un grotesque équipage, occupé à mon opération. La lueur qui donnait sur mon planisphère, et dont ils ne voyaient pas la cause parce que la lumière était cachée à leurs yeux par les bords du seau, ces quatre piquets, ce grand papier barbouillé de figures, ce cadre, et le jeu de ma lunette, qu'ils voyaient aller et venir, donnaient à cet objet un air de grimoire qui les effraya. Ma parure n'était pas propre à les rassurer : un chapeau clabaud par-dessus mon bonnet, et un pet-en-l'air ouaté de maman qu'elle m'avait obligé de mettre, offraient à leurs yeux l'image d'un vrai sorcier ; et comme il était près de minuit, ils ne doutèrent point que ce ne fût le commencement du sabbat. Peu curieux d'en voir davantage, ils se sauvèrent très alarmés, éveillèrent leurs voisins pour leur conter leur vision : et l'histoire courut si bien, que dès le lendemain chacun sut dans le voisinage que le sabbat se tenait chez M. Noiret. Je ne sais ce qu'eût produit enfin cette rumeur, si l'un des paysans, témoin de mes conjurations, n'en eût le même jour porté sa plainte à deux jésuites qui venaient nous voir, et qui, sans savoir de quoi il s'agissait, les désabusèrent par provision. Ils nous contèrent l'histoire, je leur en dis la cause, et nous rîmes beaucoup. Cependant il fut résolu, crainte de récidive, que j'observerais désormais sans lumière, et que j'irais consulter le planisphère dans la maison. Ceux qui ont lu dans les *Lettres de la Montagne* ma magie de Venise, trouveront, je m'assure, que j'avais de longue main une grande vocation pour être sorcier.

Tel était mon train de vie aux Charmettes quand je n'étais occupé d'aucuns soins champêtres ; car ils avaient toujours la préférence, et dans ce qui n'excédait pas mes forces je travaillais comme un paysan : mais il est vrai que mon extrême faiblesse ne me laissait guère alors sur cet article que le mérite de la bonne volonté. D'ailleurs je voulais faire à la fois deux ouvrages, et par cette raison je n'en faisais bien aucun. Je m'étais mis dans la tête de me donner par force de la mémoire ; je m'obstinais à vouloir beaucoup apprendre par cœur. Pour cela je portais toujours avec moi quelque livre, qu'avec une peine incroyable j'étudiais et repassais tout en travaillant. Je ne sais pas comment l'opiniâtreté de ces vains

et continuels efforts ne m'a pas enfin rendu stupide. Il faut que
j'aie appris et rappris bien vingt fois les Églogues de Virgile, dont
je ne sais pas un seul mot. J'ai perdu ou dépareillé des multitudes
de livres, par l'habitude que j'avais d'en porter partout avec moi,
au colombier, au jardin, au verger, à la vigne. Occupé d'autre
chose, je posais mon livre au pied d'un arbre ou sur la haie ; par-
tout j'oubliais de le reprendre et souvent au bout de quinze jours
je le retrouvais pourri, ou rongé des fourmis et des limaçons.
Cette ardeur d'apprendre devint une manie qui me rendait comme
hébété, tout occupé que j'étais sans cesse à marmotter quelque
chose entre mes dents.

Les écrits de Port-Royal et de l'Oratoire étant ceux que je lisais
le plus fréquemment, m'avaient rendu demi-janséniste ; et, malgré
toute ma confiance, leur dure théologie m'épouvantait quelquefois.
La terreur de l'enfer, que jusque-là j'avais très peu craint, trou-
blait peu à peu ma sécurité ; et si maman ne m'eût tranquillisé
l'âme, cette effrayante doctrine m'eût tout à fait bouleversé. Mon
confesseur, qui était aussi le sien, contribuait pour sa part à me
maintenir dans une bonne assiette. C'était le P. Hemet, jésuite,
bon et sage vieillard dont la mémoire me sera toujours en véné-
ration. Quoique jésuite, il avait la simplicité d'un enfant ; et sa
morale, moins relâchée que douce, était précisément ce qu'il me
fallait pour balancer les tristes impressions du jansénisme. Ce
bonhomme et son compagnon, le P. Coppier, venaient souvent
nous voir aux Charmettes, quoique le chemin fût fort rude et
assez long pour des gens de leur âge. Leurs visites me faisaient
grand bien : que Dieu veuille le rendre à leurs âmes ! car ils étaient
trop vieux alors pour que je les présume en vie encore aujour-
d'hui. J'allais aussi les voir à Chambéri : je me familiarisais peu à
peu avec leur maison ; leur bibliothèque était à mon service. Le
souvenir de cet heureux temps se lie avec celui des jésuites au
point de me faire aimer l'un par l'autre ; et, quoique leur doctrine
m'ait toujours paru dangereuse, je n'ai jamais pu trouver en moi
le pouvoir de les haïr sincèrement.

Je voudrais savoir s'il passe quelquefois dans les cœurs des
autres hommes des puérilités pareilles à celles qui passent quel-

quefois dans le mien. Au milieu de mes études et d'une vie innocente autant qu'on la puisse mener, et malgré tout ce qu'on m'avait pu dire, la peur de l'enfer m'agitait encore souvent. Je me demandais : En quel état suis-je? si je mourais à l'instant, serais-je damné? Selon mes jansénistes la chose était indubitable ; mais selon ma conscience il me paraissait que non. Toujours craintif et flottant dans cette cruelle incertitude, j'avais recours, pour en sortir, aux expédients les plus risibles, et pour lesquels je ferais volontiers enfermer un homme si je lui en voyais faire autant. Un jour, rêvant à ce triste sujet, je m'exerçais machinalement à lancer des pierres contre les troncs des arbres, et cela avec mon adresse ordinaire, c'est-à-dire sans presque en toucher aucun. Tout au milieu de ce bel exercice, je m'avisai de m'en faire une espèce de pronostic pour calmer mon inquiétude. Je me dis : Je m'en vais jeter cette pierre contre l'arbre qui est vis-à-vis de moi ; si je le touche, signe de salut ; si je le manque, signe de damnation. Tout en disant ainsi, je jette ma pierre d'une main tremblante et avec un horrible battement de cœur, mais si heureusement qu'elle va frapper au beau milieu de l'arbre ; ce qui véritablement n'était pas difficile, car j'avais eu soin de le choisir fort gros et fort près. Depuis lors je n'ai plus douté de mon salut. Je ne sais, en me rappelant ce fait, si je dois rire ou gémir sur moi-même. Vous autres grands hommes, qui riez sûrement, félicitez-vous ; mais n'insultez pas à ma misère, car je vous jure que je la sens bien.

Au reste, ces troubles, ces larmes, inséparables peut-être de la dévotion, n'étaient pas un état permanent. Communément j'étais assez tranquille, et l'impression que l'idée d'une mort prochaine faisait sur mon âme était moins de la tristesse qu'une langueur paisible et qui même avait ses douceurs. Je viens de retrouver parmi de vieux papiers une espèce d'exhortation que je me faisais à moi-même, et où je me félicitais de mourir à l'âge où l'on trouve assez de courage en soi pour envisager la mort, et sans avoir éprouvé de grands maux ni de corps ni d'esprit durant ma vie. Que j'avais bien raison ! un pressentiment me faisait craindre de vivre pour souffrir. Il semblait que je prévoyais le sort qui m'atten-

dait sur mes vieux jours. Je n'ai jamais été si près de la sagesse que durant cette heureuse époque. Sans grands remords sur le passé, délivré des soucis de l'avenir, le sentiment qui dominait constamment dans mon âme était de jouir du présent. Les dévots ont pour l'ordinaire une petite sensualité très vive qui leur fait savourer avec délices les plaisirs innocents qui leur sont permis. Les mondains leur en font un crime, je ne sais pourquoi ; ou plutôt je le sais bien : c'est qu'ils envient aux autres la jouissance des plaisirs simples dont eux-mêmes ont perdu le goût. Je l'avais, ce goût, et je trouvais charmant de le satisfaire en sûreté de conscience. Mon cœur, neuf encore, se livrait à tout avec un plaisir d'enfant, ou plutôt, si j'ose le dire, avec une volupté d'ange ; car en vérité ces tranquilles jouissances ont la sérénité de celles du paradis. Des dîners faits sur l'herbe à Montagnole, des soupers sous le berceau, la récolte des fruits, les vendanges, les veillées à teiller avec nos gens, tout cela faisait pour nous autant de fêtes auxquelles maman prenait le même plaisir que moi. Des promenades plus solitaires avaient un charme plus grand encore, parce que le cœur s'épanchait plus en liberté. Nous en fîmes une entre autres qui fait époque dans ma mémoire, un jour de Saint-Louis, dont maman portait le nom. Nous partîmes ensemble et seuls de bon matin, après la messe qu'un carme était venu nous dire, au point du jour, dans une chapelle attenante à la maison. J'avais proposé d'aller parcourir la côte opposée à celle où nous étions, et que nous n'avions point visitée encore. Nous avions envoyé nos provisions d'avance, car la course devait durer tout le jour. Maman, quoiqu'un peu ronde et grasse, ne marchait pas mal : nous allions de colline en colline et de bois en bois, quelquefois au soleil et souvent à l'ombre, nous reposant de temps en temps et nous oubliant des heures entières ; causant de nous, de notre union, de la douceur de notre sort, et faisant pour sa durée des vœux qui ne furent pas exaucés. Tout semblait conspirer au bonheur de cette journée. Il avait plu depuis peu ; point de poussière, et des ruisseaux bien courants ; un petit vent frais agitait les feuilles, l'air était pur, l'horizon sans nuage ; la sérénité régnait au ciel comme dans nos cœurs. Notre dîner fut fait chez un

paysan et partagé avec sa famille, qui nous bénissait de bon
cœur. Ces pauvres Savoyards sont si bonnes gens! Après le dîner
nous gagnâmes l'ombre sous les grands arbres, où, tandis que
j'amassais des brins de bois sec pour faire notre café, maman
s'amusait à herboriser parmi les broussailles; et avec les fleurs du
bouquet que chemin faisant je lui avais ramassé, elle me fit remar-
quer dans leur structure mille choses curieuses qui m'amusèrent
beaucoup et qui devaient me donner du goût pour la botanique:
mais le moment n'était pas venu, j'étais distrait par trop d'autres
études. Une idée qui vint me frapper fit diversion aux fleurs et
aux plantes. La situation d'âme où je me trouvais, tout ce que
nous avions dit et fait ce jour-là, tous les objets qui m'avaient
frappé, me rappelèrent l'espèce de rêve que tout éveillé j'avais fait
à Annecy sept ou huit ans auparavant, et dont j'ai rendu compte
en son lieu. Les rapports en étaient si frappants, qu'en y pensant
j'en fus ému jusqu'aux larmes. Dans un transport d'attendrisse-
ment j'embrassai cette chère amie: Maman, maman, lui dis-je
avec passion, ce jour m'a été promis depuis longtemps, et je ne
vois rien au delà. Mon bonheur, grâce à vous, est à son comble:
puisse-t-il ne pas décliner désormais! puisse-t-il durer aussi long-
temps que j'en conserverai le goût! il ne finira qu'avec moi.

Ainsi coulèrent mes jours heureux, et d'autant plus heureux
que, n'apercevant rien qui les dût troubler, je n'envisageais en
effet leur fin qu'avec la mienne. Ce n'était pas que la source de
mes soucis fût absolument tarie; mais je lui voyais prendre un
autre cours que je dirigeais de mon mieux sur des objets utiles,
afin qu'elle portât son remède avec elle. Maman aimait naturelle-
ment la campagne, et ce goût ne s'attiédissait pas avec moi. Peu
à peu elle prit celui des soins champêtres; elle aimait à faire
valoir les terres, et elle avait sur cela des connaissances dont elle
faisait usage avec plaisir. Non contente de ce qui dépendait de
la maison qu'elle avait prise, elle louait tantôt un champ, tantôt
un pré. Enfin, portant son humeur entreprenante sur des objets
d'agriculture, au lieu de rester oisive dans sa maison, elle prenait
le train de devenir bientôt une grosse fermière. Je n'aimais pas
trop à la voir ainsi s'étendre, et je m'y opposais tant que je pou-

vais, bien sûr qu'elle serait toujours trompée, et que son humeur
libérale et prodigue porterait toujours la dépense au delà du pro-
duit. Toutefois, je me consolais en pensant que ce produit du
moins ne serait pas nul, et lui aiderait à vivre. De toutes les entre-
prises qu'elle pouvait former, celle-là me paraissait la moins rui-
neuse, et, sans y envisager comme elle un objet de profit, j'y envi-
sageais une occupation continuelle qui la garantirait des mauvaises
affaires et des escrocs. Dans cette idée, je désirais ardemment de
recouvrer autant de force et de santé qu'il m'en fallait pour
veiller à ses affaires, pour être piqueur de ses ouvriers ou son pre-
mier ouvrier ; et naturellement l'exercice que cela me faisait faire,
m'arrachant souvent à mes livres et me distrayant sur mon état,
devait le rendre meilleur.

L'hiver suivant, Barillot revenant d'Italie m'apporta quelques
livres, entre autres le *Bontempi* et la *Cartella per musica* du père
Banchieri, qui me donnèrent du goût pour l'histoire de la musique
et pour les recherches théoriques de ce bel art. Barillot resta
quelque temps avec nous ; et comme j'étais majeur depuis plu-
sieurs mois, il fut convenu que j'irais le printemps suivant à
Genève redemander le bien de ma mère, ou du moins la part qui
m'en revenait, en attendant qu'on sût ce que mon frère était
devenu. Cela s'exécuta comme il avait été résolu. J'allai à Genève ;
mon père y vint de son côté. Depuis longtemps il y revenait sans
qu'on lui cherchât querelle, quoiqu'il n'eût jamais purgé son
décret : mais comme on avait de l'estime pour son courage et du
respect pour sa probité, on feignait d'avoir oublié son affaire ; et
les magistrats, occupés du grand projet qui éclata peu après, ne
voulaient pas effaroucher avant le temps la bourgeoisie, en lui
rappelant mal à propos leur ancienne partialité.

Je craignais qu'on ne me fît des difficultés sur mon changement
de religion ; l'on n'en fit aucune. Les lois de Genève sont à cet
égard moins dures que celles de Berne, où quiconque change de
religion perd non seulement son état, mais son bien. Le mien ne
me fut donc pas disputé, mais se trouva, je ne sais comment,
réduit à fort peu de chose. Quoiqu'on fût à peu près sûr que mon
frère était mort, on n'en avait point de preuve juridique. Je man-

quais de titres suffisants pour réclamer sa part, et je la laissai sans regret pour aider à vivre à mon père, qui en a joui tant qu'il a vécu. Sitôt que les formalités de justice furent faites et que j'eus reçu mon argent, j'en mis quelque partie en livres, et je volai porter le reste aux pieds de maman. Le cœur me battait de joie durant la route, et le moment où je déposai cet argent dans ses mains me fut mille fois plus doux que celui où il entra dans les miennes. Elle le reçut avec cette simplicité des belles âmes, qui, faisant ces choses-là sans effort, les voient sans admiration. Cet argent fut employé presque tout entier à mon usage, et cela avec une égale simplicité. L'emploi en eût exactement été le même s'il lui fût venu d'autre part.

Cependant ma santé ne se rétablissait point ; je dépérissais au contraire à vue d'œil ; j'étais pâle comme un mort et maigre comme un squelette ; mes battements d'artères étaient terribles, mes palpitations plus fréquentes ; j'étais continuellement oppressé, et ma faiblesse enfin devint telle que j'avais peine à me mouvoir ; je ne pouvais presser le pas sans étouffer, je ne pouvais me baisser sans avoir des vertiges, je ne pouvais soulever le plus léger fardeau ; j'étais réduit à l'inaction la plus tourmentante pour un homme aussi remuant que moi. Il est certain qu'il se mêlait à tout cela beaucoup de vapeurs. Les vapeurs sont les maladies des gens heureux, c'était la mienne : les pleurs que je versais souvent sans raison de pleurer, les frayeurs vives au bruit d'une feuille ou d'un oiseau, l'inégalité d'humeur dans le calme de la plus douce vie, tout cela marquait cet ennui du bien-être qui fait pour ainsi dire extravaguer la sensibilité. Nous sommes si peu faits pour être heureux ici-bas, qu'il faut nécessairement que l'âme ou le corps souffre quand ils ne souffrent pas tous les deux, et que le bon état de l'un fait presque toujours tort à l'autre. Quand j'aurais pu jouir délicieusement de la vie, ma machine en décadence m'en empêchait, sans qu'on pût dire où la cause du mal avait son vrai siège. Dans la suite, malgré le déclin des ans, et des maux très réels et très graves, mon corps semble avoir repris des forces pour mieux sentir mes malheurs ; et maintenant que j'écris ceci, infirme et presque sexagénaire, accablé de douleurs de toute espèce, je

me sens, pour souffrir, plus de vigueur et de vie que je n'en eus
pour jouir à la fleur de mon âge et dans le sein du plus vrai
bonheur.

Pour m'achever, ayant fait entrer un peu de physiologie dans
mes lectures, je m'étais mis à étudier l'anatomie ; et, passant en
revue la multitude et le jeu des pièces qui composaient ma
machine, je m'attendais à sentir détraquer tout cela vingt fois le
jour : loin d'être étonné de me trouver mourant, je l'étais que je
pusse encore vivre, et je ne lisais pas la description d'une maladie
que je ne crusse être la mienne. Je suis sûr que si je n'avais pas
été malade je le serais devenu par cette fatale étude. Trouvant
dans chaque maladie des symptômes de la mienne, je croyais les
avoir toutes ; et j'en gagnai par-dessus une plus cruelle encore
dont je m'étais cru délivré, la fantaisie de guérir : c'en est une dif-
ficile à éviter quand on se met à lire des livres de médecine. A
force de chercher, de réfléchir, de comparer, j'allai m'imaginer
que la base de mon mal était un polype au cœur ; et Salomon lui-
même parut frappé de cette idée. Raisonnablement je devais
partir de cette opinion pour me confirmer dans ma résolution pré-
cédente. Je ne fis point ainsi. Je tendis tous les ressorts de mon
esprit pour chercher comment on pouvait guérir d'un polype au
cœur, résolu d'entreprendre cette merveilleuse cure. Dans un
voyage qu'Anet avait fait à Montpellier pour aller voir le jardin des
plantes et le démonstrateur, M. Sauvages, on lui avait dit que
M. Fizes avait guéri un pareil polype. Maman s'en souvint et
m'en parla. Il n'en fallut pas davantage pour m'inspirer le désir
d'aller consulter M. Fizes. L'espoir de guérir me fait retrouver du
courage et des forces pour entreprendre ce voyage. L'argent venu
de Genève en fournit le moyen. Maman, loin de m'en détourner,
m'y exhorte ; et me voilà parti pour Montpellier.

Je n'eus pas besoin d'aller si loin pour trouver le médecin qu'il
me fallait. Le cheval me fatiguant trop, j'avais pris une chaise à
Grenoble. A Moirans, cinq ou six autres chaises arrivèrent à la
file après la mienne. Pour le coup c'était vraiment l'aventure des
brancards. La plupart de ces chaises étaient le cortège d'une nou-
velle mariée appelée madame du Colombier. Avec elle était une

autre femme appelée madame de Larnage, moins jeune et moins belle que madame du Colombier, mais non moins aimable, et qui de Romans, où s'arrêtait celle-ci, devait poursuivre sa route jusqu'au bourg Saint-Andiol, près le Pont-Saint-Esprit. Avec la timidité qu'on me connaît, on s'attend que la connaissance ne fut pas sitôt faite avec des femmes brillantes et la suite qui les entourait: mais enfin, suivant la même route, logeant dans les mêmes auberges, et, sous peine de passer pour un loup-garou, forcé de me présenter à la même table, il fallait bien que cette connaissance se fît. Elle se fit donc, et même plutôt que je n'aurais voulu ; car tout ce fracas ne convenait guère à un malade, et surtout à un malade de mon humeur. Mais la curiosité rend ces coquines de femmes si insinuantes, que pour parvenir à connaître un homme, elles commencent par lui faire tourner la tête. Ainsi arriva de moi. Madame du Colombier, trop entourée de ses jeunes roquets, n'avait guère le temps de m'agacer, et d'ailleurs ce n'en était pas la peine, puisque nous allions nous quitter ; mais madame de Larnage, moins obsédée, avait des provisions à faire pour sa route : voilà madame de Larnage qui m'entreprend ; et adieu le pauvre Jean-Jacques, ou plutôt adieu la fièvre, les vapeurs, le polype ; tout part auprès d'elle, hors certaines palpitations qui me restèrent et dont elle ne voulait pas me guérir.

Le mauvais état de ma santé fut le premier texte de notre connaissance. On voyait que j'étais malade, on savait que j'allais à Montpellier ; et il faut que mon air et mes manières n'annonçassent pas un débauché, car il fut clair dans la suite qu'on ne m'avait pas soupçonné d'aller y faire un tour de casserole. Quoique l'état de maladie ne soit pas pour un homme une grande recommandation près des dames, il me rendit toutefois intéressant pour celles-ci. Le matin elles envoyaient savoir de mes nouvelles, et m'inviter à prendre le chocolat avec elles ; elles s'informaient comment j'avais passé la nuit. Une fois, selon ma louable coutume de parler sans penser, je répondis que je ne savais pas. Cette réponse leur fit croire que j'étais fou : elles m'examinèrent davantage, et cet examen ne me nuisit pas. J'entendis une fois madame du Colombier dire à son amie : Il manque de monde, mais il est ai-

mable. Ce mot me rassura beaucoup et fit que je le devins en effet.

En se familiarisant il fallait parler de soi, dire d'où l'on venait, qui l'on était. Cela m'embarrassait; car je sentais très bien que parmi la bonne compagnie, et avec des femmes galantes, ce mot de nouveau converti m'allait tuer. Je ne sais par quelle bizarrerie je m'avisai de passer pour Anglais; je me donnai pour jacobite, on me prit pour tel; je m'appelai Dudding, et l'on m'appela M. Dudding. Un maudit marquis de Torignan qui était là, malade ainsi que moi, vieux au par-dessus et d'assez mauvaise humeur, s'avisa de lier conversation avec M. Dudding. Il me parla du roi Jacques, du prétendant, de l'ancienne cour de Saint-Germain. J'étais sur les épines : je ne savais de tout cela que le peu que j'en avais lu dans le comte Hamilton et dans les gazettes; cependant je fis de ce peu si bon usage, que je me tirai d'affaire : heureux qu'on ne se fût pas avisé de me questionner sur la langue anglaise, dont je ne savais pas un seul mot.

Toute la compagnie se convenait, et voyait à regret le moment de se quitter. Nous faisions des journées de limaçon. Nous nous trouvâmes un dimanche à Saint-Marcellin. Madame de Larnage voulut aller à la messe, j'y fus avec elle : cela faillit à gâter mes affaires. Je me comportai comme j'ai toujours fait. Sur ma contenance modeste et recueillie elle me crut dévot, et prit de moi la plus mauvaise opinion du monde, comme elle me l'avoua deux jours après. Il me fallut ensuite beaucoup de galanterie pour effacer cette mauvaise impression ; ou plutôt madame de Larnage, en femme d'expérience et qui ne se rebutait pas aisément, voulut bien courir les risques de ses avances pour voir comment je m'en tirerais. Elle m'en fit beaucoup, et de telles que, bien éloigné de présumer de ma figure, je crus qu'elle se moquait de moi. Sur cette folie, il n'y eut sorte de bêtise que je ne fisse ; c'était pis que le marquis du *Legs*. Madame de Larnage tint bon, me fit tant d'agaceries et me dit des choses si tendres, qu'un homme beaucoup moins sot eût eu bien de la peine à prendre tout cela sérieusement. Plus elle en faisait, plus elle me confirmait dans mon idée; et ce qui me tourmentait davantage était qu'à bon compte je

me prenais d'amour tout de bon. Je me disais, et je lui disais en soupirant: Ah ! que tout cela n'est-il vrai! je serais le plus heureux des hommes. Je crois que ma simplicité de novice ne fit qu'irriter sa fantaisie; elle n'en voulut pas avoir le démenti.

Nous avions laissé à Romans madame du Colombier et sa suite. Nous continuions notre route le plus lentement et le plus agréablement du monde, madame de Larnage, le marquis de Torignan, et moi. Le marquis, quoique malade et grondeur, était un assez bon homme, mais qui n'aimait pas trop à manger son pain à la fumée du rôti. Madame de Larnage cachait si peu le goût qu'elle avait pour moi, qu'il s'en aperçut plus tôt que moi-même ; et ses sarcasmes malins auraient dû me donner au moins la confiance que je n'osais prendre aux bontés de la dame, si, par un travers d'esprit dont moi seul étais capable, je ne m'étais imaginé qu'ils s'entendaient pour me persifler. Cette sotte idée acheva de me renverser la tête, et me fit faire le plus plat personnage dans une situation où mon cœur, étant réellement pris, m'en pouvait dicter un assez brillant. Je ne conçois pas comment madame de Larnage ne se rebuta pas de ma maussaderie, et ne me congédia pas avec le dernier mépris. Mais c'était une femme d'esprit qui savait discerner son monde, et qui voyait bien qu'il y avait plus de bêtise que de tiédeur dans mes procédés.

Elle parvint enfin à se faire entendre, et ce ne fut pas sans peine. A Valence, nous étions arrivés pour dîner, et, selon notre louable coutume, nous y passâmes le reste du jour. Nous étions logés hors de la ville, à Saint-Jacques ; je me souviendrai toujours de cette auberge, ainsi que de la chambre que madame de Larnage y occupait. Après le dîner elle voulut se promener: elle savait que le marquis n'était pas allant ; c'était le moyen de se ménager un tête-à-tête dont elle avait bien résolu de tirer parti, car il n'y avait plus de temps à perdre pour en avoir à mettre à profit. Nous nous promenions autour de la ville le long des fossés. Là je repris la longue histoire de mes complaintes, auxquelles elle répondait d'un ton si tendre, me pressant quelquefois contre son cœur le bras qu'elle tenait, qu'il fallait une stupidité pareille à la mienne pour m'empêcher de vérifier si elle parlait sérieusement.

Déclaration de M^me de Larnage

Ce qu'il y avait d'impayable était que j'étais moi-même excessive-
ment ému. J'ai dit qu'elle était aimable : l'amour la rendait char-
mante; il lui rendait tout l'éclat de la première jeunesse, et elle
ménageait ses agaceries avec tant d'art, qu'elle aurait séduit un
homme à l'épreuve. J'étais donc fort mal à mon aise, et toujours
sur le point de m'émanciper; mais la crainte d'offenser ou de
déplaire, la frayeur plus grande encore d'être hué, sifflé, berné, de
fournir une histoire à table et d'être complimenté sur mes entre-
prises par l'impitoyable marquis, me retinrent au point d'être indi-
gné moi-même de ma sotte honte, et de ne la pouvoir vaincre en
me la reprochant. J'étais au supplice : j'avais déjà quitté mes
propos de Céladon, dont je sentais tout le ridicule en si beau
chemin : ne sachant plus quelle contenance tenir ni que dire, je
me taisais; j'avais l'air boudeur, enfin je faisais tout ce qu'il fal-
lait pour m'attirer le traitement que j'avais redouté. Heureusement
madame de Larnage prit un parti plus humain. Elle interrompit
brusquement ce silence en passant un bras autour de mon cou, et
dans l'instant sa bouche parla trop clairement sur la mienne pour
me laisser mon erreur. La crise ne pouvait se faire plus à propos.
Je devins aimable. Il en était temps. Elle m'avait donné cette
confiance dont le défaut m'a presque toujours empêché d'être
moi. Je le fus alors. Jamais mes yeux, mes sens, mon cœur et ma
bouche n'ont si bien parlé; jamais je n'ai si pleinement réparé
mes torts; et si cette petite conquête avait coûté des soins à
madame de Larnage, j'eus lieu de croire qu'elle n'y avait pas
regret.

Quand je vivrais cent ans, je ne me rappellerais jamais sans
plaisir le souvenir de cette charmante femme. Je dis charmante,
quoiqu'elle ne fût ni belle ni jeune; mais, n'étant non plus ni
laide ni vieille, elle n'avait rien dans sa figure qui empêchât son
esprit et ses grâces de faire tout leur effet. Tout au contraire des
autres femmes, ce qu'elle avait de moins frais était le visage, et je
crois que le rouge le lui avait gâté. Elle avait ses raisons pour être
facile, c'était le moyen de valoir tout son prix. On pouvait la voir
sans l'aimer, mais non pas la posséder sans l'adorer. Et cela
prouve, ce me semble, qu'elle n'était pas toujours aussi prodigue

de ses bontés qu'elle le fut avec moi. Elle s'était prise d'un goût trop prompt et trop vif pour être excusable, mais où le cœur entrait du moins autant que les sens ; et durant le temps court et délicieux que je passai auprès d'elle, j'eus lieu de croire, aux ménagements forcés qu'elle m'imposait, que, quoique sensuelle et voluptueuse, elle aimait encore mieux ma santé que ses plaisirs.

Notre intelligence n'échappa pas au marquis. Il n'en tirait pas moins sur moi : au contraire, il me traitait plus que jamais en pauvre amoureux transi, martyr des rigueurs de sa dame. Il ne lui échappa jamais un mot, un regard, un sourire qui pût me faire soupçonner qu'il nous eût devinés ; et je l'aurais cru notre dupe, si madame de Larnage, qui voyait mieux que moi, ne m'eût dit qu'il ne l'était pas, mais qu'il était galant homme ; et en effet, on ne saurait avoir des attentions plus honnêtes, ni se comporter plus poliment qu'il fit toujours, même envers moi, sauf ses plaisanteries, surtout depuis mon succès. Il m'en attribuait l'honneur peut-être, et me supposait moins sot que je ne l'avais paru. Il se trompait, comme on a vu : mais n'importe, je profitais de son erreur ; et il est vrai qu'alors les rieurs étant pour moi, je prêtais le flanc de bon cœur et d'assez bonne grâce à ses épigrammes, et j'y ripostais quelquefois, même assez heureusement, tout fier de me faire honneur auprès de madame de Larnage de l'esprit qu'elle m'avait donné. Je n'étais plus le même homme.

Nous étions dans un pays et dans une saison de bonne chère ; nous la faisions partout excellente, grâce aux bons soins du marquis. Je me serais pourtant passé qu'il les étendît jusqu'à nos chambres ; mais il envoyait devant son laquais pour les retenir ; et le coquin, soit de son chef, soit par l'ordre de son maître, le logeait toujours à côté de madame de Larnage, et me fourrait à l'autre bout de la maison. Mais cela ne m'embarrassait guère, et nos rendez-vous n'en étaient que plus piquants. Cette vie délicieuse dura quatre ou cinq jours, pendant lesquels je m'enivrai des plus douces voluptés. Je les goûtai pures, vives, sans aucun mélange de peines : ce sont les premières et les seules que j'aie ainsi goûtées ; et je puis dire que je dois à madame de Larnage de ne pas mourir sans avoir connu le plaisir.

Si ce que je sentais pour elle n'était pas précisément de l'amour, c'était du moins un retour si tendre pour celui qu'elle me témoignait, c'était une sensualité si brûlante dans le plaisir, et une intimité si douce dans les entretiens, qu'elle avait tout le charme de la passion sans en avoir le délire, qui tourne la tête et fait qu'on ne sait pas jouir. Je n'ai jamais senti l'amour vrai qu'une seule fois en ma vie, et ce ne fut pas auprès d'elle. Je ne l'aimais pas non plus comme j'avais aimé et comme j'aimais madame de Warens ; mais c'était pour cela même que je la possédais cent fois mieux. Près de maman mon plaisir était toujours troublé par un sentiment de tristesse, par un secret serrement de cœur que je ne surmontais pas sans peine ; au lieu de me féliciter de la posséder, je me reprochais de l'avilir. Près de madame de Larnage, au contraire, fier d'être homme et d'être heureux, je me livrais à mes sens avec joie, avec confiance ; je partageais l'impression que je faisais sur les siens ; j'étais assez à moi pour contempler avec autant de vanité que de volupté mon triomphe, et pour tirer de là de quoi le redoubler.

Je ne me souviens pas de l'endroit où nous quitta le marquis, qui était du pays ; mais nous nous trouvâmes seuls avant d'arriver à Montélimar, et dès lors madame de Larnage établit sa femme de chambre dans ma chaise, et je passai dans la sienne avec elle. Je puis assurer que la route ne nous ennuyait pas de cette manière, et j'aurais eu bien de la peine à dire comment le pays que nous parcourions était fait. A Montélimar, elle eut des affaires qui l'y retinrent trois jours, durant lesquels elle ne me quitta pourtant qu'un quart d'heure pour une visite qui lui attira des importunités désolantes et des invitations qu'elle n'eut garde d'accepter. Elle prétexta des incommodités, qui ne nous empêchèrent pourtant pas d'aller nous promener tous les jours tête à tête dans le plus beau pays et sous le plus beau ciel du monde. Oh ! ces trois jours ! j'ai dû les regretter quelquefois ; il n'en est plus revenu de semblables.

Des amours de voyage ne sont pas faits pour durer. Il fallut nous séparer, et j'avoue qu'il en était temps, non que je fusse rassasié ni prêt à l'être, je m'attachais chaque jour davantage ; mais,

malgré toute la discrétion de la dame, il ne me restait guère que
la bonne volonté. Nous donnâmes le change à nos regrets par des
projets pour notre réunion. Il fut décidé que, puisque ce régime
me faisait du bien, j'en userais, et que j'irais passer l'hiver au
bourg Saint-Andiol, sous la direction de madame de Larnage. Je
devais seulement rester à Montpellier cinq ou six semaines, pour
lui laisser le temps de préparer les choses de manière à prévenir
les caquets. Elle me donna d'amples instructions sur ce que je
devais savoir, sur ce que je devais dire, sur la manière dont je
devais me comporter. En attendant, nous devions nous écrire.
Elle me parla beaucoup et sérieusement du soin de ma santé;
m'exhorta de consulter d'habiles gens, d'être très attentif à tout ce
qu'ils me prescriraient, et se chargea, quelque sévère que pût être
leur ordonnance, de me la faire exécuter tandis que je serais
auprès d'elle. Je crois qu'elle parlait sincèrement, car elle
m'aimait : elle m'en donna mille preuves plus sûres que des
faveurs. Elle jugea par mon équipage que je ne nageais pas dans
l'opulence; quoiqu'elle ne fût pas riche elle-même, elle voulut à
notre séparation me forcer de partager sa bourse, qu'elle apportait
de Grenoble assez bien garnie, et j'eus beaucoup de peine à m'en
défendre. Enfin, je la quittai le cœur tout plein d'elle, en lui lais-
sant, ce me semble, un véritable attachement pour moi.

J'achevais ma route en la recommençant dans mes souvenirs, et
pour le coup très content d'être dans une bonne chaise pour y
rêver plus à mon aise aux plaisirs que j'avais goûtés et à ceux qui
m'étaient promis. Je ne pensais qu'au bourg Saint-Andiol et à la
charmante vie qui m'y attendait; je ne voyais que madame de
Larnage et ses entours : tout le reste de l'univers n'était rien pour
moi, maman même était oubliée. Je m'occupais à combiner dans
ma tête tous les détails dans lesquels madame de Larnage était
entrée, pour me faire d'avance une idée de sa demeure, de son
voisinage, de ses sociétés, de toute sa manière de vivre. Elle avait
une fille dont elle m'avait parlé très souvent en mère idolâtre.
Cette fille avait quinze ans passés; elle était vive, charmante et
d'un caractère aimable. On m'avait promis que j'en serais caressé :
je n'avais pas oublié cette promesse, et j'étais fort curieux d'ima-

giner comment mademoiselle de Larnage traiterait le bon ami de
sa maman. Tels furent les sujets de mes rêveries depuis le Pont-
Saint-Esprit jusqu'à Remoulin. On m'avait dit d'aller voir le pont
du Gard; je n'y manquai pas. Après un déjeuner d'excellentes
figues, je pris un guide, et j'allai voir le pont du Gard. C'était le
premier ouvrage des Romains que j'eusse vu. Je m'attendais à
voir un monument digne des mains qui l'avaient construit. Pour
le coup l'objet passa mon attente, et ce fut la seule fois en ma vie.
Il n'appartenait qu'aux Romains de produire cet effet. L'aspect
de ce simple et noble ouvrage me frappa d'autant plus qu'il est au
milieu d'un désert où le silence et la solitude rendent l'objet plus
frappant et l'admiration plus vive, car ce prétendu pont n'était
qu'un aqueduc. On se demande quelle force a transporté ces
pierres énormes si loin de toute carrière, et a réuni les bras de
tant de milliers d'hommes dans un lieu où il n'en habite aucun.
Je parcourus les trois étages de ce superbe édifice, que le respect
m'empêchait presque d'oser fouler sous mes pieds. Le retentisse-
ment de mes pas sous ces immenses voûtes me faisait croire
entendre la forte voix de ceux qui les avaient bâties. Je me per-
dais comme un insecte dans cette immensité. Je sentais, tout en
me faisant petit, je ne sais quoi qui m'élevait l'âme; et je me
disais en soupirant: Que ne suis-je né Romain! Je restai là plu-
sieurs heures dans une contemplation ravissante. Je m'en revins
distrait et rêveur, et cette rêverie ne fut pas favorable à madame
de Larnage. Elle avait bien songé à me prémunir contre les filles
de Montpellier, mais non pas contre le pont du Gard. On ne
s'avise jamais de tout.

A Nîmes, j'allai voir les Arènes: c'est un ouvrage beaucoup plus
magnifique que le pont du Gard, et qui me fit beaucoup moins
d'impression, soit que mon admiration se fût épuisée sur le pre-
mier objet, soit que la situation de l'autre au milieu d'une ville
fût moins propre à l'exciter. Ce vaste et superbe cirque est entouré
de vilaines petites maisons, et d'autres maisons plus petites et
plus vilaines encore en remplissent l'arène; de sorte que le tout
ne produit qu'un effet disparate et confus, où le regret et l'indi-
gnation étouffent le plaisir et la surprise. J'ai vu depuis le cirque

de Vérone, infiniment plus petit et moins beau que celui de Nîmes, mais entretenu et conservé avec toute la décence et la propreté possibles, et qui par cela même me fit une impression plus forte et plus agréable. Les Français n'ont soin de rien et ne respectent aucun monument. Ils sont tout feu pour entreprendre, et ne savent rien finir ni rien entretenir.

J'étais changé à tel point, et ma sensualité mise en exercice s'était si bien éveillée, que je m'arrêtai un jour au pont de Lunel pour y faire bonne chère avec de la compagnie qui s'y trouva. Ce cabaret, le plus estimé de l'Europe, méritait alors de l'être. Ceux qui le tenaient avaient su tirer parti de son heureuse situation pour le tenir abondamment approvisionné et avec choix. C'était réellement une chose curieuse de trouver, dans une maison seule et isolée au milieu de la campagne, une table fournie en poisson de mer et d'eau douce, en gibier excellent, en vins fins, servie avec ces attentions et ces soins qu'on ne trouve que chez les grands et les riches, et tout cela pour vos trente-cinq sous. Mais le pont de Lunel ne resta pas longtemps sur ce pied, et à force d'user sa réputation, il la perdit enfin tout à fait.

J'avais oublié, durant ma route, que j'étais malade ; je m'en souvins en arrivant à Montpellier. Mes vapeurs étaient bien guéries, mais tous mes autres maux me restaient ; et, quoique l'habitude m'y rendît moins sensible, c'en était assez pour se croire mort à qui s'en trouverait attaqué tout d'un coup. En effet, ils étaient moins douloureux qu'effrayants, et faisaient plus souffrir l'esprit que le corps, dont ils semblaient annoncer la destruction. Cela faisait que, distrait par des passions vives, je ne songeais plus à mon état ; mais comme il n'était pas imaginaire, je le sentais sitôt que j'étais de sang-froid. Je songeai donc sérieusement aux conseils de madame de Larnage et au but de mon voyage. J'allai consulter les praticiens les plus illustres, surtout M. Fizes ; et pour surabondance de précaution, je me mis en pension chez un médecin. C'était un Irlandais appelé Fitz-Moris, qui tenait une table assez nombreuse d'étudiants en médecine ; et il y avait cela de commode pour un malade à s'y mettre, que M. Fitz-Moris se contentait d'une pension honnête pour la nourriture, et ne pre-

nait rien de ses pensionnaires pour ses soins comme médecin. Il
se chargea de l'exécution des ordonnances de M. Fizes et de
veiller sur ma santé. Il s'acquitta fort bien de cet emploi quant au
régime ; on ne gagnait pas d'indigestions à cette pension-là ; et,
quoique je ne sois pas fort sensible aux privations de cette espèce,
les objets de comparaison étaient si proches, que je ne pouvais
m'empêcher de trouver quelquefois en moi-même que M. de Tori-
gnan était un meilleur pourvoyeur que M. Fitz-Moris. Cependant,
comme on ne mourait pas de faim non plus, et que toute cette
jeunesse était fort gaie, cette manière de vivre me fit du bien réel-
lement, et m'empêcha de retomber dans mes langueurs. Je passais
la matinée à prendre des drogues, surtout je ne sais quelles eaux,
je crois les eaux de Vals, et à écrire à madame de Larnage ; car la
correspondance allait son train, et Rousseau se chargeait de reti-
rer les lettres de son ami Dudding. A midi j'allais faire un tour à
la Canourgue avec quelqu'un de nos jeunes commensaux, qui tous
étaient de très bons enfants : on se rassemblait, on allait dîner.
Après dîner une importante affaire occupait la plupart d'entre
nous jusqu'au soir, c'était d'aller hors de la ville jouer le goûter
en deux ou trois parties de mail. Je ne jouais pas, je n'en avais ni
la force ni l'adresse, mais je pariais : et suivant, avec l'intérêt du
pari, nos joueurs et leurs boules à travers des chemins raboteux
et pleins de pierres, je faisais un exercice agréable et salutaire qui
me convenait tout à fait. On goûtait dans un cabaret hors de la
ville. Je n'ai pas besoin de dire que ces goûters étaient gais ; mais
j'ajouterai qu'ils étaient assez décents, quoique les filles du caba-
ret fussent jolies. M. Fitz-Moris, grand joueur de mail, était notre
président ; et je puis dire, malgré la mauvaise réputation des étu-
diants, que je trouvai plus de mœurs et d'honnêteté parmi toute
cette jeunesse qu'il ne serait aisé d'en trouver dans le même
nombre d'hommes faits. Ils étaient plus bruyants que crapuleux,
plus gais que libertins ; et je me monte si aisément à un train de
vie quand il est volontaire, que je n'aurais pas mieux demandé
que de voir durer celui-là toujours. Il y avait parmi ces étudiants
plusieurs Irlandais, avec lesquels je tâchais d'apprendre quelques
mots d'anglais par précaution pour le bourg Saint-Andiol ; car le

temps approchait de m'y rendre. Madame de Larnage m'en pressait chaque ordinaire, et je me préparais à lui obéir. Il était clair que mes médecins, qui n'avaient rien compris à mon mal, me regardaient comme un malade imaginaire, et me traitaient sur ce pied avec leur squine, leurs eaux et leur petit-lait. Tout au contraire des théologiens, les médecins et les philosophes n'admettent pour vrai que ce qu'ils peuvent expliquer, et font de leur intelligence la mesure des possibles. Ces messieurs ne connaissaient rien à mon mal ; donc je n'étais pas malade : car comment supposer que des docteurs ne sussent pas tout ? Je vis qu'ils ne cherchaient qu'à m'amuser et me faire manger mon argent ; et jugeant que leur substitut du bourg Saint-Andiol ferait cela tout aussi bien qu'eux, mais plus agréablement, je résolus de lui donner la préférence, et je quittai Montpellier dans cette sage intention.

Je partis vers la fin de novembre, après six semaines ou deux mois de séjour dans cette ville, où je laissai une douzaine de louis sans aucun profit pour ma santé ni mon instruction, si ce n'est un cours d'anatomie commencé sous M. Fitz-Moris, et que je fus obligé d'abandonner par l'horrible puanteur des cadavres qu'on disséquait, et qu'il me fut impossible de supporter.

Mal à mon aise au dedans de moi sur la résolution que j'avais prise, j'y réfléchissais en m'avançant toujours vers le Pont-Saint-Esprit, qui était également la route du bourg Saint-Andiol et de Chambéri. Les souvenirs de maman, et ses lettres, quoique moins fréquentes que celles de madame de Larnage, réveillaient dans mon cœur des remords que j'avais étouffés durant ma première route. Ils devinrent si vifs au retour, que, balançant l'amour du plaisir, ils me mirent en état d'écouter la raison seule. D'abord, dans le rôle d'aventurier que j'allais recommencer, je pouvais être moins heureux que la première fois ; il ne fallait, dans tout le bourg Saint-Andiol, qu'une seule personne qui eût été en Angleterre, qui connût les Anglais, ou qui sût leur langue, pour me démasquer. La famille de madame de Larnage pouvait se prendre de mauvaise humeur contre moi, et me traiter peu honnêtement. Sa fille, à laquelle malgré moi je pensais plus qu'il n'eût fallu, m'inquiétait encore : je tremblais d'en devenir amoureux, et cette

peur faisait déjà la moitié de l'ouvrage. Allais-je donc, pour prix des
bontés de la mère, chercher à corrompre sa fille, à lier le plus
détestable commerce, à mettre la dissension, le déshonneur, le
scandale et l'enfer dans sa maison? Cette idée me fit horreur : je
pris bien la ferme résolution de me combattre et de me vaincre,
si ce malheureux penchant venait à se déclarer. Mais pourquoi
m'exposer à ce combat? Quel misérable état de vivre avec la mère
dont je serais rassasié, et de brûler pour la fille sans oser lui
montrer mon cœur! Quelle nécessité d'aller chercher cet état, et
m'exposer aux malheurs, aux affronts, aux remords, pour des
plaisirs dont j'avais d'avance épuisé le plus grand charme? car il
est certain que ma fantaisie avait perdu sa première vivacité. Le
goût du plaisir y était encore, mais la passion n'y était plus. A
cela se mêlaient des réflexions relatives à ma situation, à mes
devoirs, à cette maman si bonne, si généreuse, qui déjà chargée
de dettes l'était encore de mes folles dépenses, qui s'épuisait pour
moi, et que je trompais si indignement. Ce reproche devint si vif
qu'il l'emporta à la fin. En approchant du Saint-Esprit, je pris la
résolution de brûler l'étape du bourg Saint-Andiol, et de passer
tout droit. Je l'exécutai courageusement, avec quelques soupirs,
je l'avoue, mais aussi avec cette satisfaction intérieure, que je
goûtais pour la première fois de ma vie, de me dire : Je mérite
ma propre estime, je sais préférer mon devoir à mon plaisir.
Voilà la première obligation véritable que j'aie à l'étude : c'était
elle qui m'avait appris à réfléchir, à comparer. Après les principes
si purs que j'avais adoptés il y avait peu de temps, après les règles
de sagesse et de vertu que je m'étais faites et que je m'étais senti
si fier de suivre, la honte d'être si peu conséquent à moi-même,
de démentir sitôt et si haut mes propres maximes, l'emporta sur
la volupté. L'orgueil eut peut-être autant de part à ma résolution
que la vertu; mais si cet orgueil n'est pas la vertu même, il a des
effets si semblables qu'il est pardonnable de s'y tromper.

L'un des avantages des bonnes actions est d'élever l'âme, et de
la disposer à en faire de meilleures : car telle est la faiblesse
humaine, qu'on doit mettre au nombre des bonnes actions
l'abstinence du mal qu'on est tenté de commettre. Sitôt que j'eus

pris ma résolution je devins un autre homme, ou plutôt je redevins celui que j'étais auparavant, et que ce moment d'ivresse avait fait disparaître. Plein de bons sentiments et de bonnes dispositions, je continuai ma route dans la bonne intention d'expier ma faute, ne pensant qu'à régler désormais ma conduite sur les lois de la vertu, à me consacrer sans réserve au service de la meilleure des mères, à lui vouer autant de fidélité que j'avais d'attachement pour elle, et à n'écouter plus d'autre amour que celui de mes devoirs. Hélas! la sincérité de mon retour au bien semblait me promettre une autre destinée : mais la mienne était écrite et déjà commencée; et quand mon cœur, plein d'amour pour les choses bonnes et honnêtes, ne voyait plus qu'innocence et bonheur dans la vie, je touchais au moment funeste qui devait traîner à sa suite la longue chaîne de mes malheurs.

L'empressement d'arriver me fit faire plus de diligence que je n'avais compté. Je lui avais annoncé de Valence le jour et l'heure de mon arrivée. Ayant gagné une demi-journée sur mon calcul, je restai autant de temps à Chaparillan, afin d'arriver juste au moment que j'avais marqué. Je voulais goûter dans tout son charme le plaisir de la revoir. J'aimais mieux le différer un peu, pour y joindre celui d'être attendu. Cette précaution m'avait toujours réussi. J'avais vu toujours marquer mon arrivée par une espèce de petite fête : je n'en attendais pas moins cette fois; et ces empressements, qui m'étaient si sensibles, valaient bien la peine d'être ménagés.

J'arrivai donc exactement à l'heure. De tout loin je regardais si je ne la verrais pas sur le chemin; le cœur me battait de plus en plus à mesure que j'approchais. J'arrive essoufflé, car j'avais quitté ma voiture en ville : je ne vois personne dans la cour, sur la porte, à la fenêtre; je commence à me troubler, je redoute quelque accident. J'entre; tout est tranquille; des ouvriers goûtaient dans la cuisine : du reste, aucun apprêt. La servante parut surprise de me voir; elle ignorait que je dusse arriver. Je monte, je la vois enfin cette chère maman, si tendrement, si vivement, si purement aimée; j'accours, je m'élance à ses pieds. Ah! te voilà! petit, me dit-elle en m'embrassant; as-tu fait bon voyage? comment

RETOUR DE J. J. ROUSSEAU AUX CHARMETTES

te portes-tu? Cet accueil m'interdit un peu. Je lui demandai si elle n'avait pas reçu ma lettre. Elle me dit que oui. J'aurais cru que non, lui dis-je; et l'éclaircissement finit là. Un jeune homme était avec elle. Je le connaissais pour l'avoir vu déjà dans la maison avant mon départ; mais cette fois il y paraissait établi, il l'était. Bref, je trouvai ma place prise.

Ce jeune homme était du pays de Vaud; son père, appelé Vintzenried, était concierge ou soi-disant capitaine du château de Chillon. Le fils de M. le capitaine était garçon perruquier, et courait le monde en cette qualité quand il vint se présenter à madame de Warens, qui le reçut bien, comme elle faisait tous les passants, et surtout ceux de son pays. C'était un grand fade blondin, assez bien fait, le visage plat, l'esprit de même, parlant comme le beau Liandre; mêlant tous les tons, tous les goûts de son état avec la longue histoire de ses bonnes fortunes; ne nommant que la moitié des marquises avec lesquelles il avait couché, et prétendant n'avoir point coiffé de jolies femmes dont il n'eût aussi coiffé les maris; vain, sot, ignorant, insolent; au demeurant le meilleur fils du monde. Tel fut le substitut qui me fut donné pendant mon absence, et l'associé qui me fut offert après mon retour.

Oh! si les âmes dégagées de leurs terrestres entraves voient encore du sein de l'éternelle lumière ce qui se passe chez les mortels, pardonnez, ombre chère et respectable, si je ne fais pas plus de grâce à vos fautes qu'aux miennes, si je dévoile également les unes et les autres aux yeux des lecteurs. Je dois, je veux être vrai pour vous comme pour moi-même : vous y perdrez toujours beaucoup moins que moi. Eh! combien votre aimable et doux caractère, votre inépuisable bonté de cœur, votre franchise et toutes vos excellentes vertus ne rachètent-elles pas de faiblesses, si l'on peut appeler ainsi les torts de votre seule raison! Vous eûtes des erreurs et non pas des vices; votre conduite fut répréhensible, mais votre cœur fut toujours pur.

Le nouveau venu s'était montré zélé, diligent, exact pour toutes ses petites commissions, qui étaient toujours en grand nombre; il s'était fait le piqueur de ses ouvriers. Aussi bruyant que je l'étais

peu, il se faisait voir et surtout entendre à la fois à la charrue, aux foins, aux bois, à l'écurie, à la basse-cour. Il n'y avait que le jardin qu'il négligeait, parce que c'était un travail trop paisible, et qui ne faisait point de bruit. Son grand plaisir était de charger et charrier, de scier ou fendre du bois ; on le voyait toujours la hache ou la pioche à la main ; on l'entendait courir, cogner, crier à pleine tête. Je ne sais de combien d'hommes il faisait le travail, mais il faisait toujours le bruit de dix à douze. Tout ce tintamarre en imposa à ma pauvre maman ; elle crut ce jeune homme un trésor pour ses affaires. Voulant se l'attacher, elle employa pour cela tous les moyens qu'elle y crut propres, et n'oublia pas celui sur lequel elle comptait le plus.

On a dû connaître mon cœur, ses sentiments les plus constants, les plus vrais, ceux surtout qui me ramenaient en ce moment auprès d'elle. Quel prompt et plein bouleversement dans tout mon être ! qu'on se mette à ma place pour en juger. En un moment je vis évanouir pour jamais tout l'avenir de félicité que je m'étais peint. Toutes les douces idées que je caressais si affectueusement disparurent ; et moi, qui depuis mon enfance ne savais voir mon existence qu'avec la sienne, je me vis seul pour la première fois. Ce moment fut affreux : ceux qui le suivirent furent toujours sombres. J'étais jeune encore, mais ce doux sentiment de jouissance et d'espérance qui vivifie la jeunesse me quitta pour jamais. Dès lors l'être sensible fut mort à demi. Je ne vis plus devant moi que les tristes restes d'une vie insipide ; et si quelquefois encore une image de bonheur effleura mes désirs, ce bonheur n'était plus celui qui m'était propre ; je sentais qu'en l'obtenant je ne serais pas vraiment heureux.

J'étais si bête et ma confiance était si pleine, que, malgré le ton familier du nouveau venu, que je regardais comme un effet de cette facilité de l'humeur de maman, qui rapprochait tout le monde d'elle, je ne me serais pas avisé d'en soupçonner la véritable cause si elle ne me l'eût dite elle-même : mais elle se pressa de me faire cet aveu avec une franchise capable d'ajouter à ma rage, si mon cœur eût pu se tourner de ce côté-là ; trouvant quant à elle la chose toute simple, me reprochant ma négligence

dans la maison, et m'alléguant mes absences, comme si elle eût été d'un tempérament fort pressé d'en remplir les vides. Ah! maman, lui dis-je le cœur serré de douleur, qu'osez-vous m'apprendre? quel prix d'un attachement pareil au mien! Ne m'avez-vous tant de fois conservé la vie que pour m'ôter tout ce qui me la rendait chère! J'en mourrai, mais vous me regretterez. Elle me répondit d'un ton tranquille à me rendre fou, que j'étais un enfant, qu'on ne mourait point de ces choses-là; que je ne perdrais rien; que nous n'en serions pas moins bons amis, pas moins intimes dans tous les sens; que son tendre attachement pour moi ne pouvait ni diminuer ni finir qu'avec elle. Elle me fit entendre, en un mot, que tous mes droits demeuraient les mêmes, et qu'en les partageant avec un autre je n'en étais pas privé pour cela.

Jamais la pureté, la vérité, la force de mes sentiments pour elle, jamais la sincérité, l'honnêteté de mon âme ne se firent mieux sentir à moi que dans ce moment. Je me précipitai à ses pieds, j'embrassai ses genoux en versant des torrents de larmes. Non, maman, lui dis-je avec transport; je vous aime trop pour vous avilir; votre possession m'est trop chère pour la partager; les regrets qui l'accompagnèrent quand je l'acquis se sont accrus avec mon amour; non, je ne la puis conserver au même prix. Vous aurez toujours mes adorations, soyez-en toujours digne; il m'est plus nécessaire encore de vous honorer que de vous posséder. C'est à vous, ô maman, que je vous cède; c'est à l'union de nos cœurs que je sacrifie tous mes plaisirs. Puissé-je périr mille fois avant d'en goûter qui dégradent ce que j'aime!

Je tins cette résolution avec une constance digne, j'ose le dire, du sentiment qui me l'avait fait former. Dès ce moment, je ne vis plus cette maman si chérie que des yeux d'un véritable fils; et il est à noter que, bien que ma résolution n'eût point son approbation secrète, comme je m'en suis trop aperçu, elle n'employa jamais pour m'y faire renoncer ni propos insinuants, ni caresses, ni aucune de ces adroites agaceries dont les femmes savent user sans se commettre, et qui manquent rarement de leur réussir. Réduit à me chercher un sort indépendant d'elle, et n'en pouvant même

imaginer, je passai bientôt à l'autre extrémité, et le cherchai tout en elle. Je l'y cherchai si parfaitement que je parvins à m'oublier moi-même. L'ardent désir de la voir heureuse, à quelque prix que ce fût, absorbait toutes mes affections : elle avait beau séparer son bonheur du mien, je le voyais mien, en dépit d'elle.

Ainsi commencèrent à germer avec mes malheurs les vertus dont la semence était au fond de mon âme, que l'étude avait cultivées, et qui n'attendaient pour éclore que le ferment de l'adversité. Le premier fruit de cette disposition si désintéressée fut d'écarter de mon cœur tout sentiment de haine et d'envie contre celui qui m'avait supplanté : je voulus, au contraire, et je voulus sincèrement m'attacher à ce jeune homme, le former, travailler à son éducation, lui faire sentir son bonheur, l'en rendre digne s'il était possible, et faire en un mot pour lui tout ce qu'Anet avait fait pour moi dans une occasion pareille. Mais la parité manquait entre les personnes. Avec plus de douceur et de lumières, je n'avais pas le sang-froid et la fermeté d'Anet, ni cette force de caractère qui en imposait, et dont j'aurais eu besoin pour réussir. Je trouvai encore moins dans le jeune homme les qualités qu'Anet avait trouvées en moi : la docilité, l'attachement, la reconnaissance, surtout le sentiment du besoin que j'avais de ses soins, et l'ardent désir de les rendre utiles. Tout cela manquait ici. Celui que je voulais former ne voyait en moi qu'un pédant importun qui n'avait que du babil. Au contraire, il s'admirait lui-même comme un homme important dans la maison; et, mesurant les services qu'il y croyait rendre sur le bruit qu'il y faisait, il regardait ses haches et ses pioches comme infiniment plus utiles que tous mes bouquins. A quelque égard il n'avait pas tort, mais il partait de là pour se donner des airs à faire mourir de rire. Il tranchait avec les paysans du gentilhomme campagnard; bientôt il en fit autant avec moi, et enfin avec maman elle-même. Son nom de Vintzenried ne lui paraissant pas assez noble, il le quitta pour celui de M. de Courtilles; et c'est sous ce dernier nom qu'il a été connu depuis à Chambéri, et en Maurienne, où il s'est marié.

Enfin tant fit l'illustre personnage qu'il fut tout dans la

maison, et moi rien. Comme, lorsque j'avais le malheur de lui
déplaire, c'était maman et non pas moi qu'il grondait, la crainte
de l'exposer à ses brutalités me rendait docile à tout ce qu'il
désirait; et chaque fois qu'il fendait du bois, emploi qu'il remplis-
sait avec une fierté sans égale, il fallait que je fusse là specta-
teur oisif, et tranquille admirateur de sa prouesse. Ce garçon
n'était pourtant pas absolument d'un mauvais naturel : il aimait
maman parce qu'il était impossible de ne la pas aimer; il n'avait
même pas pour moi de l'aversion; et quand les intervalles de ses
fougues permettaient de lui parler, il nous écoutait quelquefois
assez docilement, convenant franchement qu'il n'était qu'un sot :
après quoi il n'en faisait pas moins de nouvelles sottises. Il avait
d'ailleurs une intelligence si bornée et des goûts si bas, qu'il était
difficile de lui parler raison, et presque impossible de se plaire
avec lui. A la possession d'une femme pleine de charmes, il
ajouta le ragoût d'une femme de chambre vieille, rousse, édentée,
dont maman avait la patience d'endurer le dégoûtant service,
quoiqu'elle lui fît mal au cœur. Je m'aperçus de ce nouveau
manége, et j'en fus outré d'indignation : mais je m'aperçus d'une
autre chose qui m'affecta bien plus vivement encore, et qui me
jeta dans un plus profond découragement que tout ce qui s'était
passé jusqu'alors; ce fut le refroidissement de maman envers moi.

La privation que je m'étais imposée et qu'elle avait fait semblant
d'approuver est une de ces choses que les femmes ne pardonnent
point, quelque mine qu'elles fassent, moins par la privation qui en
résulte pour elles-mêmes, que par l'indifférence qu'elles y voient
pour leur possession. Prenez la femme la plus sensée, la plus phi-
losophe, la moins attachée à ses sens; le crime le plus irrémissible
que l'homme, dont au reste elle se soucie le moins, puisse com-
mettre envers elle, est d'en pouvoir jouir et de n'en rien faire. Il
faut bien que ceci soit sans exception, puisqu'une sympathie si
naturelle et si forte fut altérée en elle par une abstinence qui
n'avait que des motifs de vertu, d'attachement et d'estime. Dès
lors je cessai de trouver en elle cette intimité des cœurs qui fut
toujours la plus douce jouissance du mien. Elle ne s'épanchait
plus avec moi que quand elle avait à se plaindre du nouveau

venu : quand ils étaient bien ensemble, j'entrais peu dans ses confidences. Enfin elle prenait peu à peu une manière d'être dont je ne faisais plus partie. Ma présence lui faisait plaisir encore, mais elle ne lui faisait plus besoin ; et j'aurais passé des jours entiers sans la voir, qu'elle ne s'en serait pas aperçue.

Insensiblement je me sentis isolé et seul dans cette même maison dont auparavant j'étais l'âme, et où je vivais pour ainsi dire à double. Je m'accoutumai peu à peu à me séparer de tout ce qui s'y faisait, de ceux même qui l'habitaient ; et, pour m'épargner de continuels déchirements, je m'enfermais avec mes livres, ou bien j'allais soupirer et pleurer à mon aise au milieu des bois. Cette vie me devint bientôt tout à fait insupportable. Je sentis que la présence personnelle et l'éloignement de cœur d'une femme qui m'était si chère irritaient ma douleur, et qu'en cessant de la voir je m'en sentirais moins cruellement séparé. Je formai le projet de quitter sa maison, je le lui dis ; et, loin de s'y opposer, elle le favorisa. Elle avait à Grenoble une amie appelée madame Deybens, dont le mari était ami de M. de Mably, grand prévôt à Lyon. M. Deybens me proposa l'éducation des enfants de M. de Mably : j'acceptai, et je partis pour Lyon sans laisser ni presque sentir le moindre regret d'une séparation dont auparavant la seule idée nous eût donné les angoisses de la mort.

J'avais à peu près les connaissances nécessaires pour un précepteur, et j'en croyais avoir le talent. Durant un an que je passai chez M. de Mably, j'eus le temps de me désabuser. La douceur de mon naturel m'eût rendu très propre à ce métier, si l'emportement n'y eût mêlé ses orages. Tant que tout allait bien et que je voyais réussir mes soins et mes peines, qu'alors je n'épargnais point, j'étais un ange ; j'étais un diable quand les choses allaient de travers. Quand mes élèves ne m'entendaient pas, j'extravaguais ; et quand ils marquaient de la méchanceté, je les aurais tués : ce n'était pas le moyen de les rendre savants et sages. J'en avais deux ; ils étaient d'humeurs très différentes. L'un de huit à neuf ans, appelé Sainte-Marie, était d'une jolie figure, l'esprit assez ouvert, assez vif, étourdi, badin, malin, mais d'une malignité gaie. Le cadet, appelé Condillac, paraissait presque stupide, musard,

têtu comme une mule, et ne pouvait rien apprendre. On peut juger qu'entre ces deux sujets je n'avais pas besogne faite. Avec de la patience et du sang-froid, peut-être aurais-je pu réussir; mais faute de l'une et de l'autre je ne fis rien qui vaille, et mes élèves tournaient très mal. Je ne manquais pas d'assiduité, mais je manquais d'égalité, surtout de prudence. Je ne savais employer auprès d'eux que trois instruments, toujours inutiles et souvent pernicieux auprès des enfants : le sentiment, le raisonnement, la colère. Tantôt je m'attendrissais avec Sainte-Marie jusqu'à pleurer; je voulais l'attendrir lui-même, comme si l'enfant était susceptible d'une véritable émotion de cœur ; tantôt je m'épuisais à lui parler raison, comme s'il avait pu m'entendre; et comme il me faisait quelquefois des arguments très subtils, je le prenais tout de bon pour raisonnable, parce qu'il était raisonneur. Le petit Condillac était encore plus embarrassant, parce que n'entendant rien, ne répondant rien, ne s'émouvant de rien, et d'une opiniâtreté à toute épreuve, il ne triomphait jamais mieux de moi que quand il m'avait mis en fureur; alors c'était lui qui était le sage, et c'était moi qui étais l'enfant. Je voyais toutes mes fautes, je les sentais; j'étudiais l'esprit de mes élèves, je les pénétrais très bien, et je ne crois pas que jamais une seule fois j'aie été la dupe de leurs ruses. Mais que me servait de voir le mal sans savoir appliquer le remède? En pénétrant tout je n'empêchais rien, je ne réussissais à rien, et tout ce que je faisais était précisément ce qu'il ne fallait pas faire. Je ne réussissais guère mieux pour moi que pour mes élèves. J'avais été recommandé par madame Deybens à madame de Mably. Elle l'avait priée de former mes manières et de me donner le ton du monde. Elle y prit quelque soin, et voulut que j'apprisse à faire les honneurs de sa maison; mais je m'y pris si gauchement, j'étais si honteux, si sot, qu'elle se rebuta et me planta là. Cela ne m'empêcha pas de devenir, selon ma coutume, amoureux d'elle. J'en fis assez pour qu'elle s'en aperçût, mais je n'osai jamais me déclarer. Elle ne se trouva pas d'humeur à faire les avances, et j'en fus pour mes lorgneries et mes soupirs, dont même je m'ennuyai bientôt, voyant qu'ils n'aboutissaient à rien.

J'avais tout à fait perdu chez maman le goût des petites fripon-

neries, parce que tout étant à moi, je n'avais rien à voler. D'ailleurs les principes élevés que je m'étais faits devaient me rendre désormais bien supérieur à de telles bassesses, et il est certain que depuis lors je l'ai d'ordinaire été : mais c'est moins pour avoir appris à vaincre mes tentations que pour en avoir coupé la racine; et j'aurais grand'peur de voler comme dans mon enfance, si j'étais sujet aux mêmes désirs. J'eus la preuve de cela chez M. de Mably. Environné de petites choses volables que je ne regardais même pas, je m'avisai de convoiter un certain petit vin blanc d'Arbois très joli, dont quelques verres que par-ci, par-là je buvais à table m'avaient fort affriandé. Il était un peu louche; je croyais savoir bien coller le vin, je m'en vantai : on me confia celui-là : je le collai et le gâtai, mais aux yeux seulement; il resta toujours agréable à boire, et l'occasion fit que je m'en accommodai de temps en temps de quelques bouteilles pour boire à mon aise en mon petit particulier. Malheureusement je n'ai jamais pu boire sans manger. Comment faire pour avoir du pain? Il m'était impossible d'en mettre en réserve. En faire acheter par les laquais, c'était me déceler, et presque insulter le maître de la maison. En acheter moi-même, je n'osai jamais. Un beau monsieur l'épée au côté aller chez un boulanger acheter un morceau de pain, cela se pouvait-il? Enfin je me rappelai le pis-aller d'une grande princesse à qui l'on disait que les paysans n'avaient pas de pain, et qui répondit : Qu'ils mangent de la brioche. Encore que de façons pour en venir là! Sorti seul à ce dessein, je parcourais quelquefois toute la ville, et passais devant trente pâtissiers avant d'entrer chez aucun. Il fallait qu'il n'y eût qu'une seule personne dans la boutique, et que sa physionomie m'attirât beaucoup, pour que j'osasse franchir le pas. Mais aussi quand j'avais une fois ma chère petite brioche, et que, bien enfermé dans ma chambre, j'allais trouver ma bouteille au fond d'une armoire, quelles bonnes petites buvettes je faisais là tout seul en lisant quelques pages de roman! Car lire en mangeant fut toujours ma fantaisie, au défaut d'un tête-à-tête : c'est le supplément de la société qui me manque. Je dévore alternativement une page et un morceau : c'est comme si mon livre dînait avec moi.

Je n'ai jamais été dissolu ni crapuleux, et ne me suis enivré de ma vie. Ainsi mes petits vols n'étaient pas fort indiscrets : cependant ils se découvrirent; les bouteilles me décelèrent. On ne m'en fit pas semblant, mais je n'eus plus la direction de la cave. En tout cela M. de Mably se conduisit honnêtement et prudemment. C'était un très galant homme, qui, sous un air aussi dur que son emploi, avait une véritable douceur de caractère et une rare bonté du cœur. Il était judicieux, équitable, et, ce qu'on n'attendrait pas d'un officier de maréchaussée, même très humain. En sentant son indulgence, je lui en devins plus attaché, et cela me fit prolonger mon séjour dans sa maison plus que je n'aurais fait sans cela.

Mais enfin dégoûté d'un métier auquel je n'étais pas propre et d'une situation très gênante, qui n'avait rien d'agréable pour moi, après un an d'essai, durant lequel je n'épargnai point mes soins, je me déterminai à quitter mes disciples, bien convaincu que je ne parviendrais jamais à les bien élever. M. de Mably lui-même voyait cela tout aussi bien que moi. Cependant je crois qu'il n'eût jamais pris sur lui de me renvoyer si je ne lui en eusse épargné la peine, et cet excès de condescendance en pareil cas n'est assurément pas ce que j'approuve.

Ce qui me rendait mon état plus insupportable était la comparaison continuelle que j'en faisais avec celui que j'avais quitté; c'était le souvenir de mes chères Charmettes, de mon jardin, de mes arbres, de ma fontaine, de mon verger, et surtout de celle pour qui j'étais né, qui donnait de l'âme à tout cela. En repensant à elle, à nos plaisirs, à notre innocente vie, il me prenait des serrements de cœur, des étouffements qui m'ôtaient le courage de rien faire. Cent fois j'ai été violemment tenté de partir à l'instant et à pied pour retourner auprès d'elle; pourvu que je la revisse encore une fois, j'aurais été content de mourir à l'instant même. Enfin je ne pus résister à ces souvenirs si tendres, qui me rappelaient auprès d'elle à quelque prix que ce fût. Je me disais que je n'avais pas été assez patient, assez complaisant, assez caressant; que je pouvais encore vivre heureux dans une amitié très douce, en y mettant du mien plus que je n'avais fait. Je forme les plus beaux

projets du monde, je brûle de les exécuter. Je quitte tout, je renonce à tout, je pars, je vole, j'arrive dans tous les mêmes transports de ma première jeunesse, et je me retrouve à ses pieds. Ah! j'y serais mort de joie si j'avais retrouvé dans son accueil, dans ses yeux, dans ses caresses, dans son cœur enfin, le quart de ce que j'y retrouvais autrefois, et que j'y reportais encore.

Affreuse illusion des choses humaines! Elle me reçut toujours avec son excellent cœur, qui ne pouvait mourir qu'avec elle; mais je venais rechercher le passé qui n'était plus, et qui ne pouvait renaître. A peine eus-je resté une demi-heure avec elle, que je sentis mon ancien bonheur mort pour toujours. Je me retrouvai dans la même situation désolante que j'avais été forcé de fuir, et cela sans que je pusse dire qu'il y eût de la faute de personne; car au fond Courtilles n'était pas mauvais, et parut me revoir avec plus de plaisir que de chagrin. Mais comment me souffrir surnuméraire près de celle pour qui j'avais été tout, et qui ne pouvait cesser d'être tout pour moi? Comment vivre étranger dans la maison dont j'étais l'enfant? L'aspect des objets témoins de mon bonheur passé me rendait la comparaison plus cruelle. J'aurais moins souffert dans une autre habitation. Mais me voir rappeler incessamment tant de doux souvenirs, c'était irriter le sentiment de mes pertes. Consumé de vains regrets, livré à la plus noire mélancolie, je repris le train de rester seul hors les heures des repas.

Enfermé avec mes livres, j'y cherchais des distractions utiles; et, sentant le péril imminent que j'avais tant craint autrefois, je me tourmentais derechef à chercher en moi-même les moyens d'y pourvoir quand maman n'aurait plus de ressources. J'avais mis les choses dans sa maison sur le pied d'aller sans empirer; mais depuis moi tout était changé. Son économe était un dissipateur. Il voulait briller; bon cheval, bon équipage; il aimait à s'étaler noblement aux yeux des voisins; il faisait des entreprises continuelles en choses où il n'entendait rien. La pension se mangeait d'avance, les quartiers en étaient engagés, les loyers étaient arriérés, et les dettes allaient leur train. Je prévoyais que cette pension ne tarderait pas d'être saisie, peut-être supprimée. Enfin

je n'envisageais que ruine et désastres; et le moment m'en semblait si proche que j'en sentais d'avance toutes les horreurs.

Mon cher cabinet était ma seule distraction. A force d'y chercher des remèdes contre le trouble de mon âme, je m'avisai d'y en chercher contre les maux que je prévoyais; et revenant à mes anciennes idées, me voilà bâtissant de nouveaux châteaux en Espagne pour tirer cette pauvre maman des extrémités cruelles où je la voyais prête à tomber. Je ne me sentais pas assez savant et ne me croyais pas assez d'esprit pour briller dans la république des lettres, et faire une fortune par cette voie. Une nouvelle idée qui se présenta m'inspira la confiance que la médiocrité de mes talents ne pouvait me donner. Je n'avais pas abandonné la musique en cessant de l'enseigner; au contraire, j'en avais assez étudié la théorie pour pouvoir me regarder au moins comme savant dans cette partie. En réfléchissant à la peine que j'avais eue d'apprendre à déchiffrer les notes, et à celle que j'avais encore de chanter à livre ouvert, je vins à penser que cette difficulté pouvait bien venir de la chose autant que de moi, sachant surtout qu'en général apprendre la musique n'était pour personne chose aisée. En examinant la constitution des signes, je les trouvais souvent fort mal inventés. Il y avait longtemps que j'avais pensé à noter l'échelle par chiffres pour éviter d'avoir toujours à tracer des lignes et portées lorsqu'il fallait noter le moindre petit air. J'avais été arrêté par les difficultés des octaves et par celles de la mesure et des valeurs. Cette ancienne idée me revint dans l'esprit, et je vis, en y repensant, que ces difficultés n'étaient pas insurmontables. J'y rêvai avec succès, et je parvins à noter quelque musique que ce fût par mes chiffres avec la plus grande exactitude, et je puis dire avec la plus grande simplicité. Dès ce moment je crus ma fortune faite; et, dans l'ardeur de la partager avec celle à qui je devais tout, je ne songeai qu'à partir pour Paris, ne doutant pas qu'en présentant mon projet à l'Académie je ne fisse une révolution. J'avais rapporté de Lyon quelque argent; je vendis mes livres. En quinze jours ma résolution fut prise et exécutée. Enfin plein des idées magnifiques qui me l'avaient inspirée, et toujours le même dans tous les temps, je partis de Savoie avec mon système de

musique, comme autrefois j'étais parti de Turin avec ma fontaine de héron.

Telles ont été les erreurs et les fautes de ma jeunesse. J'en ai narré l'histoire avec une fidélité dont mon cœur est content. Si dans la suite j'honorai mon âge mûr de quelques vertus, je les aurais dites avec la même franchise, et c'était mon dessein; mais il faut m'arrêter ici. Le temps peut lever bien des voiles. Si ma mémoire parvient à la postérité, peut-être un jour elle apprendra ce que j'avais à dire. Alors on saura pourquoi je me tais.

LIVRE VII

LIVRE SEPTIÈME

1741

Après deux ans de silence et de patience, malgré mes résolutions, je reprends la plume. Lecteurs, suspendez votre jugement sur les raisons qui m'y forcent : vous n'en pouvez juger qu'après m'avoir lu.

On a vu s'écouler ma paisible jeunesse dans une vie égale, assez douce, sans de grandes traverses ni de grandes prospérités. Cette médiocrité fut en grande partie l'ouvrage de mon naturel ardent, mais faible, moins prompt encore à entreprendre que facile à décourager, sortant du repos par secousses, mais y rentrant par lassitude et par goût, et qui, me ramenant toujours, loin des grandes vertus et plus loin des grands vices, à la vie oiseuse et

tranquille pour laquelle je me sentais né, ne m'a jamais permis d'aller à rien de grand, soit en bien, soit en mal.

Quel tableau différent j'aurai bientôt à développer ! Le sort qui durant trente ans favorisa mes penchants, les contraria pendant trente autres ; et de cette opposition continuelle entre ma situation et mes inclinations, on verra naître des fautes énormes, des malheurs inouïs et toutes les vertus, excepté la force, qui peuvent honorer l'adversité.

Ma première partie a été toute écrite de mémoire ; j'y ai dû faire beaucoup d'erreurs. Forcé d'écrire la seconde de mémoire aussi, j'y en ferai probablement beaucoup davantage. Les doux souvenirs de mes beaux ans, passés avec autant de tranquillité que d'innocence, m'ont laissé mille impressions charmantes que j'aime sans cesse à me rappeler. On verra bientôt combien sont différents ceux du reste de ma vie. Les rappeler, c'est en renouveler l'amertume. Loin d'aigrir celle de ma situation par ces tristes retours, je les écarte autant qu'il m'est possible ; et souvent j'y réussis au point de ne les pouvoir plus retrouver au besoin. Cette facilité d'oublier les maux est une consolation que le ciel m'a ménagée dans ceux que le sort devait un jour accumuler sur moi. Ma mémoire, qui me retrace uniquement les objets agréables, est l'heureux contre-poids de mon imagination effarouchée, qui ne me fait prévoir que de cruels avenirs.

Tous les papiers que j'avais rassemblés pour suppléer à ma mémoire et me guider dans cette entreprise, passés en d'autres mains, ne rentreront plus dans les miennes.

Je n'ai qu'un guide fidèle sur lequel je puisse compter, c'est la chaîne des sentiments qui ont marqué la succession de mon être, et par eux celle des événements qui en ont été la cause ou l'effet. J'oublie aisément mes malheurs, mais je ne puis oublier mes fautes, et j'oublie encore moins mes bons sentiments. Leur souvenir m'est trop cher pour s'effacer de mon cœur. Je puis faire des omissions dans les faits, des transpositions, des erreurs de dates ; mais je ne puis me tromper sur ce que j'ai senti, ni sur ce que mes sentiments m'ont fait faire : et voilà de quoi principalement il s'agit. L'objet propre de mes Confessions est de faire connaître

exactement mon intérieur dans toutes les situations de ma vie. C'est l'histoire de mon âme que j'ai promise : et pour l'écrire fidèlement je n'ai pas besoin d'autres mémoires ; il me suffit, comme j'ai fait jusqu'ici, de rentrer au dedans de moi.

Il y a cependant, et très heureusement, un intervalle de six à sept ans dont j'ai des renseignements sûrs dans un recueil transcrit de lettres dont les originaux sont dans les mains de M. du Peyrou. Ce recueil, qui finit en 1760, comprend tout le temps de mon séjour à l'Ermitage, et de ma grande brouillerie avec mes soi-disant amis : époque mémorable dans ma vie, et qui fut la source de tous mes autres malheurs. A l'égard des lettres originales plus récentes qui peuvent me rester, et qui sont en très petit nombre, au lieu de les transcrire à la suite du recueil, trop volumineux pour que je puisse espérer de les soustraire à la vigilance de mes Argus, je les transcrirai dans cet écrit même, lorsqu'elles me paraîtront fournir quelque éclaircissement, soit à mon avantage, soit à ma charge : car je n'ai pas peur que le lecteur oublie jamais que je fais mes confessions pour croire que je fais mon apologie ; mais il ne doit pas s'attendre non plus que je taise la vérité lorsqu'elle parle en ma faveur.

Au reste, cette seconde partie n'a que cette même vérité de commune avec la première, ni d'avantage sur elle que par l'importance des choses. A cela près, elle ne peut que lui être inférieure en tout. J'écrivais la première avec plaisir, avec complaisance, à mon aise, à Wooton ou dans le château de Trye ; tous les souvenirs que j'avais à me rappeler étaient autant de nouvelles jouissances. J'y revenais sans cesse avec un nouveau plaisir, et je pouvais tourner mes descriptions sans gêne jusqu'à ce que j'en fusse content. Aujourd'hui ma mémoire et ma tête affaiblies me rendent presque incapable de tout travail ; je ne m'occupe de celui-ci que par force, et le cœur serré de détresse. Il ne m'offre que malheurs, trahisons, perfidies, que souvenirs attristants et déchirants. Je voudrais pour tout au monde pouvoir ensevelir dans la nuit des temps ce que j'ai à dire ; et forcé de parler malgré moi, je suis réduit encore à me cacher, à ruser, à tâcher de donner le change, à m'avilir aux choses pour lesquelles j'étais le

moins né. Les planchers sous lesquels je suis ont des yeux, les murs qui m'entourent ont des oreilles : environné d'espions et de surveillants malveillants et vigilants, inquiet et distrait, je jette à la hâte sur le 'papier quelques mots interrompus qu'à peine j'ai le temps de relire, encore moins de corriger. Je sais que, malgré les barrières immenses qu'on entasse sans cesse autour de moi, l'on craint toujours que la vérité ne s'échappe par quelque fissure. Comment m'y prendre pour la faire percer? Je le tente avec peu d'espoir de succès. Qu'on juge si c'est là de quoi faire des tableaux agréables et leur donner un coloris bien attrayant. J'avertis donc ceux qui voudront commencer cette lecture, que rien, en la poursuivant, ne peut les garantir de l'ennui, si ce n'est le désir d'achever de connaître un homme, et l'amour sincère de la justice et de la vérité.

Je me suis laissé, dans ma première partie, partant à regret pour Paris, déposant mon cœur aux Charmettes, y fondant mon dernier château en Espagne, projetant d'y rapporter un jour aux pieds de maman, rendue à elle-même, les trésors que j'aurais acquis, et comptant sur mon système de musique comme sur une fortune assurée.

Je m'arrêtai quelque temps à Lyon pour y voir mes connaissances, pour m'y procurer quelques recommandations pour Paris, et pour vendre mes livres de géométrie, que j'avais apportés avec moi. Tout le monde m'y fit accueil. Monsieur et Madame de Mably marquèrent du plaisir à me revoir, et me donnèrent à dîner plusieurs fois. Je fis chez eux connaissance avec l'abbé de Mably, comme je l'avais déjà faite avec l'abbé de Condillac, qui tous deux étaient venus voir leur frère. L'abbé de Mably me donna des lettres pour Paris, entre autres une pour M. de Fontenelle et une autre pour le comte de Caylus. L'un et l'autre me furent des connaissances très agréables, surtout le premier, qui, jusqu'à sa mort, n'a point cessé de me marquer de l'amitié, et de me donner dans nos tête-à-tête des conseils dont j'aurais dû mieux profiter.

Je revis M. Bordes, avec lequel j'avais depuis longtemps fait connaissance, et qui m'avait souvent obligé de grand cœur et avec le plus vrai plaisir. En cette occasion, je le retrouvai toujours

le même. Ce fut lui qui me fit vendre mes livres, et il me donna
par lui-même ou me procura de bonnes recommandations pour
Paris. Je revis M. l'Intendant, dont je devais la connaissance à
M. Bordes, et à qui je dus celle de M. le duc de Richelieu, qui
passa à Lyon dans ce temps-là. M. Pallu me présenta à lui.
M. de Richelieu me reçut bien, et me dit de l'aller voir à Paris ; ce
que je fis plusieurs fois, sans pourtant que cette haute connais-
sance, dont j'aurai souvent à parler dans la suite, m'ait été jamais
utile à rien.

Je revis le musicien David qui m'avait rendu service dans ma
détresse à un de mes précédents voyages. Il m'avait prêté ou
donné un bonnet et des bas que je ne lui ai jamais rendus, et qu'il
ne m'a jamais redemandés, quoique nous nous soyons revus sou-
vent depuis ce temps-là. Je lui ai pourtant fait dans la suite un
présent à peu près équivalent. Je dirais mieux que cela, s'il s'agis-
sait ici de ce que j'ai dû ; mais il s'agit de ce que j'ai fait, et
malheureusement ce n'est pas la même chose.

Je revis le noble et généreux Perrichon, et ce ne fut pas sans
me ressentir de sa magnificence ordinaire ; car il me fit le même
cadeau qu'il avait fait auparavant au gentil Bernard, en me
défrayant de ma part de diligence. Je revis le chirurgien Parisot,
le meilleur et le mieux faisant des hommes ; je revis sa chère
Godefroi, qu'il entretenait depuis dix ans, et dont la douceur de
caractère et la bonté de cœur faisaient à peu près tout le mérite,
mais qu'on ne pouvait aborder sans intérêt ni quitter sans atten-
drissement : car elle était au dernier terme d'une étisie dont elle
mourut peu après. Rien ne montre mieux les vrais penchants d'un
homme que l'espèce de ses attachements. Quand on avait vu la
douce Godefroi, on connaissait le bon Parisot.

J'avais obligation à tous ces honnêtes gens. Dans la suite, je les
négligeai tous, non certainement par ingratitude, mais par cette
invincible paresse qui m'en a souvent donné l'air. Jamais le sen-
timent de leurs services n'est sorti de mon cœur : mais il m'en eût
moins coûté de leur prouver ma reconnaissance que de la leur
témoigner assidûment. L'exactitude à écrire a toujours été au-
dessus de mes forces : sitôt que je commence à me relâcher, la

honte et l'embarras de réparer ma faute me la font aggraver, et je n'écris plus du tout. J'ai donc gardé le silence et j'ai paru les oublier. Parisot et Perrichon n'y ont pas même fait attention, et je les ai trouvés toujours les mêmes : mais on verra vingt ans après, dans M. Bordes, jusqu'où l'amour-propre d'un bel esprit peut porter la vengeance lorsqu'il se croit négligé.

Avant de quitter Lyon, je ne dois pas oublier une aimable personne que j'y revis avec plus de plaisir que jamais, et qui laissa dans mon cœur des souvenirs bien tendres ; c'est mademoiselle Serre, dont j'ai parlé dans ma première partie, et avec laquelle j'avais renouvelé connaissance tandis que j'étais chez M. de Mably. A ce voyage, ayant plus de loisir, je la vis davantage ; mon cœur se prit, et très vivement. J'eus quelque lieu de penser que le sien ne m'était pas contraire ; mais elle m'accorda une confiance qui m'ôta la tentation d'en abuser. Elle n'avait rien, ni moi non plus ; nos situations étaient trop semblables pour que nous pussions nous unir ; et, dans les vues qui m'occupaient, j'étais bien éloigné de songer au mariage. Elle m'apprit qu'un jeune négociant, appelé M. Genève, paraissait vouloir s'attacher à elle. Je le vis chez elle une fois ou deux ; il me parut honnête homme, il passait pour l'être. Persuadé qu'elle serait heureuse avec lui, je désirai qu'il l'épousât, comme il a fait dans la suite ; et, pour ne pas troubler leurs innocentes amours, je me hâtai de partir, faisant pour le bonheur de cette charmante personne des vœux qui n'ont été exaucés ici-bas que pour un temps, hélas ! bien court ; car j'appris dans la suite qu'elle était morte au bout de deux ou trois ans de mariage. Occupé de mes tendres regrets durant toute ma route, je sentis et j'ai souvent senti depuis lors, en y repensant, que si les sacrifices qu'on fait au devoir et à la vertu coûtent à faire, on en est bien payé par les doux souvenirs qu'ils laissent au fond du cœur.

Autant à mon précédent voyage j'avais vu Paris par son côté défavorable, autant à celui-ci je le vis par son côté brillant ; non pas toutefois quant à mon logement ; car, sur une adresse que m'avait donnée M. Bordes, j'allai loger à l'hôtel Saint-Quentin, rue des Cordeliers, proche la Sorbonne, vilaine rue, vilain hôtel,

vilaine chambre, mais où cependant avaient logé des hommes de mérite, tels que Gresset, Bordes, les abbés de Mably, de Condillac, et plusieurs autres dont malheureusement je n'y trouvai plus aucun; mais j'y trouvai un M. de Bonnefond, hobereau boiteux, plaideur, faisant le puriste, auquel je dus la connaissance de M. Roguin, maintenant le doyen de mes amis, et par lui celle du philosophe Diderot, dont j'aurai beaucoup à parler dans la suite.

J'arrivai à Paris dans l'automne 1741, avec quinze louis d'argent comptant, ma comédie de *Narcisse* et mon projet de musique pour toute ressource, et ayant par conséquent peu de temps à perdre pour tâcher d'en tirer parti. Je me pressai de faire valoir mes recommandations. Un jeune homme qui arrive à Paris avec une figure passable, et qui s'annonce par des talents, est toujours sûr d'être accueilli. Je le fus; cela me procura des agréments sans me mener à grand'chose. De toutes les personnes à qui je fus recommandé, trois seules me furent utiles: M. Damesin, gentilhomme savoyard, alors écuyer, et, je crois, favori de madame la princesse de Carignan; M. de Boze, secrétaire de l'Académie des inscriptions, et garde des médailles du Cabinet du roi; et le P. Castel, jésuite, auteur du clavecin oculaire. Toutes ces recommandations, excepté celle de M. Damesin, me venaient de l'abbé de Mably.

M. Damesin pourvut au plus pressé par deux connaissances qu'il me procura: l'une, de M. de Gasc, président à mortier au parlement de Bordeaux et qui jouait très bien du violon; l'autre, de M. l'abbé de Léon, qui logeait alors en Sorbonne, jeune seigneur très aimable, qui mourut à la fleur de son âge, après avoir brillé quelques instants dans le monde sous le nom de chevalier de Rohan. L'un et l'autre eurent la fantaisie d'apprendre la composition. Je leur en donnai quelques mois de leçons qui soutinrent un peu ma bourse tarissante. L'abbé de Léon me prit en amitié, et voulait m'avoir pour son secrétaire; mais il n'était pas riche, et ne put m'offrir en tout que huit cents francs, que je refusai bien à regret, mais qui ne pouvaient suffire pour mon logement, ma nourriture et mon entretien.

M. de Boze me reçut fort bien. Il aimait le savoir, il en avait;

mais il était un peu pédant. Madame de Boze aurait été sa fille ;
elle était brillante et petite maîtresse. J'y dînais quelquefois. On
ne saurait avoir l'air plus gauche et plus sot que je l'avais vis-à-
vis d'elle. Son maintien dégagé m'intimidait, et rendait le mien
plus plaisant. Quand elle me présentait une assiette, j'avançais
ma fourchette pour piquer modestement un petit morceau de ce
qu'elle m'offrait ; de sorte qu'elle rendait à son laquais l'assiette
qu'elle m'avait destinée, en se tournant pour que je ne la visse
pas rire. Elle ne se doutait guère que, dans la tête de ce campa-
gnard, il ne laissait pas d'y avoir quelque esprit. M. de Boze me
présenta à M. de Réaumur, son ami, qui venait dîner chez lui
tous les vendredis, jours d'Académie des sciences. Il lui parla de
mon projet, et du désir que j'avais de le soumettre à l'examen de
l'Académie. M. de Réaumur se chargea de la proposition qui fut
agréée. Le jour donné, je fus introduit et présenté par M. de
Réaumur ; et le même jour, 22 août 1742, j'eus l'honneur de lire à
l'Académie le mémoire que j'avais préparé pour cela. Quoique
cette illustre assemblée fût assurément très imposante, j'y fus
bien moins intimidé que devant madame de Boze, et je me tirai
passablement de mes lectures et de mes réponses. Le Mémoire
réussit, et m'attira des compliments, qui me surprirent autant
qu'ils me flattèrent, imaginant à peine que devant une Académie
quiconque n'en était pas pût avoir le sens commun. Les commis-
saires qu'on me donna furent MM. de Mairan, Hellot et de
Fouchy, tous trois gens de mérite assurément, mais dont pas un
ne savait la musique, assez du moins pour être en état de juger
de mon projet.

Durant mes conférences avec ces messieurs je me convainquis,
avec autant de certitude que de surprise, que si quelquefois les
savants ont moins de préjugés que les autres hommes, ils tiennent,
en revanche, encore plus fortement à ceux qu'ils ont. Quelque
faibles, quelque fausses que fussent la plupart de leurs objec-
tions, et quoique j'y répondisse timidement, je l'avoue, et en
mauvais termes, mais par des raisons péremptoires, je ne vins pas
une seule fois à bout de me faire entendre et de les contenter.
J'étais toujours ébahi de la facilité avec laquelle, à l'aide de

quelques phrases sonores, ils me réfutaient sans m'avoir compris. Ils déterrèrent, je ne sais où, qu'un moine, appelé le P. Souhaitti, avait jadis imaginé la gamme par chiffres. C'en fut assez pour prétendre que mon système n'était pas neuf. Et passe pour cela; car bien que je n'eusse jamais ouï parler du P. Souhaitti, et bien que sa manière d'écrire les sept notes du plain-chant sans même songer aux octaves ne méritât en aucune sorte d'entrer en parallèle avec ma simple et commode invention pour noter aisément par chiffres toute musique imaginable, clefs, silences, octaves, mesures, temps et valeurs des notes, choses auxquelles Souhaitti n'avait même pas songé, il était néanmoins très vrai de dire que, quant à l'élémentaire expression des sept notes, il en était le premier inventeur. Mais outre qu'ils donnèrent à cette invention primitive plus d'importance qu'elle n'en avait, ils ne s'en tinrent pas là : et sitôt qu'ils voulurent parler du fond du système ils ne firent plus que déraisonner. Le plus grand avantage du mien était d'abroger les transpositions et les clefs, en sorte que le même morceau se trouvait noté et transposé à volonté, dans quelque ton qu'on voulût, au moyen du changement supposé d'une seule lettre initiale à la tête de l'air. Ces messieurs avaient ouï dire aux croque-sol de Paris que la méthode d'exécuter par transposition ne valait rien : ils partirent de là pour tourner en invincible objection, contre mon système, son avantage le plus marqué; et ils décidèrent que ma note était bonne pour la vocale, et mauvaise pour l'instrumentale. Sur leur rapport l'Académie m'accorda un certificat plein de très beaux compliments, à travers lesquels on démêlait, pour le fond, qu'elle ne jugeait mon système ni neuf ni utile. Je ne crus pas devoir orner d'une pareille pièce l'ouvrage intitulé : *Dissertation sur la musique moderne*, par lequel j'en appelais au public.

J'eus lieu de remarquer en cette occasion combien, même avec un esprit borné, la connaissance unique, mais profonde, de la chose est préférable, pour en bien juger, à toutes les lumières que donne la culture des sciences, lorsqu'on n'y a pas joint l'étude particulière de celle dont il s'agit. La seule objection solide qu'il y eût à faire à mon système y fut faite par Rameau. A peine le lui

eus-je expliqué, qu'il en vit le côté faible. Vos signes, me dit-il, sont très bons en ce qu'ils déterminent simplement et clairement les valeurs, en ce qu'ils représentent nettement les intervalles et montrent toujours le simple dans le redoublé, toutes choses que ne fait pas la note ordinaire ; mais ils sont mauvais en ce qu'ils exigent une opération de l'esprit qui ne peut toujours suivre la rapidité de l'exécution. La position de nos notes, continua-t-il, se peint à l'œil sans le concours de cette opération. Si deux notes, l'une très haute, l'autre très basse, sont jointes par une tirade de notes intermédiaires, je vois du premier coup d'œil le progrès de l'une à l'autre par degrés conjoints ; mais, pour m'assurer chez vous de cette tirade, il faut nécessairement que j'épelle tous vos chiffres l'un après l'autre ; le coup d'œil ne peut suppléer à rien. L'objection me parut sans réplique, et j'en convins à l'instant : quoiqu'elle soit simple et frappante, il n'y a qu'une grande pratique de l'art qui puisse la suggérer, et il n'est pas étonnant qu'elle ne soit venue à aucun académicien ; mais il l'est que tous ces grands savants, qui savent tant de choses, sachent si peu que chacun ne devrait juger que de son métier.

Mes fréquentes visites à mes commissaires et à d'autres académiciens me mirent à portée de faire connaissance avec tout ce qu'il y avait à Paris de plus distingué dans la littérature ; et par là cette connaissance se trouva toute faite lorsque je me vis dans la suite inscrit tout d'un coup parmi eux. Quant à présent, concentré dans mon système de musique, je m'obstinai à vouloir par là faire une révolution dans cet art, et parvenir de la sorte à une célébrité qui, dans les beaux-arts, se joint toujours à Paris avec la fortune. Je m'enfermai dans ma chambre et travaillai deux ou trois mois avec une ardeur inexprimable à refondre, dans un ouvrage destiné pour le public, le Mémoire que j'avais lu à l'Académie. La difficulté fut de trouver un libraire qui voulût se charger de mon manuscrit, vu qu'il y avait quelque dépense à faire pour les nouveaux caractères, que les libraires ne jettent pas leurs écus à la tête des débutants, et qu'il me semblait cependant bien juste que mon ouvrage me rendît le pain que j'avais mangé en l'écrivant.

Bonnefond me procura Quillau le père, qui fit avec moi un

traité à moitié profit, sans compter le privilège que je payai seul.
Tant fut opéré par ledit Quillau, que j'en fus pour mon privilège,
et n'ai jamais tiré un liard de cette édition, qui vraisemblablement
eut un débit médiocre, quoique l'abbé Desfontaines m'eût promis
de la faire aller, et que les autres journalistes en eussent dit assez
de bien.

Le plus grand obstacle à l'essai de mon système était la crainte
que, s'il n'était pas admis, on ne perdît le temps qu'on mettrait à
l'apprendre. Je disais à cela que la pratique de ma note rendait
les idées si claires, que pour apprendre la musique par les carac-
tères ordinaires on gagnerait encore du temps à commencer par
les miens. Pour en donner la preuve par l'expérience, j'enseignai
gratuitement la musique à une jeune Américaine, appelée made-
moiselle des Roulins, dont M. Roguin m'avait procuré la connais-
sance. En trois mois elle fut en état de déchiffrer sur ma note
quelque musique que ce fût, et même de chanter à livre ouvert
mieux que moi-même toute celle qui n'était pas chargée de diffi-
cultés. Ce succès fut frappant, mais ignoré. Un autre en aurait
rempli les journaux; mais avec quelque talent pour trouver des
choses utiles, je n'en eus jamais pour les faire valoir.

Voilà comment ma fontaine de héron fut encore cassée : mais
cette seconde fois j'avais trente ans, et je me trouvais sur le pavé
de Paris, où l'on ne vit pas pour rien. Le parti que je pris dans
cette extrémité n'étonnera que ceux qui n'auront pas bien lu la
première partie de ces Mémoires. Je venais de me donner des
mouvements aussi grands qu'inutiles ; j'avais besoin de reprendre
haleine. Au lieu de me livrer au désespoir, je me livrai tranquille
ment à ma paresse et aux soins de la Providence ; et, pour lui
donner le temps de faire son œuvre, je me mis à manger, sans me
presser, quelques louis qui me restaient encore, réglant la dépense
de mes nonchalants plaisirs sans la retrancher, n'allant plus au
café que de deux jours l'un, et au spectacle que deux fois la
semaine. A l'égard de la dépense des filles, je n'eus aucune
réforme à y faire, n'ayant de ma vie mis un sou à cet usage,
si ce n'est une seule fois dont j'aurai bientôt à parler.

La sécurité, la volupté, la confiance avec laquelle je me livrais

à cette vie indolente et solitaire, que je n'avais pas de quoi faire durer trois mois, est une des singularités de ma vie et une des bizarreries de mon humeur. L'extrême besoin que j'avais qu'on pensât à moi était précisément ce qui m'ôtait le courage de me montrer ; et la nécessité de faire des visites me les rendit insupportables, au point que je cessai même de voir les académiciens et autres gens de lettres avec lesquels j'étais déjà faufilé. Marivaux, l'abbé de Mably, Fontenelle, furent presque les seuls chez qui je continuai d'aller quelquefois. Je montrai même au premier ma comédie de *Narcisse*. Elle lui plut, et il eut la complaisance de la retoucher. Diderot, plus jeune qu'eux, était à peu près de mon âge. Il aimait la musique, il en savait la théorie; nous en parlions ensemble : il me parlait aussi de ses projets d'ouvrages. Cela forma bientôt entre nous des liaisons plus intimes, qui ont duré quinze ans, et qui probablement dureraient encore, si malheureusement, et bien par sa faute, je n'eusse été jeté dans son même métier.

On n'imaginerait pas à quoi j'employais ce court et précieux intervalle qui me restait encore avant d'être forcé de mendier mon pain : à étudier par cœur des passages de poëtes, que j'avais appris cent fois et autant de fois oubliés. Tous les matins, vers les dix heures, j'allais me promener au Luxembourg, un Virgile ou un Rousseau dans ma poche ; et là, jusqu'à l'heure du dîner, je remémorais tantôt une ode sacrée et tantôt une bucolique, sans me rebuter de ce qu'en repassant celle du jour, je ne manquais pas d'oublier celle de la veille. Je me rappelais qu'après la défaite de Nicias à Syracuse les Athéniens captifs gagnaient leur vie à réciter les poëmes d'Homère. Le parti que je tirai de ce trait d'érudition, pour me prémunir contre la misère, fut d'exercer mon heureuse mémoire à retenir tous les poëtes par cœur.

J'avais un autre expédient non moins solide dans les échecs, auxquels je consacrais régulièrement, chez Maugis, les après-midi des jours que je n'allais pas au spectacle. Je fis là connaissance avec M. de Légal, avec un M. Husson, avec Philidor, avec tous les grands joueurs d'échecs de ce temps-là, et n'en devins pas plus habile. Je ne doutai pas cependant que je ne devinsse à la fin

plus fort qu'eux tous; et c'en était assez, selon moi, pour me
servir de ressource. De quelque folie que je m'engouasse, j'y por-
tais toujours la même manière de raisonner. Je me disais: Qui-
conque prime en quelque chose est toujours sûr d'être recherché.
Primons donc, n'importe en quoi; je serai recherché, les occa-
sions se présenteront, et mon mérite fera le reste. Cet enfantillage
n'était pas le sophisme de ma raison, c'était celui de mon indo-
lence. Effrayé des grands et rapides efforts qu'il aurait fallu faire
pour m'évertuer, je tâchais de flatter ma paresse, et je m'en voilais
la honte par des arguments dignes d'elle.

J'attendais ainsi tranquillement la fin de mon argent; et je crois
que je serais arrivé au dernier sou sans m'en émouvoir davantage,
si le P. Castel, que j'allais voir quelquefois en allant au café, ne
m'eût arraché de ma léthargie. Le P. Castel était fou, mais bon
homme au demeurant : il était fâché de me voir consumer ainsi
sans rien faire. Puisque les musiciens, me dit-il, puisque les
savants ne chantent pas à votre unisson, changez de corde et voyez
les femmes, vous réussirez peut-être mieux de ce côté-là. J'ai parlé
de vous à madame de Beuzenval; allez la voir de ma part. C'est
une bonne femme, qui verra avec plaisir un pays de son fils et de
son mari. Vous verrez chez elle madame de Broglie sa fille, qui
est une femme d'esprit. Madame Dupin en est une autre à qui
j'ai aussi parlé de vous : portez-lui votre ouvrage; elle a envie de
vous voir, et vous recevra bien. On ne fait rien dans Paris que
par les femmes : ce sont comme des courbes dont les sages sont
les asymptotes; ils s'en approchent sans cesse, mais ils n'y tou-
chent jamais.

Après avoir remis d'un jour à l'autre ces terribles corvées, je
pris enfin courage, et j'allai voir madame de Beuzenval. Elle me
reçut avec bonté. Madame de Broglie étant entrée dans sa cham-
bre, elle lui dit : Ma fille, voilà M. Rousseau, dont le P. Castel
nous a parlé. Madame de Broglie me fit compliment sur mon
ouvrage, et, me menant à son clavecin, me fit voir qu'elle s'en
était occupée. Voyant à sa pendule qu'il était près d'une heure,
je voulus m'en aller. Madame de Beuzenval me dit : Vous êtes
bien loin de votre quartier, restez ; vous dînerez ici. Je ne me fis

pas prier. Un quart d'heure après je compris par quelques mots que le dîner auquel elle m'invitait était celui de son office. Madame de Beuzenval était une très bonne femme, mais bornée, et trop pleine de son illustre noblesse polonaise; elle avait peu d'idées des égards qu'on doit aux talents. Elle me jugeait même en cette occasion sur mon maintien plus que sur mon équipage, qui, quoique très simple, était fort propre, et n'annonçait point du tout un homme fait pour dîner à l'office. J'en avais oublié le chemin depuis trop longtemps pour vouloir le rapprendre. Sans laisser voir tout mon dépit, je dis à madame de Beuzenval qu'une petite affaire qui me revenait en mémoire me rappelait dans mon quartier, et je voulus partir. Madame de Broglie s'approcha de sa mère, et lui dit à l'oreille quelques mots qui firent effet. Madame de Beuzenval se leva pour me retenir, et me dit: Je compte que c'est avec nous que vous nous ferez l'honneur de dîner. Je crus que faire le fier serait faire le sot, et je restai. D'ailleurs la bonté de madame de Broglie m'avait touché, et me la rendait intéressante. Je fus fort aise de dîner avec elle, et j'espérai qu'en me connaissant davantage elle n'aurait pas regret à m'avoir procuré cet honneur. M. le président de Lamoignon, grand ami de la maison, y dîna aussi. Il avait, ainsi que madame de Broglie, ce petit jargon de Paris, tout en petits mots, tout en petites allusions fines. Il n'y avait pas là de quoi briller pour le pauvre Jean-Jacques. J'eus le bon sens de ne vouloir pas faire le gentil malgré Minerve, et je me tus. Heureux si j'eusse été toujours aussi sage! je ne serais pas dans l'abîme où je suis aujourd'hui.

J'étais désolé de ma lourdise, et de ne pouvoir justifier aux yeux de madame de Broglie ce qu'elle avait fait en ma faveur. Après le dîner, je m'avisai de ma ressource ordinaire. J'avais dans ma poche une épître en vers, écrite à Parisot pendant mon séjour à Lyon. Ce morceau ne manquait pas de chaleur; j'en mis dans la façon de le réciter, et je les fis pleurer tous trois. Soit vanité, soit vérité dans mes interprétations, je crus voir que les regards de madame de Broglie disaient à sa mère : Hé bien, maman, avais-je tort de vous dire que cet homme était plus fait pour dîner avec vous qu'avec vos femmes? Jusqu'à ce moment j'avais eu le cœur un peu

gros ; mais après m'être ainsi vengé je fus content. Madame de Broglie, poussant un peu trop loin le jugement avantageux qu'elle avait porté de moi, crut que j'allais faire sensation dans Paris, et devenir un homme à bonnes fortunes. Pour guider mon inexpérience, elle me donna les *Confessions du comte de****. Ce livre, me dit-elle, est un Mentor dont vous aurez besoin dans le monde : vous ferez bien de le consulter quelquefois. J'ai gardé plus de vingt ans cet exemplaire avec reconnaissance pour la main dont il me venait, mais en riant souvent de l'opinion que paraissait avoir cette dame de mon mérite galant. Du moment que j'eus lu cet ouvrage, je désirai d'obtenir l'amitié de l'auteur. Mon penchant m'inspirait très bien : c'est le seul ami vrai que j'aie eu parmi les gens de lettres.

Dès lors j'osai compter que madame la baronne de Beuzenval et madame la marquise de Broglie, prenant intérêt à moi, ne me laisseraient pas longtemps sans ressource, et je ne me trompai pas. Parlons maintenant de mon entrée chez madame Dupin, qui a eu de plus longues suites.

Madame Dupin était, comme on sait, fille de Samuel Bernard et de madame Fontaine. Elles étaient trois sœurs qu'on pouvait appeler les trois Grâces. Madame de la Touche, qui fit une escapade en Angleterre avec le duc de Kingston ; madame d'Arty, la maîtresse, et, bien plus, l'amie, l'unique et sincère amie de M. le prince de Conti ; femme adorable autant par la douceur, par la bonté de son charmant caractère, que par l'agrément de son esprit et par l'inaltérable gaieté de son humeur ; enfin madame Dupin, la plus belle des trois, et la seule à qui l'on n'ait point reproché d'écart dans sa conduite. Elle fut le prix de l'hospitalité de M. Dupin, à qui sa mère la donna avec une place de fermier général et une fortune immense, en reconnaissance du bon accueil qu'il lui avait fait dans sa province. Elle était encore, quand je la vis pour la première fois, une des plus belles femmes de Paris. Elle me reçut à sa toilette. Elle avait les bras nus, les cheveux épars, son peignoir mal arrangé. Cet abord m'était très nouveau ; ma pauvre tête n'y tint pas ; je me trouble, je m'égare ; et bref, me voilà épris de madame Dupin.

Mon trouble ne parut pas me nuire auprès d'elle ; elle ne s'en aperçut point. Elle accueillit le livre et l'auteur, me parla de mon projet en personne instruite, chanta, s'accompagna du clavecin, me retint à dîner, me fit mettre à table à côté d'elle. Il n'en fallait pas tant pour me rendre fou ; je le devins. Elle me permit de la venir voir : j'usai, j'abusai de la permission. J'y allais presque tous les jours, j'y dînais deux ou trois fois la semaine. Je mourais d'envie de parler ; je n'osai jamais. Plusieurs raisons renforçaient ma timidité naturelle. L'entrée d'une maison opulente est une porte ouverte à la fortune ; je ne voulais pas, dans ma situation, risquer de me la fermer. Madame Dupin, tout aimable qu'elle était, était sérieuse et froide ; je ne trouvais rien dans ses manières d'assez agaçant pour m'enhardir. Sa maison, aussi brillante alors qu'aucune autre dans Paris, rassemblait des sociétés auxquelles il ne manquait que d'être un peu moins nombreuses pour être d'élite dans tous les genres. Elle aimait à voir tous les gens qui jetaient de l'éclat : les grands, les gens de lettres, les belles femmes. On ne voyait chez elle que ducs, ambassadeurs, cordons bleus. Madame la princesse de Rohan, madame la comtesse de Forcalquier, madame de Mirepoix, madame de Brignolé, milady Hervey, pouvaient passer pour ses amies. M. de Fontenelle, l'abbé de Saint-Pierre, l'abbé Sallier, M. de Fourmont, M. de Bernis, M. de Buffon, M. de Voltaire, étaient de son cercle et de ses dîners. Si son maintien réservé n'attirait pas beaucoup les jeunes gens, sa société, d'autant mieux composée, n'en était que plus imposante ; et le pauvre Jean-Jacques n'avait pas de quoi se flatter de briller beaucoup au milieu de tout cela. Je n'osai donc parler ; mais, ne pouvant plus me taire, j'osai écrire. Elle garda deux jours ma lettre sans m'en parler. Le troisième jour, elle me la rendit, m'adressant verbalement quelques mots d'exhortation d'un ton froid qui me glaça. Je voulus parler, la parole expira sur mes lèvres : ma subite passion s'éteignit avec l'espérance ; et, après une déclaration dans les formes, je continuai de vivre avec elle comme auparavant, sans plus lui parler de rien, même des yeux.

Je crus ma sottise oubliée : je me trompai. M. de Francueil, fils de M. Dupin et beau-fils de madame, était à peu près de son âge

ROUSSEAU CHEZ M^{me} DUPIN

et du mien. Il avait de l'esprit, de la figure ; il pouvait avoir des
prétentions ; on disait qu'il en avait auprès d'elle, uniquement
peut-être parce qu'elle lui avait donné une femme bien laide, bien
douce, et qu'elle vivait parfaitement bien avec tous les deux.
M. de Francueil aimait et cultivait les talents. La musique, qu'il
savait fort bien, fut entre nous un moyen de liaison. Je le vis
beaucoup ; je m'attachais à lui : tout d'un coup il me fit entendre
que madame Dupin trouvait mes visites trop fréquentes, et me
priait de les discontinuer. Ce compliment aurait pu être à sa place
quand elle me rendit ma lettre ; mais huit ou dix jours après, et
sans aucune autre cause, il venait, ce me semble, hors de propos.
Cela faisait une position d'autant plus bizarre, que je n'en étais
pas moins bien venu qu'auparavant chez monsieur et madame de
Francueil. J'y allai cependant plus rarement ; et j'aurais cessé d'y
aller tout à fait, si, par un autre caprice imprévu, madame Dupin
ne m'avait fait prier de veiller pendant huit ou dix jours à son
fils, qui, changeant de gouverneur, restait seul durant cet inter-
valle. Je passai ces huit jours dans un supplice que le plaisir
d'obéir à madame Dupin pouvait seul me rendre souffrable ; car
le pauvre Chenonceaux avait dès lors cette mauvaise tête qui a
failli déshonorer sa famille, et qui l'a fait mourir dans l'île de
Bourbon. Pendant que je fus auprès de lui, je l'empêchai de faire
du mal à lui-même ou à d'autres, et voilà tout : encore ne fut-ce
pas une médiocre peine, et je ne m'en serais pas chargé huit
autres jours de plus, quand madame Dupin se serait donnée à
moi pour récompense.

M. de Francueil me prenait en amitié, je travaillais avec lui :
nous commençâmes ensemble un cours de chimie chez Rouelle.
Pour me rapprocher de lui, je quittai mon hôtel Saint-Quentin, et
vins me loger au jeu de paume de la rue Verdelet, qui donne
dans la rue Plâtrière, où logeait M. Dupin. Là, par suite d'un
rhume négligé, je gagnai une fluxion de poitrine, dont je faillis
mourir. J'ai eu souvent dans ma jeunesse de ces maladies inflam-
matoires, des pleurésies, et surtout des esquinancies auxquelles
j'étais très sujet, dont je ne tiens pas ici le registre, et qui toutes
m'ont fait voir la mort d'assez près pour me familiariser avec son

image. Durant ma convalescence j'eus le temps de réfléchir sur mon état, et de déplorer ma timidité, ma faiblesse et mon indolence qui, malgré le feu dont je me sentais embrasé, me laissait languir dans l'oisiveté d'esprit toujours à la porte de la misère. La veille du jour où j'étais tombé malade, j'étais allé à un opéra de Royer, qu'on donnait alors, et dont j'ai oublié le titre. Malgré ma prévention pour les talents des autres, qui m'a toujours fait défier des miens, je ne pouvais m'empêcher de trouver cette musique faible, sans chaleur, sans invention. J'osais quelquefois me dire : Il me semble que je ferais mieux que cela. Mais la terrible idée que j'avais de la composition d'un opéra, et l'importance que j'entendais donner par les gens de l'art à cette entreprise, m'en rebutaient à l'instant même, et me faisaient rougir d'oser y penser. D'ailleurs où trouver quelqu'un qui voulût me fournir les paroles et prendre la peine de les tourner à mon gré ? Ces idées de musique et d'opéra me revinrent durant ma maladie, et dans le transport de ma fièvre je composais des chants, des duos, des chœurs. Je suis certain d'avoir fait deux ou trois morceaux *di prima intenzione* dignes peut-être de l'admiration des maîtres s'ils avaient pu les entendre exécuter. Oh ! si l'on pouvait tenir registre des rêves d'un fiévreux, quelles grandes et sublimes choses on verrait quelquefois sortir de son délire !

Ces sujets de musique et d'opéra m'occupèrent encore pendant ma convalescence, mais plus tranquillement. A force d'y penser, et même malgré moi, je voulus en avoir le cœur net, et tenter de faire à moi seul un opéra, paroles et musique. Ce n'était pas tout à fait mon coup d'essai. J'avais fait à Chambéri un opéra-tragédie, intitulé *Iphis et Anaxarète*, que j'avais eu le bon sens de jeter au feu. J'en avais fait à Lyon un autre intitulé *la Découverte du nouveau monde*, dont, après l'avoir lu à M. Bordes, à l'abbé de Mably, à l'abbé Trublet et à d'autres, j'avais fini par faire le même usage, quoique j'eusse déjà fait la musique du prologue et du premier acte, et que David m'eût dit, en voyant cette musique, qu'il y avait des morceaux dignes de *Buononcini*.

Cette fois, avant de mettre la main à l'œuvre, je me donnai le temps de méditer mon plan. Je projetai dans un ballet héroïque

trois sujets différents en trois actes détachés, chacun dans un
différent caractère de musique ; et, prenant pour chaque sujet
les amours d'un poëte, j'intitulai cet opéra *les Muses galantes*. Mon
premier acte, en genre de musique forte, était le Tasse ; le second,
en genre de musique tendre, était Ovide ; et le troisième, intitulé
Anacréon, devait respirer la gaieté du dithyrambe. Je m'essayai
d'abord sur le premier acte, et je m'y livrai avec une ardeur qui,
pour la première fois, me fit goûter les délices de la verve dans
la composition. Un soir, près d'entrer à l'Opéra, me sentant tour-
menté, maîtrisé par mes idées, je remets mon argent dans ma
poche, je cours m'enfermer chez moi ; je me mets au lit, après
avoir bien fermé mes rideaux pour empêcher le jour d'y pénétrer ;
et là, me livrant à tout l'œstre poétique et musical, je composai
rapidement en sept ou huit heures la meilleure partie de mon
acte. Je puis dire que mes amours pour la princesse de Ferrare
(car j'étais le Tasse pour lors), et mes nobles et fiers sentiments
vis-à-vis de son injuste frère, me donnèrent une nuit cent fois plus
délicieuse que je ne l'aurais trouvée dans les bras de la princesse
elle-même. Il ne resta le matin dans ma tête qu'une bien petite
partie de ce que j'avais fait ; mais ce peu, presque effacé par la
lassitude et le sommeil, ne laissait pas de marquer encore l'énergie
des morceaux dont il offrait les débris.

Pour cette fois je ne poussai pas fort loin ce travail, en ayant
été détourné par d'autres affaires. Tandis que je m'attachais à la
maison Dupin, madame de Beuzenval et madame de Broglie, que
je continuai de voir quelquefois, ne m'avaient pas oublié. M. le
comte de Montaigu, capitaine aux gardes, venait d'être nommé
ambassadeur à Venise. C'était un ambassadeur de la façon de
Barjac, auquel il faisait assidûment sa cour. Son frère, le cheva-
lier de Montaigu, gentilhomme de la manche de monseigneur le
Dauphin, était de la connaissance de ces deux dames, et de celle
de l'abbé Alary de l'Académie française, que je voyais aussi quel-
quefois. Madame de Broglie, sachant que l'ambassadeur cherchait
un secrétaire, me proposa. Nous entrâmes en pourparler. Je
demandais cinquante louis d'appointement, ce qui était bien peu
dans une place où l'on est obligé de figurer. Il ne voulait me

donner que cent pistoles, et que je fisse le voyage à mes frais. La proposition était ridicule. Nous ne pûmes nous accorder. M. de Francueil, qui faisait ses efforts pour me retenir, l'emporta. Je restai, et M. de Montaigu partit, emmenant un autre secrétaire appelé M. Follau, qu'on lui avait donné au bureau des affaires étrangères. A peine furent-ils arrivés à Venise, qu'ils se brouillèrent. Follau, voyant qu'il avait affaire à un fou, le planta là; et M. de Montaigu, n'ayant qu'un jeune abbé appelé M. de Binis, qui écrivait sous le secrétaire et n'était pas en état de tenir la place, eut recours à moi. Le chevalier son frère, homme d'esprit, me tourna si bien, me faisant entendre qu'il y avait des droits attachés à la place de secrétaire, qu'il me fit accepter les mille francs. J'eus vingt louis pour mon voyage et je partis.

A Lyon j'aurais bien voulu prendre la route du mont Cenis, pour voir en passant ma pauvre maman; mais je descendis le Rhône et fus m'embarquer à Toulon, tant à cause de la guerre et par raison d'économie, que pour prendre un passe-port de M. de Mirepoix, qui commandait alors en Provence, et à qui j'étais adressé. M. de Montaigu, ne pouvant se passer de moi, m'écrivait lettres sur lettres pour presser mon voyage. Un incident le retarda.

C'était le temps de la peste de Messine. La flotte anglaise y avait mouillé, et visita la felouque sur laquelle j'étais. Cela nous assujettit en arrivant à Gênes, après une longue et pénible traversée, à une quarantaine de vingt-un jours. On donna le choix aux passagers de la faire à bord ou au lazaret, dans lequel on nous prévint que nous ne trouverions que les quatre murs, parce qu'on n'avait pas eu le temps de le meubler. Tous choisirent la felouque. L'insupportable chaleur, l'espace étroit, l'impossibilité d'y marcher, la vermine, me firent préférer le lazaret, à tout risque. Je fus conduit dans un grand bâtiment à deux étages absolument nu, où je ne trouvai ni fenêtre, ni table, ni lit, ni chaise, pas même un escabeau pour m'asseoir, ni une botte de paille pour me coucher. On m'apporta mon manteau, mon sac de nuit, mes deux malles; on ferma sur moi de grosses portes à grosses serrures, et je restai là maître de me promener à mon aise

de chambre en chambre et d'étage en étage, trouvant partout la même solitude et la même nudité.

Tout cela ne me fit pas repentir d'avoir choisi le lazaret plutôt que la felouque; et, comme un nouveau Robinson, je me mis à m'arranger pour mes vingt-un jours, comme j'aurais fait pour toute ma vie. J'eus d'abord l'amusement d'aller à la chasse aux poux que j'avais gagnés dans la felouque. Quand, à force de changer de linge et de hardes, je me fus enfin rendu net, je procédai à l'ameublement de la chambre que je m'étais choisie. Je me fis un bon matelas de mes vestes et de mes chemises, des draps, de plusieurs serviettes que je cousis, une couverture de ma robe de chambre, un oreiller de mon manteau roulé. Je me fis un siège d'une malle posée à plat, et une table de l'autre posée de champ. Je tirai du papier, une écritoire; j'arrangeai en manière de bibliothèque une douzaine de livres que j'avais. Bref, je m'accommodai si bien, qu'à l'exception des rideaux et des fenêtres, j'étais presque aussi commodément à ce lazaret absolument nu qu'à mon jeu de paume de la rue Verdelet. Mes repas étaient servis avec beaucoup de pompe; deux grenadiers, la baïonnette au bout du fusil, les escortaient; l'escalier était ma salle à manger, le palier me servait de table, la marche inférieure me servait de siège: et quand mon dîner était servi, l'on sonnait en se retirant une clochette, pour m'avertir de me mettre à table. Entre mes repas, quand je ne lisais ni n'écrivais, ou que je ne travaillais pas à mon ameublement, j'allais me promener dans le cimetière des protestants, qui me servait de cour, ou je montais dans une lanterne qui donnait sur le port, et d'où je pouvais voir entrer et sortir les navires. Je passai de la sorte quatorze jours; et j'aurais passé la vingtaine entière sans m'ennuyer un moment, si M. de Jonville, envoyé de France, à qui je fis parvenir une lettre vinaigrée, parfumée et demi-brûlée, n'eût fait abréger mon temps de huit jours : je les allai passer chez lui, et je me trouvai mieux, je l'avoue, du gîte de sa maison que de celui du lazaret. Il me fit force caresses. Dupont, son secrétaire, était un bon garçon, qui me mena, tant à Gênes qu'à la campagne, dans plusieurs maisons où l'on s'amusait assez; et je liai avec lui connaissance et corres-

pondance, que nous entretînmes fort longtemps. Je poursuivis agréablement ma route vers la Lombardie. Je vis Milan, Vérone, Bresse, Padoue, et j'arrivai enfin à Venise, impatiemment attendu par M. l'ambassadeur.

Je trouvai des tas de dépêches, tant de la cour que des autres ambassadeurs, dont il n'avait pu lire ce qui était chiffré, quoiqu'il eût tous les chiffres nécessaires pour cela. N'ayant jamais travaillé dans aucun bureau ni vu de ma vie un chiffre de ministre, je craignis d'abord d'être embarrassé; mais je trouvai que rien n'était plus simple, et en moins de huit jours j'eus déchiffré le tout, qui assurément n'en valait pas la peine; car, outre que l'ambassade de Venise est toujours assez oisive, ce n'était pas à un pareil homme qu'on eût voulu confier la moindre négociation. Il s'était trouvé dans un grand embarras jusqu'à mon arrivée, ne sachant ni dicter, ni écrire lisiblement. Je lui étais très utile; il le sentait, et me traita bien. Un autre motif l'y portait encore. Depuis M. de Froulay, son prédécesseur, dont la tête s'était dérangée, le consul de France, appelé M. Le Blond, était resté chargé des affaires de l'ambassade; et depuis l'arrivée de M. de Montaigu, il continuait de les faire jusqu'à ce qu'il l'eût mis au fait. M. de Montaigu, jaloux qu'un autre fît son métier, quoique lui-même en fut incapable, prit en guignon le consul; et sitôt que je fus arrivé, il lui ôta les fonctions de secrétaire d'ambassade pour me les donner. Elles étaient inséparables du titre; il me dit de le prendre. Tant que je restai près de lui, jamais il n'envoya que moi sous ce titre au sénat et à son conférent; et dans le fond il était fort naturel qu'il aimât mieux avoir pour secrétaire d'ambassade un homme à lui, qu'un consul ou un commis des bureaux nommé par la cour.

Cela me rendit ma situation assez agréable, et empêcha ses gentilshommes, qui étaient Italiens ainsi que ses pages et la plupart de ses gens, de me disputer la primauté dans sa maison. Je me servis avec succès de l'autorité qui y était attachée, pour maintenir son droit de liste, c'est-à-dire la franchise de son quartier contre les tentatives qu'on fit plusieurs fois pour l'enfreindre, et auxquelles ses officiers vénitiens n'avaient garde de résister. Mais

aussi je ne souffris jamais qu'il s'y réfugiât des bandits, quoiqu'il m'en eût pu revenir des avantages dont S. Exc. n'aurait pas dédaigné sa part.

Elle osa même réclamer sur les droits du secrétariat qu'on appelait la chancellerie. On était en guerre; il ne laissait pas d'y avoir bien des expéditions de passe-ports. Chacun de ces passe-ports payait un sequin au secrétaire qui l'expédiait et le contre-signait. Tous mes prédécesseurs s'étaient fait payer ce sequin indistinctement tant des Français que des étrangers. Je trouvai cet usage injuste, et, sans être Français, je l'abrogeai pour les Français; mais j'exigeai si rigoureusement mon droit de tout autre, que le marquis Scotti, frère du favori de la reine d'Espagne, m'ayant fait demander un passe-port sans m'envoyer le sequin, je le lui fis demander; hardiesse que le vindicatif Italien n'oublia pas. Dès qu'on sut la réforme que j'avais faite dans la taxe des passe-ports, il ne se présenta plus, pour en avoir, que des foules de prétendus Français, qui, dans des baragouins abominables, se disaient l'un Provençal, l'autre Picard, l'autre Bourguignon. Comme j'ai l'oreille assez fine, je n'en fus guère la dupe, et je doute qu'un seul Italien m'ait soufflé mon sequin et qu'un seul Français l'ait payé. J'eus la bêtise de dire à M. de Montaigu, qui ne savait rien de rien, ce que j'avais fait. Ce mot de sequin lui fit ouvrir les oreilles; et, sans me dire son avis sur la suppression de ceux des Français, il prétendit que j'entrasse en compte avec lui sur les autres, me promettant des avantages équivalents. Plus indigné de cette bassesse qu'affecté pour mon propre intérêt, je rejetai hautement sa proposition. Il insista, je m'échauffai : Non, monsieur, lui dis-je très vivement, que Votre Excellence garde ce qui est à elle, et me laisse ce qui est à moi; je ne lui en céderai jamais un sou. Voyant qu'il ne gagnait rien par cette voie, il en prit une autre, il n'eut pas honte de me dire que, puisque j'avais des profits à sa chancellerie, il était juste que j'en fisse les frais. Je ne voulus pas chicaner sur cet article; et depuis lors j'ai fourni de mon argent encre, papier, cire, bougie, nonpareille, jusqu'au sceau que je fis refaire, sans qu'il m'en ait remboursé jamais un liard. Cela ne m'empêcha pas de faire une petite part du produit

des passe-ports à l'abbé de Binis, bon garçon, et bien éloigné de prétendre à rien de semblable. S'il était complaisant envers moi, je n'étais pas moins honnête envers lui et nous avons toujours bien vécu ensemble.

Sur l'essai de ma besogne, je la trouvai moins embarrassante que je n'avais craint pour un homme sans expérience, auprès d'un ambassadeur qui n'en avait pas davantage, et dont, pour surcroît, l'ignorance et l'entêtement contrariaient comme à plaisir tout ce que le bon sens et quelques lumières m'inspiraient de bien pour son service et celui du roi. Ce qu'il fit de plus raisonnable fut de se lier avec le marquis de Mari, ambassadeur d'Espagne, homme adroit et fin, qui l'eût mené par le nez s'il l'eût voulu ; mais qui, vu l'union d'intérêt des deux couronnes, le conseillait d'ordinaire assez bien, si l'autre n'eût gâté ses conseils en fourrant toujours du sien dans leur exécution. La seule chose qu'ils eussent à faire de concert était d'engager les Vénitiens à maintenir la neutralité. Ceux-ci ne manquaient pas de protester de leur fidélité à l'observer, tandis qu'ils fournissaient publiquement des munitions aux troupes autrichiennes, et même des recrues sous prétexte de désertion. M. de Montaigu, qui, je crois, voulait plaire à la république, ne manquait pas aussi, malgré mes représentations, de me faire assurer dans toutes ses dépêches qu'elle n'enfreindrait jamais la neutralité. L'entêtement et la stupidité de ce pauvre homme me faisaient écrire et faire à tout moment des extravagances dont j'étais bien forcé d'être l'agent puisqu'il le voulait, mais qui me rendaient quelquefois mon métier insupportable, et même presque impraticable. Il voulait absolument, par exemple, que la plus grande partie de sa dépêche au roi et de celle au ministre fût en chiffres, quoique l'une et l'autre ne contînt absolument rien qui demandât cette précaution. Je lui représentai qu'entre le vendredi qu'arrivaient les dépêches de la cour, et le samedi que partaient les nôtres, il n'y avait pas assez de temps pour l'employer à tant de chiffres, et à la forte correspondance dont j'étais chargé pour le même courrier. Il trouva à cela un expédient admirable : ce fut de faire dès le jeudi la réponse aux dépêches qui devaient arriver le lendemain. Cette idée lui parut même si heureusement trouvée,

quoi que je pusse lui dire sur l'impossibilité, sur l'absurdité de
son exécution, qu'il en fallut passer par là ; et tout le temps que
j'ai demeuré chez lui, après avoir tenu note de quelques mots
qu'il me disait dans la semaine à la volée, et de quelques nou-
velles triviales que j'allais écumant par-ci par-là, muni de ces
uniques matériaux, je ne manquais jamais le jeudi matin de
lui porter le brouillon des dépêches qui devaient partir le samedi,
sauf quelques additions ou corrections que je faisais à la hâte sur
celles qui devaient venir le vendredi, et auxquelles les nôtres ser-
vaient de réponses. Il avait un autre tic fort plaisant, et qui don-
nait à sa correspondance un ridicule difficile à imaginer : c'était
de renvoyer chaque nouvelle à sa source, au lieu de lui faire suivre
son cours. Il marquait à M. Amelot les nouvelles de la cour,
à M. de Maurepas celles de Paris, à M. d'Havrincourt celles de
Suède, à M. de la Chetardie celles de Pétersbourg, et quelque-
fois à chacun celles qui venaient de lui-même, et que j'habillais
en termes un peu différents. Comme de tout ce que je lui portais
à signer il ne parcourait que les dépêches de la cour, et signait
celles des autres ambassadeurs sans les lire, cela me rendait un
peu plus le maître de tourner ces dernières à ma mode, et j'y fis
au moins croiser les nouvelles. Mais il me fut impossible de
donner un tour raisonnable aux dépêches essentielles : heureux
encore quand il ne s'avisait pas d'y larder impromptu quelques
lignes de son estoc, qui me forçaient de retourner transcrire en
hâte toute la dépêche ornée de cette nouvelle impertinence, à
laquelle il fallait donner l'honneur du chiffre, sans quoi il ne
l'aurait pas signée. Je fus tenté vingt fois, pour l'amour de sa
gloire, de chiffrer autre chose que ce qu'il avait dit ; mais sentant
que rien ne pouvait autoriser une pareille infidélité, je le laissai
délirer à ses risques, content de lui parler avec franchise, et de
remplir au moins mon devoir auprès de lui.

C'est ce que je fis toujours avec une droiture, un zèle et un
courage qui méritaient de sa part une autre récompense que celle
que j'en reçus à la fin. Il était temps que je fusse une fois ce que
le ciel, qui m'avait doué d'un heureux naturel, ce que l'éducation
que j'avais reçue de la meilleure des femmes, ce que celle que je

m'étais donnée à moi-même, m'avait fait être ; et je le fus. Livré à moi seul, sans amis, sans conseil, sans expérience, en pays étranger, servant une nation étrangère, au milieu d'une foule de fripons qui, pour leur intérêt et pour écarter le scandale du bon exemple, m'excitaient à les imiter ; loin d'en rien faire, je servis bien la France, à qui je ne devais rien, et mieux l'ambassadeur, comme il était juste, en tout ce qui dépendit de moi. Irréprochable dans un poste assez en vue, je méritai, j'obtins l'estime de la république, celle de tous les ambassadeurs avec qui nous étions en correspondance, et l'affection de tous les Français établis à Venise, sans en excepter le consul même, que je supplantais à regret dans les fonctions que je savais lui être dues, et qui me donnaient plus d'embarras que de plaisir.

M. de Montaigu, livré sans réserve au marquis Mari, qui n'entrait pas dans le détail de ses devoirs, les négligeait à tel point que sans moi les Français qui étaient à Venise ne se seraient pas aperçus qu'il y eût un ambassadeur de leur nation. Toujours éconduits sans qu'il voulût les entendre lorsqu'ils avaient besoin de sa protection, ils se rebutèrent, et l'on n'en voyait plus aucun ni à sa suite ni à sa table, où il ne les invita jamais. Je fis souvent de mon chef ce qu'il aurait dû faire : je rendis aux Français qui avaient recours à lui et à moi tous les services qui étaient en mon pouvoir. En tout autre pays, j'aurais fait davantage ; mais ne pouvant voir personne en place à cause de la mienne, j'étais forcé de recourir souvent au consul : et le consul, établi dans le pays où il avait sa famille, avait des ménagements à garder qui l'empêchaient de faire ce qu'il aurait voulu. Quelquefois cependant, le voyant mollir et n'oser parler, je m'aventurais à des démarches hasardeuses, dont plusieurs m'ont réussi. Je m'en rappelle une dont le souvenir me fait encore rire : on ne se douterait guère que c'est à moi que les amateurs du spectacle à Paris ont dû Coralline et sa sœur Camille : rien cependant n'est plus vrai. Véronèse, leur père, s'était engagé avec ses enfants pour la troupe italienne ; et après avoir reçu deux mille francs pour son voyage, au lieu de partir, il s'était tranquillement mis à Venise au théâtre de Saint-Luc, où Coralline, tout enfant qu'elle était encore, attirait

beaucoup de monde. M. le duc de Gesvres, comme premier gentilhomme de la chambre, écrivit à l'ambassadeur pour réclamer le père et la fille. M. de Montaigu, me donnant la lettre, me dit pour toute instruction : *Voyez cela.* J'allai chez M. Le Blond le prier de parler au patricien à qui appartenait le théâtre de Saint-Luc, et qui était, je crois, un Zustiniani, afin qu'il renvoyât Véronèse, qui était engagé au service du roi. Le Blond, qui ne se souciait pas trop de la commission, la fit mal. Zustiniani battit la campagne, et Véronèse ne fut point renvoyé. J'étais piqué. L'on était en carnaval : ayant pris la bahute et le masque, je me fis mener au palais Zustiniani. Tous ceux qui virent entrer ma gondole avec la livrée de l'ambassadeur furent frappés ; Venise n'avait jamais vu pareille chose. J'entre, je me fais annoncer sous le nom d'*una siora maschera.* Sitôt que je fus introduit, j'ôte mon masque et je me nomme. Le sénateur pâlit et reste stupéfait. Monsieur, lui dis-je en vénitien, c'est à regret que j'importune Votre Excellence de ma visite ; mais vous avez à votre théâtre de Saint-Luc un homme, nommé Véronèse, qui est engagé au service du roi, et qu'on vous a fait demander inutilement : je viens le réclamer au nom de Sa Majesté. Ma courte harangue fit effet. A peine étais-je parti, que mon homme courut rendre compte de son aventure aux inquisiteurs d'État, qui lui lavèrent la tête. Véronèse fut congédié le jour même. Je lui fis dire que s'il ne partait dans la huitaine je le ferais arrêter ; et il partit.

Dans une autre occasion je tirai de peine un capitaine de vaisseau marchand, par moi seul et presque sans le concours de personne. Il s'appelait le capitaine Olivet de Marseille ; j'ai oublié le nom du vaisseau. Son équipage avait pris querelle avec des Esclavons au service de la république ; il y avait eu des voies de fait, et le vaisseau avait été mis aux arrêts avec une telle sévérité, que personne, excepté le seul capitaine, n'y pouvait aborder ni en sortir sans permission. Il eut recours à l'ambassadeur, qui l'envoya promener ; il fut au consul, qui lui dit que ce n'était pas une affaire de commerce, et qu'il ne pouvait s'en mêler. Ne sachant plus que faire, il revint à moi. Je représentai à M. de Montaigu qu'il devait me permettre de donner sur cette affaire un mémoire

au sénat. Je ne me rappelle pas s'il y consentit et si je présentai le mémoire; mais je me rappelle bien que, mes démarches n'aboutissant à rien, et l'embargo durant toujours, je pris un parti qui me réussit. J'insérai la relation de cette affaire dans une dépêche à M. de Maurepas et j'eus même assez de peine à faire consentir M. de Montaigu à passer cet article. Je savais que nos dépêches, sans valoir trop la peine d'être ouvertes, l'étaient à Venise; j'en avais la preuve dans les articles que j'en trouvais mot pour mot dans la gazette : infidélité dont j'avais inutilement voulu porter l'ambassadeur à se plaindre. Mon objet, en parlant de cette vexation dans la dépêche, était de tirer parti de leur curiosité, pour leur faire peur et les engager à délivrer le vaisseau; car s'il eût fallu attendre pour cela la réponse de la cour, le capitaine était ruiné avant qu'elle ne fût venue. Je fis plus, je me rendis au vaisseau pour interroger l'équipage. Je pris avec moi l'abbé Patizel, chancelier du consulat, qui ne vint qu'à contre-cœur; tant tous ces pauvres gens craignaient de déplaire au sénat. Ne pouvant monter à bord à cause de la défense, je restai dans ma gondole, et j'y dressai mon verbal, interrogeant à haute voix et successivement tous les gens de l'équipage, et dirigeant mes questions de manière à tirer des réponses qui leur fussent avantageuses. Je voulus engager Patizel à faire les interrogations et le verbal lui-même, ce qui en effet était plus de son métier que du mien. Il n'y voulut jamais consentir, ne dit pas un seul mot, et voulut à peine signer le verbal après moi. Cette démarche un peu hardie eut cependant un heureux succès, et le vaisseau fut délivré longtemps avant la réponse du ministre. Le capitaine voulut me faire un présent. Sans me fâcher, je lui dis, en lui frappant sur l'épaule : Capitaine Olivet, crois-tu que celui qui ne reçoit pas des Français un droit de passe-port qu'il trouve établi, soit homme à leur vendre la protection du roi? Il voulut au moins me donner sur son bord un dîner, que j'acceptai, et où je menai le secrétaire d'ambassade d'Espagne, nommé Carrio, homme d'esprit et très aimable, qu'on a vu depuis secrétaire d'ambassade à Paris et chargé des affaires, avec lequel je m'étais intimement lié, à l'exemple de nos ambassadeurs.

J. J. ROUSSEAU VERBALISANT À VENISE

Heureux si, lorsque je faisais avec le plus parfait désintéressement tout le bien que je pouvais faire, j'avais su mettre assez d'ordre et d'attention dans tous ces menus détails pour n'en pas être la dupe et servir les autres à mes dépens! Mais dans les places comme celle que j'occupais, où les moindres fautes ne sont pas sans conséquence, j'épuisais toute mon attention pour n'en point faire contre mon service. Je fus jusqu'à la fin du plus grand ordre et de la plus grande exactitude en tout ce qui regardait mon devoir essentiel. Hors quelques erreurs qu'une précipitation forcée me fit faire en chiffrant, et dont les commis de M. Amelot se plaignirent une fois, ni l'ambassadeur ni personne n'eut jamais à me reprocher une seule négligence dans aucune de mes fonctions; ce qui est à noter pour un homme aussi négligent et aussi étourdi que moi : mais je manquais parfois de mémoire et de soin dans les affaires particulières dont je me chargeais; et l'amour de la justice m'en a toujours fait supporter le préjudice de mon propre mouvement, avant que personne songeât à se plaindre. Je n'en citerai qu'un seul trait, qui se rapporte à mon départ de Venise, et dont j'ai senti le contre-coup dans la suite à Paris.

Notre cuisinier, appelé Rousselot, avait apporté de France un ancien billet de deux cents francs qu'un perruquier de ses amis avait d'un noble vénitien appelé Zanetto Nani, pour fourniture de perruques. Rousselot m'apporta ce billet, en me priant de tâcher d'en tirer quelque chose par accommodement. Je savais, il savait aussi que l'usage constant des nobles vénitiens est de ne jamais payer, de retour dans leur patrie, les dettes qu'ils ont contractées en pays étranger : quand on les y veut contraindre, ils consument en tant de longueur et de frais le malheureux créancier, qu'il se rebute, et finit par tout abandonner, ou s'accommoder presque pour rien. Je priai M. Le Blond de parler à Zanetto. Celui-ci convint du billet, non du payement. A force de batailler il promit enfin trois sequins. Quand Le Blond lui porta le billet, les trois sequins ne se trouvèrent pas prêts; il fallut attendre. Durant cette attente survint ma querelle avec l'ambassadeur, et ma sortie de chez lui. Je laissai les papiers de l'ambassade dans le plus

grand ordre, mais le billet de Rousselot ne se trouva point. M. Le Blond m'assura me l'avoir rendu. Je le connaissais trop honnête homme pour en douter; mais il me fut impossible de me rappeler ce qu'était devenu ce billet. Comme Zanetto avait avoué la dette, je priai M. Le Blond de tâcher de tirer les trois sequins sur un reçu, ou de l'engager à renouveler le billet par duplicata. Zanetto, sachant le billet perdu, ne voulut faire ni l'un ni l'autre. J'offris à Rousselot les trois sequins de ma bourse pour l'acquit du billet. Il les refusa, et me dit que je m'accommoderais à Paris avec le créancier, dont il me donna l'adresse. Le perruquier, sachant ce qui s'était passé, voulut son billet ou son argent en entier. Que n'aurais-je point donné dans mon indignation pour retrouver ce maudit billet? Je payai les deux cents francs, et cela dans ma plus grande détresse. Voilà comment la perte du billet valut au créancier le payement de la somme entière, tandis que si, malheureusement pour lui, ce billet se fût retrouvé, il en aurait difficilement tiré les dix écus promis par Son Excellence Zanetto Nani.

Le talent que je me crus sentir pour mon emploi me le fit remplir avec goût; et hors la société de mon ami Carrio, celle du vertueux Altuna, dont j'aurai bientôt à parler, hors les récréations bien innocentes de la place Saint-Marc, du spectacle et de quelques visites que nous faisions presque toujours ensemble, je fis mes seuls plaisirs de mes devoirs. Quoique mon travail ne fût pas fort pénible, surtout avec l'aide de l'abbé de Binis, comme la correspondance était très étendue et qu'on était en temps de guerre, je ne laissais pas d'être occupé raisonnablement. Je travaillais tous les jours une bonne partie de la matinée, et les jours de courrier quelquefois jusqu'à minuit. Je consacrais le reste du temps à l'étude du métier que je commençais, et dans lequel je comptais bien, par le succès de mon début, être employé plus avantageusement dans la suite. En effet, il n'y avait qu'une voix sur mon compte, à commencer par celle de l'ambassadeur, qui se loua hautement de mon service, qui ne s'en est jamais plaint, et dont toute la fureur ne vint dans la suite que de ce que, m'étant plaint inutilement moi-même, je voulus enfin avoir mon

congé. Les ambassadeurs et ministres du roi, avec qui nous étions
en correspondance, lui faisaient, sur le mérite de son secrétaire,
des compliments qui devaient le flatter, et qui, dans sa mauvaise
tête, produisaient un effet tout contraire. Il en reçut un surtout
dans une circonstance essentielle, qu'il ne m'a jamais pardonné.
Ceci vaut la peine d'être expliqué.

Il pouvait si peu se gêner, que le samedi même, jour de
presque tous les courriers, il ne pouvait attendre pour sortir que
le travail fût achevé ; et me talonnant sans cesse pour expédier
les dépêches du roi et des ministres, ils les signait en hâte, et puis
courait je ne sais où, laissant la plupart des autres lettres sans
signature : ce qui me forçait, quand ce n'était que des nouvelles,
de les tourner en bulletin ; mais lorsqu'il s'agissait d'affaires qui
regardaient le service du roi, il fallait bien que quelqu'un signât,
et je signais. J'en usai ainsi pour un avis important que nous
venions de recevoir de M. Vincent, chargé des affaires du roi à
Vienne. C'était dans le temps que le prince de Lobkowitz marchait
à Naples, et que le comte de Gages fit cette mémorable
retraite, la plus belle manœuvre de guerre de tout le siècle, et
dont l'Europe a trop peu parlé. L'avis portait qu'un homme, dont
M. Vincent nous envoyait le signalement, partait de Vienne, et
devait passer à Venise, allant furtivement dans l'Abruzze, chargé
d'y faire soulever le peuple à l'approche des Autrichiens. En
l'absence de M. le comte de Montaigu, qui ne s'intéressait à rien,
je fis passer à M. le marquis de l'Hôpital cet avis si à propos, que
c'est peut-être à ce pauvre Jean-Jacques si bafoué que la maison
de Bourbon doit la conservation du royaume de Naples.

Le marquis de l'Hôpital, en remerciant son collègue comme il
était juste, lui parla de son secrétaire, et du service qu'il venait
de rendre à la cause commune. Le comte de Montaigu, qui avait
à se reprocher sa négligence dans cette affaire, crut entrevoir dans
ce compliment un reproche, et m'en parla avec humeur. J'avais
été dans le cas d'en user avec le comte de Castellane, ambassa-
deur à Constantinople, comme avec le marquis de l'Hôpital,
quoiqu'en chose moins importante. Comme il n'y avait point
d'autre poste pour Constantinople que les courriers que le sénat

envoyait de temps en temps à son bayle, on donnait avis du départ de ces courriers à l'ambassadeur de France, pour qu'il pût écrire par cette voie à son collègue, s'il le jugeait à propos. Cet avis venait d'ordinaire un jour ou deux à l'avance : mais on faisait si peu de cas de M. de Montaigu, qu'on se contentait d'envoyer chez lui, pour la forme, une heure ou deux avant le départ du courrier; ce qui me mit plusieurs fois dans le cas de faire la dépêche en son absence. M. de Castellane, en y répondant, faisait mention de moi en termes honnêtes; autant en faisait à Gênes M. de Jonville : autant de nouveaux griefs.

J'avoue que je ne fuyais pas l'occasion de me faire connaître, mais je ne la cherchais pas non plus hors de propos; et il me paraissait fort juste, en servant bien, d'aspirer au prix naturel des bons services, qui est l'estime de ceux qui sont en état d'en juger et de les récompenser. Je ne dirai pas si mon exactitude à remplir mes fonctions était de la part de l'ambassadeur un légitime sujet de plainte; mais je dirai bien que c'est le seul qu'il ait articulé jusqu'au jour de notre séparation.

Sa maison, qu'il n'avait jamais mise sur un bon pied, se remplissait de canaille : les Français y étaient maltraités, les Italiens y prenaient l'ascendant; et même parmi eux les bons serviteurs attachés depuis longtemps à l'ambassade furent tous malhonnêtement chassés, entre autres son premier gentilhomme, qui l'avait été du comte de Froulay, et qu'on appelait, je crois, le comte Peati, ou d'un nom très approchant. Le second gentilhomme, du choix de M. de Montaigu, était un bandit de Mantoue, appelé Dominique Vitali, à qui l'ambassadeur confia le soin de sa maison, et qui, à force de patelinage et de basse lésine, obtint sa confiance et devint son favori, au grand préjudice du peu d'honnêtes gens qui y étaient encore, et du secrétaire qui était à leur tête. L'œil intègre d'un honnête homme est toujours inquiétant pour les fripons. Il n'en aurait pas fallu davantage pour que celui-ci me prît en haine; mais cette haine avait une autre cause encore qui la rendit bien plus cruelle. Il faut dire cette cause, afin qu'on me condamne si j'avais tort.

L'ambassadeur avait, selon l'usage, une loge à chacun des cinq

spectacles. Tous les jours à dîner il nommait le théâtre où il voulait aller ce jour-là; je choisissais après lui, et les gentilshommes disposaient des autres loges. Je prenais en sortant la clef de la loge que j'avais choisie. Un jour, Vitali n'étant pas là, je chargeai le valet de pied qui me servait de m'apporter la mienne dans une maison que je lui indiquai. Vitali, au lieu de m'envoyer ma clef, dit qu'il en avait disposé. J'étais d'autant plus outré, que le valet de pied m'avait rendu compte de ma commission devant tout le monde. Le soir, Vitali voulut me dire quelques mots d'excuse que je ne reçus point : Demain, monsieur, lui dis-je, vous viendrez me les faire à telle heure dans la maison où j'ai reçu l'affront, et devant les gens qui en ont été les témoins; ou après-demain, quoi qu'il arrive, je vous déclare que vous ou moi sortirons d'ici. Ce ton décidé lui en imposa. Il vint au lieu et à l'heure me faire des excuses publiques avec une bassesse digne de lui; mais il prit à loisir ses mesures, et, tout en me faisant de grandes courbettes, il travailla tellement à l'italienne, que, ne pouvant porter l'ambassadeur à me donner mon congé, il me mit dans la nécessité de le prendre.

Un pareil misérable n'était assurément pas fait pour me connaître; mais il connaissait de moi ce qui servait à ses vues; il me connaissait bon et doux à l'excès pour supporter des torts involontaires, fier et peu endurant pour des offenses préméditées, aimant la décence et la dignité dans les choses convenables, et non moins exigeant pour l'honneur qui m'était dû qu'attentif à rendre celui que je devais aux autres. C'est par là qu'il entreprit et vint à bout de me rebuter. Il mit la maison sens dessus dessous; il en ôta ce que j'avais tâché d'y maintenir de règle, de subordination, de propreté, d'ordre. Une maison sans femme a besoin d'une discipline un peu sévère, pour y faire régner la modestie inséparable de la dignité. Il fit bientôt de la nôtre un lieu de crapule et de licence, un repaire de fripons et de débauchés. Il donna pour second gentilhomme à S. E., à la place de celui qu'il avait fait chasser, un autre maquereau comme lui, qui tenait bordel public à la Croix-de-Malte; et ces deux coquins bien d'accord étaient d'une indécence égale à leur insolence. Hors la

seule chambre de l'ambassadeur, qui même n'était pas trop en règle, il n'y avait pas un seul coin dans la maison souffrable pour un honnête homme.

Comme S. E. ne soupait pas, nous avions le soir, les gentils-hommes et moi, une table particulière, où mangeaient aussi l'abbé de Binis et les pages. Dans la plus vilaine gargote on est servi plus proprement, plus décemment, en linge moins sale, et l'on a mieux à manger. On nous donnait une seule petite chandelle bien noire, des assiettes d'étain, des fourchettes de fer. Passe encore pour ce qui se faisait en secret : mais on m'ôta ma gondole; seul de tous les secrétaires d'ambassadeur, j'étais forcé d'en louer une ou d'aller à pied; et je n'avais plus la livrée. de S. E. que quand j'allais au sénat. D'ailleurs, rien de ce qui se passait au dedans n'était ignoré dans la ville. Tous les officiers de l'ambassadeur jetaient des hauts cris. Dominique, la seule cause de tout, criait le plus haut, sachant bien que l'indécence avec laquelle nous étions traités m'était plus sensible qu'à tous les autres. Seul de la maison, je ne disais rien au dehors; mais je me plaignais vivement à l'ambassadeur et du reste et de lui-même, qui, secrètement excité par son âme damnée, me faisait chaque jour quelque nouvel affront. Forcé de dépenser beaucoup pour me tenir au pair avec mes confrères et convenablement à mon poste, je ne pouvais arracher un sou de mes appointements; et quand je lui demandais de l'argent, il me parlait de son estime et de sa confiance comme si elle eût dû remplir ma bourse et pourvoir à tout.

Ces deux bandits finirent par faire tourner tout à fait la tête à leur maître, qui ne l'avait déjà pas trop droite, et le ruinaient dans un brocantage continuel par des marchés de dupe, qu'ils lui persuadaient être des marchés d'escroc. Ils lui firent louer, sur la Brenta, un palazzo le double de sa valeur, dont ils partagèrent le surplus avec le propriétaire. Les appartements en étaient incrustés en mosaïques, et garnis de colonnes et de pilastres de très beaux marbres à la mode du pays. M. de Montaigu fit superbement masquer tout cela d'une boiserie de sapin, par l'unique raison qu'à Paris les appartements sont ainsi boisés. Ce fut par une raison

semblable que, seul de tous les ambassadeurs qui étaient à Venise, il ôta l'épée à ses pages et la canne à ses valets de pied. Voilà quel était l'homme qui, toujours par le même motif peut-être, me prit en grippe, uniquement sur ce que je le servais fidèlement.

J'endurai patiemment ses dédains, sa brutalité, ses mauvais traitements, tant qu'en y voyant de l'humeur, je crus n'y pas voir de la haine; mais dès que je vis le dessein formé de me priver de l'honneur que je méritais par mon bon service, je résolus d'y renoncer. La première marque que je reçus de sa mauvaise volonté fut à l'occasion d'un dîner qu'il devait donner à M. le duc de Modène et à sa famille, qui étaient à Venise, et dans lequel il me signifia que je n'aurais pas place à sa table. Je lui répondis, piqué, mais sans me fâcher, qu'ayant l'honneur d'y dîner journellement, si M. le duc de Modène exigeait que je m'en abstinsse quand il y viendrait, il était de la dignité de Son Excellence et de mon devoir de n'y pas consentir. Comment! dit-il avec emportement, mon secrétaire, qui même n'est pas gentilhomme, prétend dîner avec un souverain, quand mes gentilshommes n'y dînent pas! Oui, monsieur, lui répliquai-je, le poste dont m'a honoré Votre Excellence m'ennoblit si bien tant que je le remplis, que j'ai même le pas sur vos gentilshommes ou soi-disant tels, et suis admis où ils ne peuvent l'être. Vous n'ignorez pas que, le jour que vous ferez votre entrée publique, je suis appelé par l'étiquette, et par un usage immémorial, à vous y suivre en habit de cérémonie, et à l'honneur d'y dîner avec vous au palais de Saint-Marc; et je ne vois pas pourquoi un homme qui peut et doit manger en public avec le doge et le sénat de Venise, ne pourrait pas manger en particulier avec M. le duc de Modène. Quoique l'argument fût sans réplique, l'ambassadeur ne s'y rendit point: mais nous n'eûmes pas occasion de renouveler la dispute, M. le duc de Modène n'étant point venu dîner chez lui.

Dès lors il ne cessa de me donner des désagréments, de me faire des passe-droits, s'efforçant de m'ôter les petites prérogatives attachées à mon poste, pour les transmettre à son cher Vitali; et je suis sûr que s'il eût osé l'envoyer au sénat à ma place, il l'aurait fait. Il employait ordinairement l'abbé de Binis pour écrire dans

son cabinet ses lettres particulières : il se servit de lui pour écrire à M. de Maurepas une relation de l'affaire du capitaine Olivet, dans laquelle, loin de lui faire aucune mention de moi qui seul m'en étais mêlé, il m'ôtait même l'honneur du verbal, dont il lui envoyait un double, pour l'attribuer à Patizel, qui n'avait pas dit un seul mot. Il voulait me mortifier et complaire à son favori, mais non pas se défaire de moi. Il sentait qu'il ne lui serait plus aussi aisé de me trouver un successeur qu'à M. Follau, qui l'avait déjà fait connaître. Il lui fallait absolument un secrétaire qui sût l'italien, à cause des réponses du sénat; qui fît toutes ses dépê- ches, toutes ses affaires sans qu'il se mêlât de rien ; qui joignît au mérite de bien servir la bassesse d'être le complaisant de messieurs ses faquins de gentilshommes. Il voulait donc me garder et me mater en me tenant loin de mon pays et du sien, sans argent pour y retourner; et il aurait réussi peut-être, s'il s'y fût pris modéré- ment. Mais Vitali, qui avait d'autres vues et qui voulait me forcer de prendre mon parti, en vint à bout. Dès que je vis que je per- dais toutes mes peines, que l'ambassadeur me faisait des crimes de mes services au lieu de m'en savoir gré, que je n'avais plus à espérer chez lui que désagréments au dedans, injustice au dehors, et que, dans le décri général où il s'était mis, ses mauvais offices pouvaient me nuire sans que les bons pussent me servir, je pris mon parti et lui demandai mon congé, lui laissant le temps de se pourvoir d'un secrétaire. Sans me dire ni oui ni non, il alla tou- jours son train. Voyant que rien n'allait mieux et qu'il ne se met- tait en devoir de chercher personne, j'écrivis à son frère, et, lui détaillant mes motifs, je le priai d'obtenir mon congé de Son Excellence, ajoutant que de manière ou d'autre il m'était impos- sible de rester. J'attendis longtemps, et n'eus point de réponse. Je commençais d'être fort embarrassé; mais l'ambassadeur reçut enfin une lettre de son frère. Il fallait qu'elle fût vive, car, quoi- qu'il fût sujet à des emportements très féroces, je ne lui en vis jamais un pareil. Après des torrents d'injures abominables, ne sachant plus que dire, il m'accusa d'avoir vendu ses chiffres. Je me mis à rire, et lui demandai d'un ton moqueur s'il croyait qu'il y eût dans tout Venise un homme assez sot pour en donner un

écu. Cette réponse le fit écumer de rage. Il fit mine d'appeler ses
gens pour me faire, dit-il, jeter par la fenêtre. Jusque-là j'avais été
fort tranquille ; mais à cette menace, la colère et l'indignation me
transportèrent à mon tour. Je m'élançai vers la porte, et après
avoir tiré le bouton qui la fermait en dedans : Non pas, monsieur
le comte, lui dis-je en revenant à lui d'un pas grave, vos gens ne
se mêleront pas de cette affaire ; trouvez bon qu'elle se passe entre
nous. Mon action, mon air le calmèrent à l'instant même ; la sur-
prise et l'effroi se marquèrent dans son maintien. Quand je le vis
revenu de sa furie, je lui fis mes adieux en peu de mots ; puis,
sans attendre sa réponse, j'allai rouvrir la porte, je sortis, et passai
posément dans l'antichambre au milieu de ses gens, qui se levè-
rent à l'ordinaire, et qui, je crois, m'auraient plutôt prêté main-
forte contre lui, qu'à lui contre moi. Sans remonter chez moi, je
descendis l'escalier tout de suite, et sortis sur-le-champ du palais
pour n'y plus rentrer.

J'allai droit chez M. Le Blond lui conter l'aventure. Il en fut peu
surpris ; il connaissait l'homme. Il me retint à dîner. Ce dîner,
quoique impromptu, fut brillant ; tous les Français de considéra-
tion qui étaient à Venise s'y trouvèrent : l'ambassadeur n'eut pas
un chat. Le consul conta mon cas à la compagnie. A ce récit il n'y
eut qu'un cri, qui ne fut pas en faveur de Son Excellence. Elle
n'avait point réglé mon compte, ne m'avait pas donné un sou ; et,
réduit pour toute ressource à quelques louis que j'avais sur moi,
j'étais dans l'embarras pour mon retour. Toutes les bourses me
furent ouvertes. Je pris une vingtaine de sequins dans celle de
M. Le Blond, autant dans celle de M. de Saint-Cyr, avec lequel,
après lui, j'avais le plus de liaison. Je remerciai tous les autres, et
en attendant mon départ, j'allai loger chez le chancelier du con-
sulat, pour bien prouver au public que la nation n'était pas com-
plice des injustices de l'ambassadeur. Celui-ci, furieux de me voir
fêté dans mon infortune et lui délaissé, tout ambassadeur qu'il
était, perdit tout à fait la tête, et se comporta comme un forcené.
Il s'oublia jusqu'à présenter un mémoire au sénat pour me faire
arrêter. Sur l'avis que m'en donna l'abbé de Binis, je résolus de
rester encore quinze jours, au lieu de partir le surlendemain

comme j'avais compté. On avait vu et approuvé ma conduite ; j'étais universellement estimé. La seigneurie ne daigna pas même répondre à l'extravagant mémoire de l'ambassadeur, et me fit dire par le consul que je pouvais rester à Venise aussi longtemps qu'il me plairait, sans m'inquiéter des démarches d'un fou. Je continuai de voir mes amis : j'allai prendre congé de M. l'ambassadeur d'Espagne, qui me reçut très bien, et du comte de Finochietti, ministre de Naples, que je ne trouvai pas, mais à qui j'écrivis, et qui me répondit la lettre du monde la plus obligeante. Je partis enfin, ne laissant, malgré mes embarras, d'autres dettes que les emprunts dont je viens de parler, et une cinquantaine d'écus chez un marchand nommé Morandi, que Carrio se chargea de payer et que je ne lui ai jamais rendus, quoique nous nous soyons souvent revus depuis ce temps-là : mais quant aux deux emprunts dont j'ai parlé, je les remboursai très exactement sitôt que la chose me fut possible.

Ne quittons pas Venise sans dire un mot des célèbres amusements de cette ville, ou du moins de la très petite part que j'y pris durant mon séjour. On a vu dans le cours de ma jeunesse combien peu j'ai couru les plaisirs de cet âge, ou du moins ceux qu'on nomme ainsi. Je ne changeai pas de goût à Venise ; mais mes occupations, qui d'ailleurs m'en auraient empêché, rendirent plus piquantes les récréations simples que je me permettais. La première et la plus douce était la société des gens de mérite, MM. Le Blond, de Saint-Cyr, Carrio, Altuna, et un gentilhomme forlan dont j'ai grand regret d'avoir oublié le nom, et dont je ne me rappelle point sans émotion l'aimable souvenir : c'était, de tous les hommes que j'ai connus dans ma vie, celui dont le cœur ressemblait le plus au mien. Nous étions liés aussi avec deux ou trois Anglais pleins d'esprit et de connaissances, passionnés de la musique ainsi que nous. Tous ces messieurs avaient leurs femmes, ou leurs amies, ou leurs maîtresses, ces dernières presque toutes filles à talents, chez lesquelles on faisait de la musique ou des bals. On y jouait aussi, mais très peu ; les goûts vifs, les talents, les spectacles nous rendaient cet amusement insipide. Le jeu n'est que la ressource des gens ennuyés. J'avais apporté de Paris

le préjugé qu'on a dans ce pays-là contre la musique italienne :
mais j'avais aussi reçu de la nature cette sensibilité de tact contre
laquelle les préjugés ne tiennent pas. J'eus bientôt pour cette
musique la passion qu'elle inspire à ceux qui sont faits pour en
juger. En écoutant les barcarolles, je trouvais que je n'avais pas
ouï chanter jusqu'alors ; et bientôt je m'engouai tellement de
l'Opéra, qu'ennuyé de babiller, manger et jouer dans les loges,
quand je n'aurais voulu qu'écouter, je me dérobais souvent à la
compagnie pour aller d'un autre côté. Là, tout seul, enfermé dans
ma loge, je me livrais, malgré la longueur du spectacle, au plaisir
d'en jouir à mon aise jusqu'à la fin. Un jour, au théâtre de Saint-
Chrysostome, je m'endormis, et bien plus profondément que je
n'aurais fait dans mon lit. Les airs bruyants et brillants ne me
réveillèrent point ; mais qui pourrait exprimer la sensation déli-
cieuse que me firent la douce harmonie et les chants angéliques de
celui qui me réveilla! Quel réveil, quels ravissements, quelle extase
quand j'ouvris au même instant les oreilles et les yeux ! Ma pre-
mière idée fut de me croire en paradis. Ce morceau ravissant, que
je me rappelle encore et que je n'oublierai de ma vie, commençait
ainsi :

> Conservami la bella
> Che si m'accende il cor.

Je voulus avoir ce morceau : je l'eus, et je l'ai gardé longtemps ;
mais il n'était pas sur mon papier comme dans ma mémoire. C'était
bien la même note, mais ce n'était pas la même chose. Jamais cet
air divin ne peut être exécuté que dans ma tête, comme il le fut
le jour qu'il me réveilla.

Une musique à mon gré bien supérieure à celle des opéras, et
qui n'a pas sa semblable en Italie, ni dans le reste du monde, est
celle des *scuole*. Les *scuole* sont des maisons de charité établies
pour donner l'éducation à des jeunes filles sans bien, et que la
république dote ensuite soit pour le mariage, soit pour le cloître.
Parmi les talents qu'on cultive dans ces jeunes filles, la musique
est au premier rang. Tous les dimanches à l'église de ces quatre
scuole, on a durant les vêpres des motets à grand chœur et en grand
orchestre, composés et dirigés par les plus grands maîtres de l'Ita-

lie, exécutés dans des tribunes grillées, uniquement par des filles
dont la plus vieille n'a pas vingt ans. Je n'ai l'idée de rien d'aussi
voluptueux, d'aussi touchant que cette musique : les richesses de
l'art, le goût exquis des chants, la beauté des voix, la justesse de
l'exécution, tout dans ces délicieux concerts concourt à produire
une impression qui n'est assurément pas du bon costume, mais
dont je doute qu'aucun cœur d'homme soit à l'abri. Jamais Carrio
ni moi ne manquions ces vêpres aux *Mendicanti*, et nous n'étions
pas les seuls. L'église était toujours pleine d'amateurs ; les acteurs
même de l'Opéra venaient se former au vrai goût du chant sur ces
excellents modèles. Ce qui me désolait était ces maudites grilles
qui ne laissaient passer que des sons, et me cachaient les anges
de beauté dont ils étaient dignes. Je ne parlais d'autre chose. Un
jour que j'en parlais chez M. Le Blond : Si vous êtes si curieux,
me dit-il, de voir ces petites filles, il est aisé de vous contenter. Je
suis un des administrateurs de la maison ; je veux vous y donner
à goûter avec elles. Je ne le laissai pas en repos qu'il ne m'eût
tenu parole. En entrant dans le salon qui renfermait ces beautés
si convoitées, je sentis un frémissement d'amour que je n'avais
jamais éprouvé. M. Le Blond me présenta l'une après l'autre ces
chanteuses célèbres dont la voix et le nom étaient tout ce qui
m'était connu. Venez, Sophie... Elle était horrible. Venez, Cat-
tina... Elle était borgne. Venez, Bettina... La petite vérole l'avait
défigurée. Presque pas une n'était sans quelque notable défaut. Le
bourreau riait de ma cruelle surprise. Deux ou trois cependant me
parurent passables ; elles ne chantaient que dans les chœurs.
J'étais désolé. Durant le goûter, on les agaça, elles s'égayèrent.
La laideur n'exclut pas les grâces ; je leur en trouvai. Je me
disais : on ne chante pas ainsi sans âme ; elles en ont. Enfin ma
façon de les voir changea si bien, que je sortis presque amoureux
de toutes ces laiderons. J'osais à peine retourner à leurs vêpres.
J'eus de quoi me rassurer. Je continuai de trouver leurs chants
délicieux, et leurs voix fardaient si bien leurs visages, que tant
qu'elles chantaient je m'obstinais, en dépit de mes yeux, à les
trouver belles.

La musique en Italie coûte si peu de chose, que ce n'est pas la

peine de s'en faire faute quand on a du goût pour elle. Je louai un clavecin, et pour un petit écu j'avais chez moi quatre ou cinq symphonistes, avec lesquels je m'exerçais une fois la semaine à exécuter les morceaux qui m'avaient fait le plus de plaisir à l'Opéra. J'y fis essayer aussi quelques symphonies de mes *Muses galantes*. Soit qu'elles plussent ou qu'on me voulût cajoler, le maître des ballets de Saint-Jean-Chrysostome m'en fit demander deux que j'eus le plaisir d'entendre exécuter par cet admirable orchestre, et qui furent dansées par une petite Bettina, jolie et surtout aimable fille, entretenue par un Espagnol de nos amis appelé Fagoaga, et chez laquelle nous allions passer la soirée assez souvent.

Mais, à propos de filles, ce n'est pas dans une ville comme Venise qu'on s'en abstient : n'avez-vous rien, pourrait-on me dire, à confesser sur cet article? Oui, j'ai quelque chose à dire en effet, et je vais procéder à cette confession avec la même naïveté que j'ai mise à toutes les autres.

J'ai toujours eu du dégoût pour les filles publiques, et je n'avais pas à Venise autre chose à ma portée, l'entrée de la plupart des maisons du pays m'étant interdite à cause de ma place. Les filles de M. Le Blond étaient très aimables, mais d'un difficile abord ; et je considérais trop le père et la mère pour penser même à les convoiter.

J'aurais eu plus de goût pour une jeune personne appelée mademoiselle de Catanéo, fille de l'agent du roi de Prusse ; mais Carrio était amoureux d'elle, il a même été question de mariage. Il était à son aise, et je n'avais rien ; il avait cent louis d'appointements, je n'avais que cent pistoles ; et outre que je ne voulais pas aller sur les brisées d'un ami, je savais que partout, et surtout à Venise, avec une bourse aussi mal garnie, on ne doit pas se mêler de faire le galant. Je n'avais pas perdu la funeste habitude de donner le change à mes besoins ; et, trop occupé pour sentir vivement ceux que le climat donne, je vécus près d'un an dans cette ville aussi sage que j'avais fait à Paris, et j'en suis reparti au bout de dix-huit mois sans avoir approché du sexe que deux seules fois, par les singulières occasions que je vais dire.

La première me fut procurée par l'honnête gentilhomme Vitali,

quelque temps après l'excuse que je l'obligeai de me demander
dans toutes les formes. On parlait à table des amusements de
Venise. Ces messieurs me reprochaient mon indifférence pour le
plus piquant de tous, vantant la gentillesse des courtisanes véni-
tiennes, et disant qu'il n'y en avait point au monde qui les valus-
sent. Dominique dit qu'il fallait que je fisse connaissance avec la
plus aimable de toutes ; qu'il voulait m'y mener et que j'en serais
content. Je me mis à rire de cette offre obligeante, et le comte
Peati, homme déjà vieux et vénérable, dit, avec plus de franchise
que je n'en aurais attendu d'un Italien, qu'il me croyait trop sage
pour me laisser mener chez des filles par mon ennemi. Je n'en
avais en effet ni l'intention ni la tentation ; et malgré cela, par une
de ces inconséquences que j'ai peine à comprendre moi-même, je
finis par me laisser entraîner contre mon goût, mon cœur, ma
raison, ma volonté même, uniquement par faiblesse, par honte de
marquer de la défiance, et, comme on dit dans ce pays-là, *per non
parer troppo coglione.*

La *padoana* chez qui nous allâmes était d'une assez jolie figure,
belle même, mais non pas d'une beauté qui me plût. Dominique
me laissa chez elle. Je fis venir des sorbetti, je la fis chanter, et
au bout d'une demi-heure, je voulus m'en aller, en laissant sur la
table un ducat ; mais elle eut le singulier scrupule de n'en vouloir
point qu'elle ne l'eût gagné et moi la singulière bêtise de lever
son scrupule. Je m'en revins au palais, si persuadé que j'étais
poivré, que la première chose que je fis en arrivant fut d'envoyer
chercher le chirurgien pour lui demander des tisanes. Rien ne
peut égaler le malaise d'esprit que je souffris durant trois
semaines, sans qu'aucune incommodité réelle, aucun signe appa-
rent le justifiât. Je ne pouvais concevoir qu'on pût sortir impuné-
ment des bras de la padoana. Le chirurgien lui-même eut toute la
peine imaginable à me rassurer. Il n'en put venir à bout qu'en
me persuadant que j'étais conformé d'une façon particulière à ne
pouvoir pas aisément être infecté ; et quoique je me sois moins
exposé peut-être qu'aucun autre homme à cette expérience, ma
santé, de ce côté, n'ayant jamais reçu d'atteinte, m'est une preuve
que le chirurgien avait raison. Cette opinion cependant ne m'a

jamais rendu téméraire ; et si je tiens en effet cet avantage de la nature, je puis dire que je n'en ai pas abusé.

Mon autre aventure, quoique avec une fille aussi, fut d'une espèce bien différente, et quant à son origine et quant à ses effets. J'ai dit que le capitaine Olivet m'avait donné à dîner sur son bord, et que j'y avais mené le secrétaire d'Espagne. Je m'attendais au salut du canon. L'équipage nous reçut en haie, mais il n'y eut pas une amorce brûlée, ce qui me mortifia beaucoup à cause de Carrio, que je vis en être un peu piqué ; et il était vrai que sur les vaisseaux marchands on accordait le salut du canon à des gens qui ne nous valaient certainement pas ; d'ailleurs, je croyais avoir mérité quelque distinction du capitaine. Je ne pus me déguiser, parce que cela m'est toujours impossible ; et quoique le dîner fût très bon, et qu'Olivet en fît très bien les honneurs, je le commençai de mauvaise humeur, mangeant peu et parlant encore moins.

A la première santé, du moins, j'attendais une salve : rien. Carrio, qui me lisait dans l'âme, riait de me voir grogner comme un enfant. Au tiers du dîner, je vois approcher une gondole. Ma foi, monsieur, me dit le capitaine, prenez garde à vous, voici l'ennemi. Je lui demande ce qu'il veut dire : il répond en plaisantant. La gondole aborde, et j'en vois sortir une jeune personne éblouissante, fort coquettement mise et fort leste, qui dans trois sauts fut dans la chambre ; et je la vis établie à côté de moi avant que j'eusse aperçu qu'on y avait mis un couvert. Elle était aussi charmante que vive, une brunette de vingt ans au plus. Elle ne parlait qu'italien ; son accent seul eût suffi pour me tourner la tête. Tout en mangeant, tout en causant, elle me regarde, me fixe un moment, puis s'écriant : Bonne Vierge ! ah ! mon cher Brémond, qu'il y a de temps que je ne t'ai vu ! se jette entre mes bras, colle sa bouche contre la mienne, et me serre à m'étouffer. Ses grands yeux noirs à l'orientale lançaient dans mon cœur des traits de feu ; et quoique la surprise fît d'abord quelque diversion, la volupté me gagna très rapidement, au point que, malgré les spectateurs, il fallut bientôt que cette belle me contînt elle-même ; car j'étais ivre ou plutôt furieux. Quand elle me vit au point où elle me voulait, elle mit plus de modération dans ses caresses, mais non

dans sa vivacité ; et quand il lui plut de nous expliquer la cause
vraie ou fausse de toute cette pétulance, elle nous dit que je res-
semblais, à s'y tromper, à M. de Brémond, directeur des douanes
de Toscane ; qu'elle avait raffolé de ce M. de Brémond ; qu'elle en
raffolait encore ; qu'elle l'avait quitté, parce qu'elle était une
sotte ; qu'elle me prenait à sa place ; qu'elle voulait m'aimer parce
que cela lui convenait ; qu'il fallait, par la même raison, que je
l'aimasse tant que cela lui conviendrait ; et que, quand elle me
planterait là, je prendrais patience comme avait fait son cher Bré-
mond. Ce qui fut dit fut fait. Elle prit possession de moi comme
d'un homme à elle, me donnait à garder ses gants, son éventail,
son *cinda*, sa coiffe ; m'ordonnait d'aller ici ou là, de faire ceci ou
cela et j'obéissais. Elle me dit d'aller renvoyer sa gondole, parce
qu'elle voulait se servir de la mienne, et j'y fus ; elle me dit de
m'ôter de ma place, et de prier Carrio de s'y mettre, parce qu'elle
avait à lui parler, et je le fis. Ils causèrent très longtemps ensem-
ble et tout bas ; je les laissai faire. Elle m'appela, je revins.
Écoute, Zanetto, me dit-elle, je ne veux point être aimée à la
française, et même il n'y ferait pas bon : au premier moment
d'ennui, va-t'en. Mais ne reste pas à demi, je t'en avertis. Nous
allâmes après le dîner voir la verrerie à Murano. Elle acheta beau-
coup de petites breloques, qu'elle nous laissa payer sans façon ;
mais elle donna partout des tringueltes beaucoup plus forts que
tout ce que nous avions dépensé. Par l'indifférence avec laquelle
elle jetait son argent et nous laissait jeter le nôtre, on voyait qu'il
n'était d'aucun prix pour elle. Quand elle se faisait payer, je crois
que c'était par vanité plus que par avarice : elle s'applaudissait du
prix qu'on mettait à ses faveurs.

Le soir, nous la ramenâmes chez elle. Tout en causant, je vis
deux pistolets sur sa toilette. Ah ! ah ! dis-je en en prenant un,
voici une boîte à mouches de nouvelle fabrique ; pourrait-on
savoir quel en est l'usage ? Je vous connais d'autres armes qui
font feu mieux que celles-là. Après quelques plaisanteries sur le
même ton, elle nous dit, avec une naïve fierté qui la rendait encore
plus charmante : Quand j'ai des bontés pour des gens que je
n'aime point, je leur fais payer l'ennui qu'ils me donnent ; rien

Le Diner à bord du Vaisseau

n'est plus juste : mais en endurant leurs caresses, je ne veux pas
endurer leurs insultes, et je ne manquerai pas le premier qui me
manquera.

En la quittant j'avais pris son heure pour le lendemain. Je ne la
fis pas attendre. Je la trouvai *in vestito di confidenza*; dans un dés-
habillé plus que galant, qu'on ne connaît que dans les pays méri-
dionaux, et que je ne m'amuserai pas à décrire, quoique je me le
rappelle trop bien. Je dirai seulement que ses manchettes et son
tour de gorge étaient bordés d'un fil de soie garni de pompons
couleur de rose. Cela me parut animer une fort belle peau. Je vis
ensuite que c'était la mode à Venise ; et l'effet en est si charmant,
que je suis surpris que cette mode n'ait jamais passé en France.
Je n'avais point d'idée des voluptés qui m'attendaient. J'ai parlé
de madame de Larnage, dans les transports que son souvenir me
rend quelquefois encore; mais qu'elle était vieille, et laide, et
froide auprès de ma Zulietta ! Ne tâchez pas d'imaginer les
charmes et les grâces de cette fille enchanteresse, vous resteriez
trop loin de la vérité; les jeunes vierges des cloîtres sont moins
fraîches, les beautés du sérail sont moins vives, les houris du
paradis sont moins piquantes. Jamais si douce jouissance ne
s'offrit au cœur et aux sens d'un mortel. Ah ! du moins, si je
l'avais su goûter pleine et entière un seul moment !... Je la goûtai,
mais sans charme ; j'en émoussai toutes les délices; je les tuai
comme à plaisir. Non, la nature ne m'a point fait pour jouir. Elle
a mis dans ma mauvaise tête le poison de ce bonheur ineffable,
dont elle a mis l'appétit dans mon cœur.

S'il est une circonstance de ma vie qui peigne bien mon natu-
rel, c'est celle que je vais raconter. La force avec laquelle je me
rappelle en ce moment l'objet de mon livre me fera mépriser ici
la fausse bienséance qui m'empêcherait de le remplir. Qui que
vous soyez, qui voulez connaître un homme, osez lire les deux ou
trois pages suivantes: vous allez connaître à plein Jean-Jacques
Rousseau.

J'entrai dans la chambre d'une courtisane comme dans le sanc-
tuaire de l'amour et de la beauté; j'en crus voir la divinité dans sa
personne. Je n'aurais jamais cru que, sans respect et sans estime,

on pût rien sentir de pareil à ce qu'elle me fit éprouver. A peine eus-je connu, dans les premières familiarités, le prix de ses charmes et de ses caresses, que, de peur d'en perdre le fruit d'avance, je voulus me hâter de le cueillir. Tout à coup, au lieu des flammes qui me dévoraient, je sens un froid mortel couler dans mes veines ; les jambes [me flageolent, et, prêt à me trouver mal, je m'assieds, et je pleure comme un enfant.

Qui pourrait deviner la cause de mes larmes, et ce qui me passait par la tête en ce moment ? Je me disais : Cet objet dont je dispose est le chef-d'œuvre de la nature et de l'amour ; l'esprit, le corps, tout en est parfait ; elle est aussi bonne et généreuse qu'elle est aimable et belle ; les grands, les princes, devraient être ses esclaves ; les sceptres devraient être à ses pieds. Cependant la voilà, misérable coureuse, livrée au public ; un capitaine de vaisseau marchand dispose d'elle ; elle vient se jeter à ma tête, à moi qu'elle sait qui n'ai rien, à moi dont le mérite, qu'elle ne peut connaître, est nul à ses yeux. Il y a là quelque chose d'inconcevable. Ou mon cœur me trompe, fascine mes sens et me rend la dupe d'une indigne salope, ou il faut que quelque défaut secret que j'ignore détruise l'effet de ses charmes, et la rende odieuse à ceux qui devraient se la disputer. Je me mis à chercher ce défaut avec une contention d'esprit singulière, et il ne me vint pas même à l'esprit que la v..... pût y avoir part. La fraîcheur de ses chairs, l'éclat de son coloris, la blancheur de ses dents, la douceur de son haleine, l'air de propreté répandu sur toute sa personne, éloignaient de moi si parfaitement cette idée, qu'en doute encore sur mon état depuis la padoana, je me faisais plutôt un scrupule de n'être pas assez sain pour elle ; et je suis très persuadé qu'en cela ma confiance ne me trompait pas.

Ces réflexions, si bien placées, m'agitèrent au point d'en pleurer. Zulietta, pour qui cela faisait sûrement un spectacle tout nouveau dans la circonstance, fut un moment interdite ; mais, ayant fait un tour de chambre et passé devant son miroir, elle comprit et mes yeux lui confirmèrent que le dégoût n'avait pas de part à ce rat. Il ne lui fut pas difficile de m'en guérir et d'effacer cette petite honte ; mais au moment que j'étais prêt à me pâmer sur une

gorge qui semblait pour la première fois souffrir la bouche et la main d'un homme, je m'aperçus qu'elle avait un teton borgne. Je me frappe, j'examine, je crois voir que ce teton n'est pas conformé comme l'autre. Me voilà cherchant dans ma tête comment on peut avoir un teton borgne ; et, persuadé que cela tenait à quelque notable vice naturel, à force de tourner et retourner cette idée, je vis clair comme le jour que dans la plus charmante personne dont je pusse me former l'image, je ne tenais dans mes bras qu'une espèce de monstre, le rebut de la nature, des hommes et de l'amour. Je poussai la stupidité jusqu'à lui parler de ce teton borgne. Elle prit d'abord la chose en plaisantant, et, dans son humeur folâtre, dit et fit des choses à me faire mourir d'amour ; mais, gardant un fonds d'inquiétude que je ne pus lui cacher, je la vis enfin rougir, se rajuster, se redresser, et, sans dire un seul mot, s'aller mettre à sa fenêtre. Je voulus m'y mettre à côté d'elle ; elle s'en ôta, fut s'asseoir sur un lit de repos, se leva le moment d'après ; et, se promenant par la chambre en s'éventant, me dit d'un ton froid et dédaigneux : Zanetto, *lascia le donne, e studia la matematica.*

Avant de la quitter, je lui demandai pour le lendemain un autre rendez-vous, qu'elle remit au troisième jour, en ajoutant, avec un sourire ironique, que je devais avoir besoin de repos. Je passai ce temps mal à mon aise, le cœur plein de ses charmes et de ses grâces, sentant mon extravagance, me la reprochant, regrettant les moments si mal employés, qu'il n'avait tenu qu'à moi de rendre les plus doux de ma vie ; attendant avec la plus vive impatience celui d'en réparer la perte, et néanmoins inquiet encore, malgré que j'en eusse, de concilier les perfections de cette adorable fille avec l'indignité de son état. Je courus, je volai chez elle à l'heure dite. Je ne sais si son tempérament ardent eût été plus content de cette visite ; son orgueil l'eût été du moins, et je me faisais d'avance une jouissance délicieuse de lui montrer de toutes manières comment je savais réparer mes torts. Elle m'épargna cette épreuve. Le gondolier, qu'en abordant j'envoyai chez elle, me rapporta qu'elle était partie la veille pour Florence. Si je n'avais pas senti tout mon amour en la possédant, je le sentis

II. — 7

bien cruellement en la perdant. Mon regret insensé ne m'a point quitté. Tout aimable, toute charmante qu'elle était à mes yeux, je pouvais me consoler de la perdre; mais de quoi je n'ai pu me consoler, je l'avoue, c'est qu'elle n'ait emporté de moi qu'un souvenir méprisant.

Voilà mes deux histoires. Les dix-huit mois que j'ai passés à Venise ne m'ont fourni de plus à dire qu'un simple projet tout au plus. Carrio était galant : ennuyé de n'aller toujours que chez des filles engagées à d'autres, il eut la fantaisie d'en avoir une à son tour ; et, comme nous étions inséparables, il me proposa l'arrangement, peu rare à Venise, d'en avoir une à nous deux. J'y consentis. Il s'agissait de la trouver sûre. Il chercha tant, qu'il déterra une petite fille de onze à douze ans, que son indigne mère cherchait à vendre. Nous fûmes la voir ensemble. Mes entrailles s'émurent en voyant cette enfant : elle était blonde et douce comme un agneau ; on ne l'aurait jamais crue Italienne. On vit pour très peu de chose à Venise : nous donnâmes quelque argent à la mère, et pourvûmes à l'entretien de la fille. Elle avait de la voix : pour lui procurer un talent de ressource, nous lui donnâmes une épinette et un maître à chanter. Tout cela nous coûtait à peine à chacun deux sequins par mois, et nous en épargnait davantage en autres dépenses ; mais comme il fallait attendre qu'elle fût mûre, c'était semer beaucoup avant que de recueillir. Cependant, contents d'aller là passer les soirées, causer et jouer très innocemment avec cette enfant, nous nous amusions plus agréablement peut-être que si nous l'avions possédée : tant il est vrai que ce qui nous attache le plus aux femmes est moins la débauche qu'un certain agrément de vivre auprès d'elles ! Insensiblement mon cœur s'attachait à la petite Anzoletta, mais d'un attachement paternel, auquel les sens avaient si peu de part, qu'à mesure qu'il augmentait il m'aurait été moins possible de les y faire entrer ; et je sentais que j'aurais eu horreur d'approcher cette fille devenue nubile comme d'un inceste abominable. Je voyais les sentiments du bon Carrio prendre, à son insu, le même tour. Nous nous ménagions, sans y penser, des plaisirs non moins doux, mais bien différents de ceux dont nous avions d'abord eu l'idée ; et je suis certain que,

quelque belle qu'eût pu devenir cette pauvre enfant, loin d'être jamais les corrupteurs de son innocence, nous en aurions été les protecteurs. Ma catastrophe, arrivée peu de temps après, ne me laissa pas celui d'avoir part à cette bonne œuvre ; et je n'ai à me louer dans cette affaire que du penchant de mon cœur. Revenons à mon voyage.

Mon premier projet en sortant de chez M. de Montaigu, était de me retirer à Genève, en attendant qu'un meilleur sort, écartant les obstacles, pût me réunir à ma pauvre maman. Mais l'éclat qu'avait fait notre querelle, et la sottise qu'il fit d'en écrire à la cour, me fit prendre le parti d'aller moi-même y rendre compte de ma conduite, et me plaindre de celle d'un forcené. Je marquai de Venise ma résolution à M. du Theil, chargé par intérim des affaires étrangères après la mort de M. Amelot. Je partis aussitôt que ma lettre : je pris ma route par Bergame, Côme et Domo d'Ossola ; je traversai le Simplon. A Sion, M. de Chaignon, chargé des affaires de France, me fit mille amitiés ; à Genève, M. de la Closure m'en fit autant. J'y renouvelai connaissance avec M. de Gauffecourt, dont j'avais quelque argent à recevoir. J'avais traversé Nyon sans voir mon père : non qu'il ne m'en coûtât extrêmement, mais je n'avais pu me résoudre à me montrer à ma belle-mère après mon désastre, certain qu'elle me jugerait sans vouloir m'écouter. Le libraire Duvillard, ancien ami de mon père, me reprocha vivement ce tort. Je lui en dis la cause ; et, pour le réparer sans m'exposer à voir ma belle-mère, je pris une chaise, et nous fûmes ensemble à Nyon descendre au cabaret. Duvillard s'en fut chercher mon pauvre père, qui vint tout courant m'embrasser. Nous soupâmes ensemble, et, après avoir passé une soirée bien douce à mon cœur, je retournai le lendemain matin à Genève avec Duvillard, pour qui j'ai toujours conservé de la reconnaissance du bien qu'il me fit en cette occasion.

Mon plus court chemin n'était pas par Lyon, mais j'y voulus passer pour vérifier une friponnerie bien basse de M. de Montaigu. J'avais fait venir de Paris une petite caisse contenant une veste brodée en or, quelques paires de manchettes et six paires de bas de soie blancs ; rien de plus. Sur la proposition qu'il m'en

fit lui-même, je fis ajouter cette caisse, ou plutôt cette boîte, à son bagage. Dans le mémoire d'apothicaire qu'il voulut me donner en payement de mes appointements, et qu'il avait écrit de sa main, il avait mis que cette boîte, qu'il appelait ballot, pesait onze quintaux, et il m'en avait passé le port à un prix énorme. Par les soins de M. Boy de la Tour, auquel j'étais recommandé par M. Roguin, son oncle, il fut vérifié, sur les registres des douanes de Lyon et de Marseille, que ledit ballot ne pesait que quarante-cinq livres, et n'avait payé le port qu'à raison de ce poids. Je joignis cet extrait authentique au mémoire de M. de Montaigu ; et, muni de ces pièces et de plusieurs autres de la même force, je me rendis à Paris, très impatient d'en faire usage. J'eus, durant toute cette longue route, de petites aventures à Côme, en Valais et ailleurs. Je vis plusieurs choses, entre autres les îles Borromées, qui mériteraient d'être décrites; mais le temps me gagne, les espions m'obsèdent ; je suis forcé de faire à la hâte et mal un travail qui demanderait le loisir et la tranquillité qui me manquent. Si jamais la Providence, jetant les yeux sur moi, me procure enfin des jours plus calmes, je les destine à refondre, si je puis, cet ouvrage, ou à y faire du moins un supplément dont je sens qu'il a grand besoin.

Le bruit de mon histoire m'avait devancé, et en arrivant je trouvai que dans les bureaux et dans le public tout le monde était scandalisé des folies de l'ambassadeur. Malgré cela, malgré le cri public dans Venise, malgré les preuves sans réplique que j'exhibais, je ne pus obtenir aucune justice. Loin d'avoir ni satisfaction ni réparation, je fus même laissé à la discrétion de l'ambassadeur pour mes appointements, et cela par l'unique raison que n'étant pas Français, je n'avais pas droit à la protection nationale, et que c'était une affaire particulière entre lui et moi. Tout le monde convint avec moi que j'étais offensé, lésé, malheureux; que l'ambassadeur était un extravagant cruel, inique, et que toute cette affaire le déshonorait à jamais. Mais quoi ! il était l'ambassadeur ; je n'étais, moi, que le secrétaire. Le bon ordre, ou ce qu'on appelle ainsi, voulait que je n'obtinsse aucune justice, et je n'en obtins aucune. Je m'imaginai qu'à force de crier et de traiter

publiquement ce fou comme il le méritait, on me dirait à la fin de me taire ; et c'était ce que j'attendais, bien résolu de n'obéir qu'après qu'on aurait prononcé. Mais il n'y avait point alors de ministre des affaires étrangères. On me laissa clabauder, on m'encouragea même, on faisait chorus ; mais l'affaire en resta toujours là, jusqu'à ce que, las d'avoir toujours raison et jamais justice, je perdis enfin courage, et plantai là tout.

La seule personne qui me reçut mal, et dont j'aurais le moins attendu cette injustice, fut madame de Beuzenval. Toute pleine des prérogatives du rang et de la noblesse, elle ne put jamais se mettre dans la tête qu'un ambassadeur pût avoir tort avec son secrétaire. L'accueil qu'elle me fit fut conforme à ce préjugé. J'en fus si piqué, qu'en sortant de chez elle je lui écrivis une des fortes et vives lettres que j'aie peut-être écrites, et n'y suis jamais retourné. Le P. Castel me reçut mieux ; mais à travers le patelinage jésuitique, je le vis suivre assez fidèlement une des grandes maximes de la Société, qui est d'immoler toujours le plus faible au plus puissant. Le vif sentiment de la justice de ma cause et ma fierté naturelle ne me laissèrent pas endurer patiemment cette partialité. Je cessai de voir le P. Castel, et par là d'aller aux Jésuites, où je ne connaissais que lui seul. D'ailleurs l'esprit tyrannique et intrigant de ses confrères, si différent de la bonhomie du bon P. Hemet, me donnait tant d'éloignement pour leur commerce, que je n'en ai vu aucun depuis ce temps-là, si ce n'est le P. Berthier, que je vis deux ou trois fois chez M. Dupin, avec lequel il travaillait de toute sa force à la réfutation de Montesquieu.

Achevons, pour n'y plus revenir, ce qui me reste à dire de M. de Montaigu. Je lui avais dit dans nos démêlés qu'il ne lui fallait pas un secrétaire, mais un clerc de procureur. Il suivit cet avis, et me donna réellement pour successeur un vrai procureur, qui dans moins d'un an lui vola vingt ou trente mille livres. Il le chassa, le fit mettre en prison ; chassa ses gentilshommes avec esclandre et scandale, se fit partout des querelles, reçut des affronts qu'un valet n'endurerait pas, et finit, à force de folies, par se faire rappeler et renvoyer planter ses choux. Apparemment

que, parmi les réprimandes qu'il reçut à la cour, son affaire avec moi ne fut pas oubliée; du moins, peu de temps après son retour, il m'envoya son maître d'hôtel pour solder mon compte et me donner de l'argent. J'en manquais dans ce moment-là; mes dettes de Venise, dettes d'honneur si jamais il en fut, me pesaient sur le cœur. Je saisis le moyen qui se présentait de les acquitter, de même que le billet de Zanetto Nani. Je reçus ce qu'on voulut me donner; je payai toutes mes dettes, et je restai sans un sou, comme auparavant, mais soulagé d'un poids qui m'était insupportable. Depuis lors, je n'ai plus entendu parler de M. de Montaigu qu'à sa mort, que j'appris par la voix publique. Que Dieu fasse paix à ce pauvre homme! Il était aussi propre au métier d'ambassadeur que je l'avais été dans mon enfance à celui de grapignan. Cependant il n'avait tenu qu'à lui de se soutenir honorablement par mes services, et de me faire avancer rapidement dans l'état auquel le comte de Gouvon m'avait destiné dans ma jeunesse, et dont par moi seul je m'étais rendu capable dans un âge plus avancé.

La justice et l'inutilité de mes plaintes me laissèrent dans l'âme un germe d'indignation contre nos sottes institutions civiles, où le vrai bien public et la véritable justice sont toujours sacrifiés à je ne sais quel ordre apparent, destructeur en effet de tout ordre, et qui ne fait qu'ajouter la sanction de l'autorité publique à l'oppression du faible et à l'iniquité du fort. Deux choses empêchèrent ce germe de se développer pour lors comme il a fait dans la suite: l'une qu'il s'agissait de moi dans cette affaire, et que l'intérêt privé, qui n'a jamais rien produit de grand et de noble, ne saurait tirer de mon cœur les divins élans qu'il n'appartient qu'au plus pur amour du juste et du beau d'y produire; l'autre fut le charme de l'amitié, qui tempérait et calmait ma colère par l'ascendant d'un sentiment plus doux. J'avais fait connaissance à Venise avec un Biscayen, ami de mon ami Carrio, et digne de l'être de tout homme de bien. Cet aimable jeune homme, né pour tous les talents et pour toutes les vertus, venait de faire le tour de l'Italie pour prendre le goût des beaux-arts; et, n'imaginant rien de plus à acquérir, il voulait s'en retourner en droiture dans sa

patrie. Je lui dis que les arts n'étaient que le délassement d'un génie comme le sien, fait pour cultiver les sciences; et je lui conseillai, pour en prendre le goût, un voyage et six mois de séjour à Paris. Il me crut, et fut à Paris. Il y était et m'attendait quand j'y arrivai. Son logement était trop grand pour lui: il m'en offrit la moitié; je l'acceptai. Je le trouvai dans la ferveur des hautes connaissances. Rien n'était au-dessus de sa portée; il dévorait et digérait tout avec une prodigieuse rapidité. Comme il me remercia d'avoir procuré cet aliment à son esprit, que le besoin de savoir tourmentait sans qu'il s'en doutât lui-même! Quels trésors de lumières et de vertus je trouvai dans cette âme forte! Je sentis que c'était l'ami qu'il me fallait : nous devînmes intimes. Nos goûts n'étaient pas les mêmes; nous disputions toujours. Tous deux opiniâtres, nous n'étions jamais d'accord sur rien. Avec cela nous ne pouvions nous quitter; et tout en nous contrariant sans cesse, aucun des deux n'eût voulu que l'autre fût autrement.

Ignacio Emmanuel de Altuna était un de ces hommes rares que l'Espagne seule produit, et dont elle produit trop peu pour sa gloire. Il n'avait pas ces violentes passions nationales communes dans son pays; l'idée de la vengeance ne pouvait pas plus entrer dans son esprit que le désir dans son cœur. Il était trop fier pour être vindicatif, et je lui ai souvent ouï dire avec beaucoup de sang-froid qu'un mortel ne pouvait pas offenser son âme. Il était galant sans être tendre. Il jouait avec les femmes comme avec de jolis enfants. Il se plaisait avec les maîtresses de ses amis; mais je ne lui en ai jamais vu aucune, ni aucun désir d'en avoir. Les flammes de la vertu dont son cœur était dévoré ne permirent jamais à celles de ses sens de naître.

Après ses voyages il s'est marié; il est mort jeune; il a laissé des enfants; et je suis persuadé, comme de mon existence, que sa femme est la seule qui lui ait fait connaître les plaisirs de l'amour. A l'extérieur, il était dévot comme un Espagnol, mais en dedans, c'était la piété d'un ange. Hors moi, je n'ai vu que lui seul de tolérant depuis que j'existe. Il ne s'est jamais informé d'aucun homme comment il pensait en matière de religion. Que

son ami fût juif, protestant, Turc, bigot, athée, peu lui importait, pourvu qu'il fût honnête homme. Obstiné, têtu pour des opinions indifférentes, dès qu'il s'agissait de religion, même de morale, il se recueillait, se taisait, ou disait simplement : *Je ne suis chargé que de moi.* Il est incroyable qu'on puisse associer autant d'élévation d'âme avec un esprit de détail porté jusqu'à la minutie. Il partageait et fixait d'avance l'emploi de sa journée par heures, quarts d'heure et minutes, et suivait cette distribution avec un tel scrupule, que si l'heure eût sonné tandis qu'il lisait sa phrase, il eût fermé le livre sans achever. De toutes ces mesures de temps ainsi rompues, il y en avait pour telle étude, il y en avait pour telle autre; il y en avait pour la réflexion, pour la conversation, pour l'office, pour Locke, pour le rosaire, pour les visites, pour la musique, pour la peinture; et il n'y avait ni plaisir, ni tentation, ni complaisance qui pût intervertir cet ordre ; un devoir à remplir seul l'aurait pu. Quand il me faisait la liste de ses distributions afin que je m'y conformasse, je commençais par rire, et je finissais par pleurer d'admiration. Jamais il ne gênait personne, ni ne supportait la gêne; il brusquait les gens qui, par politesse, voulaient le gêner. Il était emporté sans être boudeur. Je l'ai vu souvent en colère, mais je ne l'ai jamais vu fâché. Rien n'était si gai que son humeur : il entendait raillerie et il aimait à railler; il y brillait même, et il avait le talent de l'épigramme. Quand on l'animait, il était bruyant et tapageur en parole, sa voix s'entendait de loin ; mais tandis qu'il criait, on le voyait sourire, et tout à travers ses emportements, il lui venait quelques mots plaisants qui faisaient éclater tout le monde. Il n'avait pas plus le teint espagnol que le flegme. Il avait la peau blanche, les joues colorées, les cheveux d'un châtain presque blond. Il était grand et bien fait. Son corps fut formé pour loger son âme.

Ce sage de cœur ainsi que de tête se connaissait en hommes, et fut mon ami. C'est toute ma réponse à quiconque ne l'est pas. Nous nous liâmes si bien que nous fîmes le projet de passer nos jours ensemble. Je devais, dans quelques années, aller à Ascoytia pour vivre avec lui dans sa terre. Toutes les parties de ce projet

furent arrangées entre nous la veille de son départ. Il n'y manqua que ce qui ne dépend pas des hommes dans les projets les mieux concertés. Les événements postérieurs, mes désastres, son mariage, sa mort enfin, nous ont séparés pour toujours.

On dirait qu'il n'y a que les noirs complots des méchants qui réussissent : les projets innocents des bons n'ont presque jamais d'accomplissement.

Ayant senti l'inconvénient de la dépendance, je me promis bien de ne m'y plus exposer. Ayant vu renverser dès leur naissance les projets d'ambition que l'occasion m'avait fait former, rebuté de rentrer dans la carrière que j'avais si bien commencée, et dont néanmoins je venais d'être expulsé, je résolus de ne plus m'attacher à personne, mais de rester dans l'indépendance en tirant parti de mes talents, dont enfin je commençais à sentir la mesure, et dont j'avais trop modestement pensé jusqu'alors. Je repris le travail de mon opéra, que j'avais interrompu pour aller à Venise ; et, pour m'y livrer plus tranquillement, après le départ d'Altuna, je retournai loger à mon ancien hôtel Saint-Quentin, qui, dans un quartier solitaire et peu loin du Luxembourg, m'était plus commode pour travailler à mon aise que la bruyante rue Saint-Honoré. Là m'attendait la seule consolation réelle que le ciel m'ait fait goûter dans ma misère, et qui seule me la rend supportable. Ceci n'est pas une connaissance passagère ; je dois entrer dans quelques détails sur la manière dont elle se fit.

Nous avions une nouvelle hôtesse qui était d'Orléans. Elle prit pour travailler en linge une fille de son pays, d'environ vingt-deux à vingt-trois ans, qui mangeait avec nous ainsi que l'hôtesse. Cette fille, appelée Thérèse Le Vasseur, était de bonne famille : son père était officier de la monnaie d'Orléans, sa mère était marchande. Ils avaient beaucoup d'enfants. La monnaie d'Orléans n'allant plus, le père se trouva sur le pavé ; la mère ayant essuyé des banqueroutes, fit mal ses affaires, quitta le commerce, et vint à Paris avec son mari et sa fille, qui les nourrissait tous trois de son travail.

La première fois que je vis paraître cette fille à table, je fus

frappé de son maintien modeste, et plus encore de son regard vif
et doux, qui pour moi n'eut jamais son semblable. La table était
composée, outre M. de Bonnefond, de plusieurs abbés irlandais,
gascons et autres gens de pareille étoffe. Notre hôtesse elle-même
avait rôti le balai : il n'y avait là que moi seul qui parlât et se com-
portât décemment. On agaça la petite ; je pris sa défense. Aussitôt
les lardons tombèrent sur moi. Quand je n'aurais eu naturellement
aucun goût pour cette pauvre fille, la compassion, la contradiction
m'en auraient donné. J'ai toujours aimé l'honnêteté dans les ma-
nières et dans les propos, surtout avec le sexe. Je devins haute-
ment son champion. Je la vis sensible à mes soins ; et ses regards,
animés par la reconnaissance, qu'elle n'osait exprimer de bouche,
n'en devenaient que plus pénétrants.

Elle était très timide ; je l'étais aussi. La liaison, que cette dis-
position commune semblait éloigner, se fit pourtant très rapide-
ment. L'hôtesse, qui s'en aperçut, devint furieuse ; et ses brutalités
avancèrent encore mes affaires auprès de la petite, qui, n'ayant
que moi seul d'appui dans la maison, me voyait sortir avec peine
et soupirait après le retour de son protecteur. Le rapport de nos
cœurs, le concours de nos dispositions eut bientôt son effet ordi-
naire. Elle crut voir en moi un honnête homme ; elle ne se trompa
pas. Je crus voir en elle une fille sensible, simple et sans coquet-
terie ; je ne me trompai pas non plus. Je lui déclarai d'avance
que je ne l'abandonnerais ni ne l'épouserais jamais. L'amour,
l'estime, la sincérité naïve furent les ministres de mon triomphe ;
et c'était parce que son cœur était tendre et honnête que je fus
heureux sans être entreprenant.

La crainte qu'elle eut que je ne me fâchasse de ne pas trouver
en elle ce qu'elle croyait que j'y cherchais, recula mon bonheur
plus que toute autre chose. Je la vis, interdite et confuse avant de
se rendre, vouloir se faire entendre, et n'oser s'expliquer. Loin
d'imaginer la véritable cause de son embarras, j'en imaginais une
bien fausse et bien insultante pour ses mœurs ; et croyant qu'elle
m'avertissait que ma santé courait des risques, je tombai dans des
perplexités qui ne me retinrent pas, mais qui durant plusieurs
jours empoisonnèrent mon bonheur. Comme nous ne nous

entendions pas l'un l'autre, nos entretiens à ce sujet étaient autant d'énigmes et d'amphigouris plus que risibles. Elle fut prête à me croire absolument fou; je fus prêt à ne savoir plus que penser d'elle. Enfin nous nous expliquâmes: elle me fit en pleurant l'aveu d'une faute unique au sortir de l'enfance, fruit de son ignorance et de l'adresse d'un séducteur. Sitôt que je la compris, je fis un cri de joie: Pucelage! m'écriai-je, c'est bien à Paris, c'est bien à vingt ans qu'on en cherche! Ah! ma Thérèse, je suis trop heureux de te posséder sage et saine, et de ne pas trouver ce que je ne cherchais pas.

Je n'avais cherché d'abord qu'à me donner un amusement. Je vis que j'avais plus fait, et que je m'étais donné une compagne. Un peu d'habitude avec cette excellente fille, un peu de réflexion sur ma situation, me firent sentir qu'en ne songeant qu'à mes plaisirs, j'avais beaucoup fait pour mon bonheur. Il me fallait, à la place de l'ambition éteinte, un sentiment vif qui remplît mon cœur. Il fallait, pour tout dire, un successeur à maman, puisque je ne devais plus vivre avec elle, il me fallait quelqu'un qui vécût avec son élève, et en qui je trouvasse la simplicité, la docilité de cœur qu'elle avait trouvée en moi. Il fallait que la douceur de la vie privée et domestique me dédommageât du sort brillant auquel je renonçais. Quand j'étais absolument seul, mon cœur était vide; mais il n'en fallait qu'un pour le remplir. Le sort m'avait ôté, m'avait aliéné, du moins en partie, celui pour lequel la nature m'avait fait. Dès lors j'étais seul; car il n'y eut jamais pour moi d'intermédiaire entre tout et rien. Je trouvais dans Thérèse le supplément dont j'avais besoin; par elle je vécus heureux autant que je pouvais l'être selon le cours des événements.

Je voulus d'abord former son esprit; j'y perdis ma peine. Son esprit est ce que l'a fait la nature; la culture et les soins n'y prennent pas. Je ne rougis pas d'avouer qu'elle n'a jamais bien su lire, quoiqu'elle écrive passablement. Quand j'allai loger dans la rue Neuve-des-Petits-Champs, j'avais à l'hôtel de Pontchartrain, vis-à-vis mes fenêtres, un cadran sur lequel je m'efforçai durant plus d'un mois à lui faire connaître les heures. A peine les connaît-elle encore à présent. Elle n'a jamais pu suivre l'ordre des

douze mois de l'année, et ne connaît pas un seul chiffre, malgré tous les soins que j'ai pris pour les lui montrer. Elle ne sait ni compter l'argent, ni le prix d'aucune chose. Le mot qui lui vient en parlant est souvent l'opposé de celui qu'elle veut dire. Autrefois j'avais fait un dictionnaire de ses phrases pour amuser madame de Luxembourg, et ses quiproquos sont devenus célèbres dans les sociétés où j'ai vécu. Mais cette personne si bornée, et, si l'on veut, si stupide, est d'un conseil excellent dans les occasions difficiles. Souvent en Suisse, en Angleterre, en France, dans les catastrophes où je me trouvais, elle a vu ce que je ne voyais pas moi-même; elle m'a donné les avis les meilleurs à suivre; elle m'a tiré des dangers où je me précipitais aveuglément; et devant les dames du plus haut rang, devant les grands et les princes, ses sentiments, son bon sens, ses réponses et sa conduite, lui ont attiré l'estime universelle; et à moi, sur son mérite, des compliments dont je sentais la sincérité.

Auprès des personnes qu'on aime, le sentiment nourrit l'esprit ainsi que le cœur, et l'on a peu besoin de chercher ailleurs des idées. Je vivais avec ma Thérèse aussi agréablement qu'avec le plus beau génie de l'univers. Sa mère, fière d'avoir été jadis élevée auprès de la marquise de Monpipeau, faisait le bel esprit, voulait diriger le sien, et gâtait, par son astuce, la simplicité de notre commerce. L'ennui de cette importunité me fit un peu surmonter la sotte honte de n'oser me montrer avec Thérèse en public, et nous faisions tête à tête de petites promenades champêtres et de petits goûtés qui m'étaient délicieux. Je voyais qu'elle m'aimait sincèrement, et cela redoublait ma tendresse. Cette douce intimité me tenait lieu de tout: l'avenir ne me touchait plus, ou ne me touchait que comme le présent prolongé : je ne désirais rien que d'en assurer la durée.

Cet attachement me rendit toute autre dissipation superflue et insipide. Je ne sortais plus que pour aller chez Thérèse; sa demeure devint presque la mienne. Cette vie retirée devint si avantageuse à mon travail, qu'en moins de trois mois mon opéra tout entier fut fait, paroles et musique. Il restait seulement quelques accompagnements et remplissages à faire. Ce travail de

J. J. ROUSSEAU ENSEIGNANT LES HEURES À THÉRÈSE

manœuvre m'ennuyait fort. Je proposai à Philidor de s'en charger, en lui donnant part au bénéfice. Il vint deux fois, et fit quelques remplissages dans l'acte d'Ovide ; mais il ne put se captiver à ce travail assidu pour un profit éloigné et même incertain. Il ne revint plus, et j'achevai ma besogne moi-même.

Mon opéra fait, il s'agit d'en tirer parti ; c'était un autre opéra bien plus difficile. On ne vient à bout de rien à Paris quand on y vit isolé. Je pensai à me faire jour par M. de la Poplinière, chez qui Gauffecourt, de retour de Genève, m'avait introduit. M. de la Poplinière était le Mécène de Rameau : madame de la Poplinière était sa très humble écolière. Rameau faisait, comme on dit, la pluie et le beau temps dans cette maison. Jugeant qu'il protégerait avec plaisir l'ouvrage d'un de ses disciples, je voulus lui présenter le mien. Il refusa de le voir, disant qu'il ne pouvait lire des partitions, et que cela le fatiguait trop. La Poplinière dit là-dessus qu'on pouvait le lui faire entendre, et m'offrit de rassembler des musiciens pour en exécuter des morceaux. Je ne demandais pas mieux. Rameau consentit en grommelant, et répétant sans cesse que ce devait être une belle chose que la composition d'un homme qui n'était pas enfant de la balle, et qui avait appris la musique tout seul. Je me hâtai de tirer en parties cinq ou six morceaux choisis. On me donna une dizaine de symphonistes, et pour chanteurs, Albert, Bérard et mademoiselle Bourbonnais. Rameau commença dès l'ouverture à faire entendre, par ses éloges outrés, qu'elle ne pouvait être de moi. Il ne laissa passer aucun morceau sans donner des signes d'impatience ; mais à un air de haute-contre, dont le chant était mâle et sonore, et l'accompagnement très brillant, il ne put se contenir ; il m'apostropha avec une brutalité qui scandalisa tout le monde, soutenant qu'une partie de ce qu'il venait d'entendre était d'un homme consommé dans l'art, et le reste d'un ignorant qui ne savait pas même la musique. Et il est vrai que mon travail, inégal et sans règle, était tantôt sublime et tantôt très plat, comme doit être celui de quiconque ne s'élève que par quelques élans de génie, et que la science ne soutient point. Rameau prétendit ne voir en moi qu'un petit pillard sans talent et sans goût. Les assistants, et surtout le

maître de la maison, ne pensèrent pas de même. M. de Richelieu,
qui dans ce temps-là voyait beaucoup monsieur et, comme on
sait, madame de la Poplinière, ouït parler de mon ouvrage, et
voulut l'entendre en entier, avec le projet de le faire donner à la
cour s'il en était content. Il fut exécuté à grand chœur et à grand
orchestre, aux frais du roi, chez M. Bonneval, intendant des
menus. Francœur dirigeait l'exécution. L'effet en fut surprenant :
M. le duc ne cessait de s'écrier et d'applaudir ; et à la fin d'un
chœur, dans l'acte du Tasse, il se leva, vint à moi, et me serrant
la main : Monsieur Rousseau, me dit-il, voilà de l'harmonie qui
transporte ; je n'ai jamais rien entendu de plus beau : je veux
faire donner cet ouvrage à Versailles. Madame de la Poplinière,
qui était là, ne dit pas un mot. Rameau, quoique invité, n'y avait
pas voulu venir. Le lendemain, madame de la Poplinière me fit
à sa toilette un accueil fort dur, affecta de me rabaisser ma pièce,
et me dit que, quoiqu'un peu de clinquant eût d'abord ébloui
M. de Richelieu, il en était bien revenu, et qu'elle ne me con-
seillait pas de compter sur mon opéra. Monsieur le duc arriva peu
après, et me tint un tout autre langage, me dit des choses flat-
teuses sur mes talents, et me parut toujours disposé à faire donner
ma pièce devant le roi. Il n'y a, dit-il, que l'acte du Tasse qui ne
peut passer à la cour : il en faut faire un autre. Sur ce seul mot
j'allai m'enfermer chez moi ; et dans trois semaines, j'eus fait, à la
place du Tasse, un autre acte, dont le sujet était Hésiode inspiré
par une muse. Je trouvai le secret de faire passer dans cet acte
une partie de l'histoire de mes talents et de la jalousie dont Rameau
voulait bien les honorer. Il y avait dans ce nouvel acte une élé-
vation moins gigantesque et mieux soutenue que celle du Tasse ;
la musique en était aussi noble et beaucoup mieux faite ; et si les
deux autres actes avaient valu celui-là, la pièce entière eût avanta-
geusement soutenu la représentation : mais tandis que j'achevais
de la mettre en état, une autre entreprise suspendit l'exécution de
celle-là.

L'hiver qui suivit la bataille de Fontenoy il y eut beaucoup de
fêtes à Versailles, entre autres plusieurs opéras au théâtre des
Petites-Écuries. De ce nombre fut le drame de Voltaire, intitulé

la Princesse de Navarre, dont Rameau avait fait la musique, et qui venait d'être changé et réformé sous le nom des *Fêtes de Ramire*. Ce nouveau sujet demandait plusieurs changements aux divertissements de l'ancien, tant dans les vers que dans la musique. Il s'agissait de trouver quelqu'un qui pût remplir ce double objet. Voltaire, alors en Lorraine, et Rameau, tous deux occupés pour lors à l'opéra du *Temple de la Gloire*, ne pouvant donner des soins à celui-là, M. de Richelieu pensa à moi, me fit proposer de m'en charger : et pour que je pusse examiner mieux ce qu'il y avait à faire, il m'envoya séparément le poëme et la musique. Avant toute chose, je ne voulus toucher aux paroles que de l'aveu de l'auteur; et je lui écrivis à ce sujet une lettre très honnête et même respectueuse, comme il convenait. Voici sa réponse, dont l'original est dans la liasse A, n° 1.

« 15 décembre 1755.

« Vous réunissez, monsieur, deux talents qui ont toujours été
« séparés jusqu'à présent. Voilà déjà deux bonnes raisons pour
« moi de vous estimer et de chercher à vous aimer. Je suis fâché
« pour vous que vous employiez ces deux talents à un ouvrage
« qui n'en est pas trop digne. Il y a quelques mois que M. le duc
« de Richelieu m'ordonna absolument de faire dans un clin d'œil
« une petite et mauvaise esquisse de quelques scènes insipides
« et tronquées, qui devaient s'ajuster à des divertissements qui
« ne sont point faits pour elles. J'obéis avec la plus grande
« exactitude; je fis très vite et très mal. J'envoyai ce misérable
« croquis à M. le duc de Richelieu, comptant qu'il ne servirait
« pas, ou que je le corrigerais. Heureusement il est entre vos
« mains, vous en êtes le maître absolu; j'ai perdu entièrement
« tout cela de vue. Je ne doute pas que vous n'ayez rectifié toutes
« les fautes échappées nécessairement dans une composition si
« rapide d'une simple esquisse, que vous n'ayez suppléé à tout.
« Je me souviens qu'entre autres balourdises, il n'est pas dit,
« dans ces scènes qui lient les divertissements, comment la
« princesse Grenadine passe tout d'un coup d'une prison dans un
« jardin ou dans un palais. Comme ce n'est point un magicien

« qui lui donne des fêtes, mais un seigneur espagnol, il me semble
« que rien ne doit se faire par enchantement. Je vous prie,
« monsieur, de vouloir bien revoir cet endroit, dont je n'ai
« qu'une idée confuse. Voyez s'il est nécessaire que la prison
« s'ouvre, et qu'on fasse passer notre princesse de cette prison
« dans un beau palais doré et verni, préparé pour elle. Je sais
« très bien que tout cela est fort misérable, et qu'il est au-dessous
« d'un être pensant de faire une affaire sérieuse de ces bagatelles;
« mais enfin, puisqu'il s'agit de déplaire le moins qu'on pourra,
« il faut mettre le plus de raison qu'on peut, même dans un
« mauvais divertissement d'opéra.

« Je me rapporte de tout à vous et à M. Ballod, et je compte
« avoir bientôt l'honneur de vous faire mes remercîments, et de
« vous assurer, monsieur, à quel point j'ai celui d'être, etc. »

Qu'on ne soit pas surpris de la grande politesse de cette lettre,
comparée aux autres lettres demi-cavalières qu'il m'a écrites
depuis ce temps-là. Il me crut en grande faveur auprès de M. de
Richelieu; et la souplesse courtisane qu'on lui connaît l'obligeait
à beaucoup d'égards pour un nouveau venu, jusqu'à ce qu'il
connût mieux la mesure de son crédit.

Autorisé par M. de Voltaire et dispensé de tous égards pour
Rameau, qui ne cherchait qu'à me nuire, je me mis au travail, et
en deux mois ma besogne fut faite. Elle se borna, quant aux
vers, à très peu de chose. Je tâchai seulement qu'on n'y sentît
pas la différence des styles; et j'eus la présomption de croire avoir
réussi. Mon travail en musique fut plus long et plus pénible :
outre que j'eus à faire plusieurs morceaux d'appareil, et entre
autres l'ouverture, tout le récitatif dont j'étais chargé se trouva
d'une difficulté extrême, en ce qu'il fallait lier, souvent en peu de
vers et par des modulations très rapides, des symphonies et des
chœurs dans des tons fort éloignés : car, pour que Rameau ne
m'accusât pas d'avoir défiguré ses airs, je n'en voulus changer ni
transposer aucun. Je réussis à ce récitatif. Il était bien accentué,
plein d'énergie, et surtout excellemment modulé. L'idée des deux
hommes supérieurs auxquels on daignait m'associer m'avait élevé

le génie ; et je puis dire que, dans ce travail ingrat et sans gloire, dont le public ne pouvait pas même être informé, je me tins presque toujours à côté de mes modèles.

La pièce, dans l'état où je l'avais mise, fut répétée au grand théâtre de l'Opéra. Des trois auteurs je m'y trouvai seul. Voltaire était absent, et Rameau n'y vint pas, ou se cacha.

Les paroles du premier monologue étaient très lugubres ; en voici le début :

O mort ! viens terminer les malheurs de ma vie.

Il avait bien fallu faire une musique assortissante. Ce fut pourtant là-dessus que madame de la Poplinière fonda sa censure, en m'accusant, avec beaucoup d'aigreur, d'avoir fait une musique d'enterrement. M. de Richelieu commença judicieusement par s'informer de qui étaient les vers de ce monologue. Je lui présentai le manuscrit qu'il m'avait envoyé, et qui faisait foi qu'ils étaient de Voltaire. En ce cas, dit-il, c'est Voltaire seul qui a tort. Durant la répétition, tout ce qui était de moi fut successivement improuvé par madame de la Poplinière, et justifié par M. de Richelieu. Mais enfin j'avais affaire à trop forte partie, et il me fut signifié qu'il y avait à refaire à mon travail plusieurs choses sur lesquelles il fallait consulter M. Rameau. Navré d'une conclusion pareille, au lieu des éloges que j'attendais, et qui certainement m'étaient dus, je rentrai chez moi la mort dans le cœur. J'y tombai malade, épuisé de fatigue, dévoré de chagrin ; et de six semaines je ne fus en état de sortir.

Rameau, qui fut chargé des changements indiqués par madame de la Poplinière, m'envoya demander l'ouverture de mon grand opéra, pour la substituer à celle que je venais de faire. Heureusement je sentis le croc-en-jambe, et je la refusai. Comme il n'y avait plus que cinq ou six jours jusqu'à la représentation, il n'eut pas le temps d'en faire une, et il fallut laisser la mienne. Elle était à l'italienne, et d'un style très nouveau pour lors en France. Cependant elle fut goûtée, et j'appris par M. de Valma-lette, maître d'hôtel du roi, et gendre de M. Mussard, mon

parent et mon ami, que les amateurs avaient été très contents de mon ouvrage, et que le public ne l'avait pas distingué de celui de Rameau. Mais celui-ci, de concert avec madame de la Poplinière, prit des mesures pour qu'on ne sût pas même que j'y avais travaillé. Sur les livres qu'on distribue aux spectateurs, et où les auteurs sont toujours nommés, il n'y eut de nommé que Voltaire; et Rameau aima mieux que son nom fût supprimé que d'y voir associer le mien.

Sitôt que je fus en état de sortir, je voulus aller chez M. de Richelieu. Il n'était plus temps; il venait de partir pour Dunkerque, où il devait commander le débarquement destiné pour l'Écosse. A son retour, je me dis, pour autoriser ma paresse, qu'il était trop tard. Ne l'ayant plus revu depuis lors, j'ai perdu l'honneur que méritait mon ouvrage, l'honoraire qu'il devait me produire; et mon temps, mon travail, mon chagrin, ma maladie et l'argent qu'elle me coûta, tout cela fut à mes frais, sans me rendre un sou de bénéfice, ou plutôt de dédommagement. Il m'a cependant toujours paru que M. de Richelieu avait naturellement de l'inclination pour moi, et pensait avantageusement de mes talents; mais mon malheur et madame de la Poplinière empêchèrent tout l'effet de sa bonne volonté.

Je ne pouvais rien comprendre à l'aversion de cette femme, à qui je m'étais efforcé de plaire et à qui je faisais assez régulièrement ma cour. Gauffecourt m'en expliqua les causes : D'abord, me dit-il, son amitié pour Rameau, dont elle est la prôneuse en titre, et qui ne veut souffrir aucun concurrent; et de plus un péché originel qui vous damne auprès d'elle, et qu'elle ne vous pardonnera jamais, c'est d'être Genevois. Là-dessus il m'expliqua que l'abbé Hubert, qui l'était, et sincère ami de M. de la Poplinière, avait fait ses efforts pour l'empêcher d'épouser cette femme qu'il connaissait bien; et qu'après le mariage elle lui avait voué une haine implacable, ainsi qu'à tous les Genevois. Quoique la Poplinière, ajouta-t-il, ait de l'amitié pour vous, et que je le sache, ne comptez pas sur son appui. Il est amoureux de sa femme : elle vous hait; elle est méchante, elle est adroite : vous ne ferez jamais rien dans cette maison. Je me le tins pour dit.

Ce même Gauffecourt me rendit à peu près dans le même temps un service dont j'avais grand besoin. Je venais de perdre mon vertueux père, âgé d'environ soixante ans. Je sentis moins cette perte que je n'aurais fait en d'autres temps, où les embarras de ma situation m'auraient moins occupé. Je n'avais point voulu réclamer de son vivant ce qui restait du bien de ma mère, et dont il tirait le petit revenu : je n'eus plus là-dessus de scrupule après sa mort. Mais le défaut de preuve juridique de la mort de mon frère faisait une difficulté que Gauffecourt se chargea de lever, et qu'il leva en effet par les bons offices de l'avocat de Lolme. Comme j'avais le plus grand besoin de cette petite ressource, et que l'événement était douteux, j'en attendais la nouvelle définitive avec le plus vif empressement. Un soir, en rentrant chez moi, je trouvai la lettre qui devait contenir cette nouvelle, et je la pris pour l'ouvrir avec un tremblement d'impatience dont j'eus honte au dedans de moi. Eh quoi ! me dis-je avec dédain, Jean-Jacques se laisserait-il subjuguer à ce point par l'intérêt et par la curiosité ? Je remis sur-le-champ la lettre sur ma cheminée ; je me déshabillai, me couchai tranquillement, dormis mieux qu'à mon ordinaire, et me levai le lendemain assez tard sans plus penser à ma lettre. En m'habillant je l'aperçus ; je l'ouvris sans me presser ; j'y trouvai une lettre de change. J'eus bien des plaisirs à la fois ; mais je puis jurer que le plus vif fut celui d'avoir su me vaincre. J'aurais vingt traits pareils à citer en ma vie, mais je suis trop pressé pour pouvoir tout dire. J'envoyai une petite partie de cet argent à ma pauvre maman, regrettant avec larmes l'heureux temps où j'aurais mis le tout à ses pieds. Toutes ses lettres se sentaient de sa détresse. Elle m'envoyait un tas de recettes et de secrets dont elle prétendait que je fisse ma fortune et la sienne. Déjà le sentiment de sa misère lui resserrait le cœur et lui rétrécissait l'esprit. Le peu que je lui envoyai fut la proie des fripons qui l'obsédaient. Elle ne profita de rien. Cela me dégoûta de partager mon nécessaire avec ces misérables, surtout après l'inutile tentative que je fis pour la leur arracher, comme il sera dit ci-après.

Le temps s'écoulait, et l'argent avec lui. Nous étions deux, même quatre, ou, pour mieux dire, nous étions sept ou huit. Car,

quoique Thérèse fût d'un désintéressement qui a peu d'exemples, sa mère n'était pas comme elle. Sitôt qu'elle se vit un peu remontée par mes soins, elle fit venir toute sa famille, pour en partager le fruit. Sœurs, fils, filles, petites-filles, tout vint, hors sa fille aînée, mariée au directeur des carrosses d'Angers. Tout ce que je faisais pour Thérèse était détourné par sa mère en faveur de ces affamés. Comme je n'avais pas affaire à une personne avide, et que je n'étais pas subjugué par une passion folle, je ne faisais pas des folies. Content de tenir Thérèse honnêtement, mais sans luxe, à l'abri des pressants besoins, je consentais que ce qu'elle gagnait par son travail fût tout entier au profit de sa mère, et je ne me bornais pas à cela; mais, par une fatalité qui me poursuivait, tandis que maman était en proie à ses croquants, Thérèse était en proie à sa famille, et je ne pouvais rien faire d'aucun côté qui profitât à celle pour qui je l'avais destiné. Il était singulier que la cadette des enfants de madame Le Vasseur, la seule qui n'eût pas été dotée, était la seule qui nourrissait son père et sa mère, et qu'après avoir été longtemps battue par ses frères, par ses sœurs, même par ses nièces, cette pauvre fille en était maintenant pillée, sans qu'elle pût mieux se défendre de leurs vols que de leurs coups. Une seule de ses nièces, appelée Gothon Leduc, était assez aimable et d'un caractère assez doux, quoique gâtée par l'exemple et les leçons des autres. Comme je les voyais souvent ensemble, je leur donnais les noms qu'elles s'entre-donnaient; j'appelais la nièce *ma nièce*, et la tante *ma tante*. Toutes deux m'appelaient leur oncle. De là le nom de *tante* duquel j'ai continué d'appeler Thérèse, et que mes amis répétaient quelquefois en plaisantant.

On sent que, dans une pareille situation, je n'avais pas un moment à perdre pour tâcher de m'en tirer. Jugeant que M. de Richelieu m'avait oublié, et n'espérant plus rien du côté de la cour, je fis quelques tentatives pour faire passer à Paris mon opéra : mais j'éprouvai des difficultés qui demandaient bien du temps pour les vaincre, et j'étais de jour en jour plus pressé. Je m'avisai de présenter ma petite comédie de *Narcisse* aux Italiens. Elle y fut reçue, et j'eus les entrées, qui me firent grand plaisir :

mais ce fut tout. Je ne pus jamais parvenir à faire jouer ma pièce;
et, ennuyé de faire ma cour à des comédiens, je les plantai là. Je
revins enfin au dernier expédient qui me restait, et le seul que
j'aurais dû prendre. En fréquentant la maison de M. de la Popli-
nière je m'étais éloigné de celle de M. Dupin. Les deux dames,
quoique parentes, étaient mal ensemble et ne se voyaient point;
il n'y avait aucune société entre les deux maisons, et Thieriot
seul vivait dans l'une et dans l'autre. Il fut chargé de tâcher de
me ramener chez M. Dupin. M. de Francueil suivait alors
l'histoire naturelle et la chimie, et faisait un cabinet. Je crois
qu'il aspirait à l'Académie des sciences; il voulait pour cela faire
un livre, et il jugeait que je pouvais lui être utile dans ce travail.
Madame Dupin, qui de son côté méditait un autre livre, avait sur
moi des vues à peu près semblables. Ils auraient voulu m'avoir
en commun pour une espèce de secrétaire, et c'était là l'objet des
semonces de Thieriot. J'exigeais préalablement que M. de Fran-
cueil emploierait son crédit avec celui de Jelyote pour faire
répéter mon ouvrage à l'Opéra. Il y consentit. *Les Muses galantes*
furent répétées d'abord plusieurs fois au magasin, puis au grand
théâtre. Il y avait beaucoup de monde à la grande répétition, et
plusieurs morceaux furent très applaudis. Cependant je sentis
moi-même durant l'exécution, fort mal conduite par Rebel, que la
pièce ne passerait pas, et même qu'elle n'était pas en état de
paraître sans de grandes corrections. Ainsi je la retirai sans mot
dire, et sans m'exposer au refus; mais je vis clairement par plu-
sieurs indices que l'ouvrage, eût-il été parfait, n'aurait pas passé.
M. de Francueil m'avait bien promis de le faire répéter, mais non
pas de le faire recevoir. Il me tint exactement parole. J'ai toujours
cru voir, dans cette occasion et dans beaucoup d'autres, que ni
lui ni madame Dupin ne se souciaient de me laisser acquérir une
certaine réputation dans le monde, de peur peut-être qu'on ne
supposât, en voyant leurs livres, qu'ils avaient greffé leurs talents
sur les miens. Cependant, comme madame Dupin m'en a toujours
supposé de très médiocres, et qu'elle ne m'a jamais employé qu'à
écrire sous sa dictée, ou à des recherches de pure érudition, ce
reproche, surtout à son égard, eût été bien injuste.

Ce dernier mauvais succès acheva de me décourager. J'abandonnai tout projet d'avancement et de gloire ; et, sans plus songer à des talents vrais ou vains qui me prospéraient si peu, je consacrai mon temps et mes soins à me procurer ma subsistance et celle de ma Thérèse, comme il plairait à ceux qui se chargeraient d'y pourvoir. Je m'attachai donc tout à fait à madame Dupin et à M. de Francueil. Cela ne me jeta pas dans une grande opulence ; car, avec huit à neuf cents francs par an que j'eus les deux premières années, à peine avais-je de quoi fournir à mes premiers besoins, forcé de me loger à leur voisinage, en chambre garnie, dans un quartier assez cher, et payant un autre loyer à l'extrémité de Paris, tout en haut de la rue Saint-Jacques, où, quelque temps qu'il fît, j'allais souper presque tous les soirs. Je pris bientôt le train et même le goût de mes nouvelles occupations. Je m'attachai à la chimie ; j'en fis plusieurs cours avec M. de Francueil chez M. Rouelle ; et nous nous mîmes à barbouiller du papier tant bien que mal sur cette science, dont nous possédions à peine les éléments. En 1747, nous allâmes passer l'automne en Touraine, au château de Chenonceaux, maison royale sur le Cher, bâtie par Henri second pour Diane de Poitiers, dont on y voit encore les chiffres, et maintenant possédée par M. Dupin, fermier général. On s'amusa beaucoup dans ce beau lieu ; on y faisait très bonne chère ; j'y devins gras comme un moine. On y fit beaucoup de musique. J'y composai plusieurs trios à chanter pleins d'une assez forte harmonie, et dont je reparlerai peut-être dans mon supplément, si jamais j'en fais un. On y joua la comédie. J'y en fis, en quinze jours, une en trois actes, intitulée *l'Engagement téméraire* qu'on trouvera parmi mes papiers, et qui n'a d'autre mérite que beaucoup de gaieté. J'y composai d'autres petits ouvrages, entre autres une pièce en vers intitulée *l'Allée de Sylvie*, nom d'une allée du parc qui bordait le Cher ; et tout cela se fit sans discontinuer mon travail sur la chimie, et celui que je faisais auprès de madame Dupin.

Tandis que j'engraissais à Chenonceaux, ma pauvre Thérèse engraissait à Paris d'une autre manière ; et quand j'y revins, je trouvai l'ouvrage que j'avais mis sur le métier plus avancé que je

ne l'avais cru. Cela m'eût jeté, vu ma situation, dans un embarras
extrême, si des camarades de table ne m'eussent fourni la seule
ressource qui pouvait m'en tirer. C'est un de ces récits essentiels
que je ne puis faire avec trop de simplicité, parce qu'il faudrait,
en les commentant, m'excuser ou me charger, et que je ne dois
faire ici ni l'un ni l'autre.

Durant le séjour d'Altuna à Paris, au lieu d'aller manger chez
un traiteur, nous mangions ordinairement lui et moi à notre voisi-
nage, presque vis-à-vis le cul-de-sac de l'Opéra, chez une madame
La Selle, femme d'un tailleur, qui donnait assez mal à manger,
mais dont la table ne laissait pas d'être recherchée, à cause de la
bonne et sûre compagnie qui s'y trouvait; car on n'y recevait
aucun inconnu, et il fallait être introduit par quelqu'un de ceux
qui y mangeaient d'ordinaire. Le commandeur de Graville, vieux
débauché, plein de politesse et d'esprit, mais ordurier, y logeait,
et y attirait une folle et brillante jeunesse en officiers aux gardes
et mousquetaires. Le commandeur de Nonant, chevalier de toutes
les filles de l'Opéra, y apportait journellement toutes les nouvelles
de ce tripot. MM. Duplessis, lieutenant-colonel retiré, bon et
sage vieillard, et Ancelet, officier, des mousquetaires, y mainte-
naient un certain ordre parmi ces jeunes gens. Il y venait aussi
des commerçants, des financiers, des ouvriers, mais polis, hon-
nêtes, et de ceux qu'on distinguait dans leur métier; M. de
Besse, M. de Forcade, et d'autres dont j'ai oublié les noms. Enfin
l'on y voyait des gens de mise de tous les états, excepté des abbés
et des gens de robe, que je n'y ai jamais vus; et c'était une con-
vention de n'y en point introduire. Cette table, assez nombreuse,
était très gaie sans être bruyante, et l'on y polissonnait beaucoup
sans grossièreté. Le vieux commandeur, avec tous ses contes gras
quant à la substance, ne perdait jamais sa politesse de la vieille
cour, et jamais un mot de gueule ne sortait de sa bouche qui ne
fût si plaisant que des femmes l'auraient pardonné. Son ton ser-
vait de règle à toute la table: tous ces jeunes gens contaient leurs
aventures galantes avec autant de licence que de grâce: et les
contes de filles manquaient d'autant moins que le magasin était à
la porte; car l'allée par où l'on allait chez madame La Selle était la

même où donnait la boutique de la Duchapt, célèbre marchande de modes, qui avait alors de très jolies filles avec lesquelles nos messieurs allaient causer avant ou après dîner. Je m'y serais amusé comme les autres, si j'eusse été plus hardi. Il ne fallait qu'entrer comme eux; je n'osai jamais. Quant à madame La Selle, je continuai d'y aller manger assez souvent après le départ d'Altuna. J'y apprenais des foules d'anecdotes très amusantes, et j'y pris aussi peu à peu, non, grâces au ciel, jamais les mœurs, mais les maximes que j'y vis établies. D'honnêtes personnes, mises à mal, des maris trompés, des femmes séduites, des accouchements clandestins, étaient là les textes les plus ordinaires; et celui qui peuplait le mieux les Enfants-Trouvés était toujours le plus applaudi. Cela me gagna; je formai ma façon de penser sur celle que je voyais en règne chez des gens très aimables, et dans le fond très honnêtes gens; et je me dis : Puisque c'est l'usage du pays, quand on y vit on peut le suivre. Voilà l'expédient que je cherchais. Je m'y déterminai gaillardement, sans le moindre scrupule; et le seul que j'eus à vaincre fut celui de Thérèse, à qui j'eus toutes les peines du monde de faire adopter cet unique moyen de sauver son honneur. Sa mère, qui de plus craignait un nouvel embarras de marmaille, étant venue à mon secours, elle se laissa vaincre. On choisit une sage-femme prudente et sûre, appelée mademoiselle Gouin, qui demeurait à la pointe Saint-Eustache, pour lui confier ce dépôt; et quand le temps fut venu, Thérèse fut menée par sa mère chez la Gouin pour y faire ses couches. J'allai l'y voir plusieurs fois, et je lui portai un chiffre que j'avais fait à double sur deux cartes, dont une fut mise dans les langes de l'enfant; et il fut déposé par la sage-femme au bureau des Enfants-Trouvés, dans la forme ordinaire. L'année suivante, même inconvénient et même expédient, au chiffre près, qui fut négligé. Pas plus de réflexion de ma part, pas plus d'approbation de celle de la mère : elle obéit en gémissant. On verra successivement toutes les vicissitudes que cette fatale conduite a produites dans ma façon de penser, ainsi que dans ma destinée. Quant à présent, tenons-nous à cette première époque. Ses suites, aussi cruelles qu'imprévues, ne me forceront que trop d'y revenir.

Je marque ici celle de ma première connaissance avec madame
d'Épinay, dont le nom reviendra souvent dans ces Mémoires : elle
s'appelait mademoiselle d'Esclavelles, et venait d'épouser M. d'Épi-
nay, fils de M. Lalive de Bellegarde, fermier général. Son mari
était musicien, ainsi que M. de Francueil. Elle était musicienne
aussi, et la passion de cet art mit entre ces trois personnes une
grande intimité. M. de Francueil m'introduisit chez madame d'Épi-
nay ; j'y soupais quelquefois avec lui. Elle était aimable, avait de
l'esprit, des talents ; c'était assurément une bonne connaissance à
faire. Mais elle avait une amie, appelée mademoiselle d'Ette, qui
passait pour méchante, et qui vivait avec le chevalier de Valory,
qui ne passait pas pour bon. Je crois que le commerce de ces
deux personnes fit tort à madame d'Épinay, à qui la nature avait
donné, avec un tempérament très exigeant, des qualités excel-
lentes pour en régler ou racheter les écarts. M. de Francueil lui
communiqua une partie de l'amitié qu'il avait pour moi, et
m'avoua ses liaisons avec elle, dont, par cette raison, je ne parle-
rais pas ici si elles ne fussent devenues publiques au point de
n'être pas même cachées à M. d'Épinay. M. de Francueil me fit
même sur cette dame des confidences bien singulières, qu'elle ne
m'a jamais faites à moi-même, et dont elle ne m'a jamais cru ins-
truit ; car je n'en ouvris ni n'en ouvrirai de ma vie la bouche ni à
elle ni à qui que ce soit. Toute cette confiance de part et d'autre
rendait ma situation très embarrassante surtout avec madame de
Francueil, qui me connaissait assez pour ne pas se défier de moi,
quoique en liaison avec sa rivale. Je consolais de mon mieux cette
pauvre femme, à qui son mari ne rendait assurément pas l'amour
qu'elle avait pour lui. J'écoutais séparément ces trois personnes ;
je gardais leurs secrets avec la plus grande fidélité, sans qu'aucune
des trois m'en arrachât jamais aucun de ceux des deux autres, et
sans dissimuler à chacune des deux femmes mon attachement
pour sa rivale. Madame de Francueil, qui voulait se servir de moi
pour bien des choses, essuya des refus formels ; et madame d'Épi-
nay, m'ayant voulu charger une fois d'une lettre pour Francueil,
non seulement en reçut un pareil, mais encore une déclaration
très nette que si elle voulait me chasser pour jamais de chez elle,

elle n'avait qu'à me faire une seconde fois pareille proposition. Il faut rendre justice à madame d'Épinay : loin que ce procédé parût lui déplaire, elle en parla à Francueil avec éloge, et ne m'en reçut pas moins bien. C'est ainsi que, dans des relations orageuses entre trois personnes que j'avais à ménager, dont je dépendais en quelque sorte, et pour qui j'avais de l'attachement, je conservai jusqu'à la fin leur amitié, leur estime, leur confiance, en me conduisant avec douceur et complaisance, mais toujours avec droiture et fermeté. Malgré ma bêtise et ma gaucherie, madame d'Épinay voulut me mettre des amusements de la Chevrette, château près de Saint-Denis, appartenant à M. de Bellegarde. Il y avait un théâtre où l'on jouait souvent des pièces. On me chargea d'un rôle que j'étudiai six mois sans relâche, et qu'il fallut me souffler d'un bout à l'autre à la représentation. Après cette épreuve on ne me proposa plus de rôle.

En faisant la connaissance de madame d'Épinay, je fis aussi celle de sa belle-sœur, mademoiselle de Bellegarde, qui devint bientôt comtesse de Houdetot. La première fois que je la vis, elle était à la veille de son mariage : elle me causa longtemps avec cette familiarité charmante qui lui est naturelle. Je la trouvai très aimable ; mais j'étais bien éloigné de prévoir que cette jeune personne ferait un jour le destin de ma vie, et m'entraînerait, quoique bien innocemment, dans l'abîme où je suis aujourd'hui.

Quoique je n'aie pas parlé de Diderot depuis mon retour de Venise, non plus que de mon ami M. Roguin, je n'avais pourtant négligé ni l'un ni l'autre, et je m'étais surtout lié de jour en jour plus intimement avec le premier. Il avait une Nanette, ainsi que j'avais une Thérèse : c'était entre nous une conformité de plus. Mais la différence était que ma Thérèse, aussi bien de figure que sa Nanette, avait une humeur douce et un caractère aimable, fait pour attacher un honnête homme ; au lieu que la sienne, pie-grièche et harengère, ne montrait rien aux yeux des autres qui pût racheter la mauvaise éducation. Il l'épousa toutefois. Ce fut fort bien fait, s'il l'avait promis. Pour moi, qui n'avais rien promis de semblable, je ne me pressai pas de l'imiter.

Je m'étais aussi lié avec l'abbé de Condillac, qui n'était rien,

non plus que moi, dans la littérature, mais qui était fait pour deve-
nir ce qu'il est aujourd'hui. Je suis le premier peut-être qui ai vu
sa portée, et qui l'ai estimé ce qu'il valait. Il paraissait aussi se
plaire avec moi ; et tandis qu'enfermé dans ma chambre, rue Jean-
Saint-Denis, près l'Opéra, je faisais mon acte d'*Hésiode*, il venait
quelquefois dîner avec moi tête à tête en pique-nique. Il travail-
lait alors à l'*Essai sur l'origine des connaissances humaines*, qui est son
premier ouvrage. Quand il fut achevé, l'embarras fut de trouver un
libraire qui voulût s'en charger. Les libraires de Paris sont arro-
gants et durs pour tout homme qui commence ; et la métaphysi-
que, alors très peu à la mode, n'offrait pas un sujet bien attrayant.
Je parlai à Diderot de Condillac et de son ouvrage ; je leur fis
faire connaissance. Ils étaient faits pour se convenir ; ils se con-
vinrent. Diderot engagea le libraire Durant à prendre le manus-
crit de l'abbé, et ce grand métaphysicien eut de son premier livre,
et presque par grâce, cent écus, qu'il n'aurait peut-être pas trouvés
sans moi. Comme nous demeurions dans des quartiers fort éloi-
gnés les uns des autres, nous nous rassemblions tous trois une
fois la semaine au Palais-Royal, et nous allions dîner ensemble à
l'hôtel du Panier-Fleuri. Il fallait que ces petits dîners hebdoma-
daires plussent extrêmement à Diderot ; car lui, qui manquait
presque à tous ses rendez-vous, ne manqua jamais à aucun de ceux-
là. Je formai là le projet d'une feuille périodique, intitulée *le Per-
sifleur*, que nous devions faire alternativement, Diderot et moi.
J'en esquissai la première feuille, et cela me fit faire connaissance
avec d'Alembert, à qui Diderot en avait parlé. Des événements
imprévus nous barrèrent, et ce projet en demeura là.

Ces deux auteurs venaient d'entreprendre le *Dictionnaire encyclo-
pédique*, qui ne devait d'abord être qu'une espèce de traduction de
Chambers, semblable à peu près à celle du Dictionnaire de méde-
cine de James, que Diderot venait d'achever. Celui-ci voulut me
faire entrer pour quelque chose dans cette seconde entreprise, et
me proposa la partie de la musique, que j'acceptai, et que j'exécu-
tai très à la hâte et très mal, dans les trois mois qu'il m'avait don-
nés, comme à tous les auteurs qui devaient concourir à cette
entreprise. Mais je fus le seul qui fus prêt au terme prescrit. Je lui

remis mon manuscrit, que j'avais fait mettre au net par un laquais de M. de Francueil, appelé Dupont, qui écrivait très bien, et à qui je payai dix écus tirés de ma poche, qui ne m'ont jamais été remboursés. Diderot m'avait promis, de la part des libraires, une rétribution, dont il ne m'a jamais reparlé, ni moi à lui.

Cette entreprise de l'Encyclopédie fut interrompue par sa détention. Les *Pensées philosophiques* lui avaient attiré quelques chagrins qui n'eurent point de suite. Il n'en fut pas de même de la *Lettre sur les aveugles*, qui n'avait rien de répréhensible que quelques traits personnels, dont madame Dupré de Saint-Maur et M. de Réaumur furent choqués, et pour lesquels il fut mis au donjon de Vincennes. Rien ne peindra jamais les angoisses que me fit sentir le malheur de mon ami. Ma funeste imagination, qui porte toujours le mal au pis, s'effaroucha. Je le crus là pour le reste de sa vie. La tête faillit m'en tourner. J'écrivis à madame de Pompadour pour la conjurer de le faire relâcher, ou d'obtenir qu'on m'enfermât avec lui. Je n'eus aucune réponse à ma lettre: elle était trop peu raisonnable pour être efficace ; et je ne me flatte pas qu'elle ait contribué aux adoucissements qu'on mit quelque temps après à la captivité du pauvre Diderot. Mais si elle eût duré quelque temps encore avec la même rigueur, je crois que je serais mort de désespoir au pied de ce malheureux donjon. Au reste, si ma lettre a produit peu d'effet, je ne m'en suis pas non plus beaucoup fait valoir ; car je n'en parlai qu'à très peu de gens, et jamais à Diderot lui-même.

LIVRE VIII

LIVRE HUITIÈME

1749

J'ai dû faire une pause à la fin du précédent Livre. Avec celui-ci commence, dans sa première origine, la longue chaîne de mes malheurs.

Ayant vécu dans deux des plus brillantes maisons de Paris, je n'avais pas laissé, malgré mon peu d'entregent, d'y faire quelques connaissances. J'avais fait entre autres, chez madame Dupin, celle du jeune prince héréditaire de Saxe-Gotha, et du baron de Thun, son gouverneur. J'avais fait, chez M. de la Poplinière, celle de M. Seguy, ami du baron de Thun, et connu dans le monde littéraire par sa belle édition de Rousseau. Le baron nous invita, M. Seguy et moi, d'aller passer un jour ou deux à Fon-

tenay-sous-Bois, où le prince avait une maison. Nous y fûmes.
En passant devant Vincennes je sentis, à la vue du donjon, un
déchirement de cœur dont le baron remarqua l'effet sur mon
visage. A souper, le prince parla de la détention de Diderot. Le
baron, pour me faire parler, accusa le prisonnier d'imprudence :
j'en mis dans la manière impétueuse dont je le défendis. L'on
pardonna cet excès de zèle à celui qu'inspire un ami malheureux,
et l'on parla d'autre chose. Il y avait là deux Allemands attachés
au prince : l'un, appelé Klupffell, homme de beaucoup d'esprit,
était son chapelain, et devint ensuite son gouverneur, après
avoir supplanté le baron ; l'autre était un jeune homme, appelé
M. Grimm, qui lui servait de lecteur en attendant qu'il trouvât
quelque place, et dont l'équipage très mince annonçait le pres-
sant besoin de la trouver. Dès ce même soir, Klupffell et moi com-
mençâmes une liaison qui devint bientôt amitié. Celle avec le
sieur Grimm n'alla pas tout à fait si vite : il ne se mettait guère
en avant, bien éloigné de ce ton avantageux que la prospérité lui
donna dans la suite. Le lendemain à dîner on parla de musique :
il en parla bien. Je fus transporté d'aise en apprenant qu'il accom-
pagnait du clavecin. Après le dîner on fit apporter de la musique.
Nous musicâmes tout le jour au clavecin du prince. Et ainsi
commença cette amitié qui d'abord me fut si douce, enfin si
funeste, et dont j'aurai tant à parler désormais.

En revenant à Paris, j'y appris l'agréable nouvelle que Diderot
était sorti du donjon, et qu'on lui avait donné le château et le
parc de Vincennes pour prison, sur sa parole, avec permission de
voir ses amis. Qu'il me fut dur de n'y point courir à l'instant
même ! Mais retenu deux ou trois jours chez madame Dupin par
des soins indispensables, après trois ou quatre siècles d'impa-
tience je volai dans les bras de mon ami. Moment inexprimable !
Il n'était pas seul ; d'Alembert et le trésorier de la Sainte-Cha-
pelle étaient avec lui. En entrant je ne vis que lui ; je ne fis qu'un
saut, un cri ; je collai mon visage sur le sien, je le serrai étroite-
ment sans lui parler autrement que par mes pleurs et mes san-
glots ; j'étouffais de tendresse et de joie. Son premier mouve-
ment, sorti de mes bras, fut de se tourner vers l'ecclésiastique, et

de lui dire : Vous voyez, monsieur, comment m'aiment mes amis. Tout entier à mon émotion, je ne réfléchis pas alors à cette manière d'en tirer avantage ; mais en y pensant quelquefois depuis ce temps-là, j'ai toujours jugé qu'à la place de Diderot ce n'eût pas été la première idée qui me serait venue.

Je le trouvai très affecté de sa prison. Le donjon lui avait fait une impression terrible ; et quoiqu'il fût agréablement au château, et maître de ses promenades dans un parc qui n'est pas même fermé de murs, il avait besoin de la société de ses amis pour ne pas se livrer à son humeur noire. Comme j'étais assurément celui qui compatissait le plus à sa peine, je crus aussi être celui dont la vue lui serait la plus consolante ; et tous les deux jours au plus tard, malgré des occupations très exigeantes, j'allais, soit seul, soit avec sa femme, passer avec lui les après-midi.

Cette année 1749, l'été fut d'une chaleur excessive. On compte deux lieues de Paris à Vincennes. Pas en état de payer des fiacres, à deux heures de l'après-midi j'allais à pied quand j'étais seul, et j'allais vite pour arriver plus tôt. Les arbres de la route, toujours élagués à la mode du pays, ne donnaient presque aucune ombre ; et souvent, rendu de chaleur et de fatigue, je m'étendais par terre, n'en pouvant plus. Je m'avisai, pour modérer mon pas, de prendre quelque livre. Je pris un jour le *Mercure de France* ; et, tout en marchant et le parcourant, je tombai sur cette question proposée par l'Académie de Dijon pour le prix de l'année suivante : *Si le progrès des sciences et des arts a contribué à corrompre ou à épurer les mœurs.*

A l'instant de cette lecture je vis un autre univers et je devins un autre homme. Quoique j'aie un souvenir vif de l'impression que j'en reçus, les détails m'en sont échappés depuis que je les ai déposés dans une de mes quatre lettres à M. de Malesherbes. C'est une des singularités de ma mémoire qui mérite d'être dite. Quand elle me sert, ce n'est qu'autant que je me suis reposé sur elle : sitôt que j'en confie le dépôt au papier, elle m'abandonne ; et dès qu'une fois j'ai écrit une chose, je ne m'en souviens plus du tout. Cette singularité me suit jusque dans la musique. Avant de l'apprendre, je savais par cœur des multitudes de chansons :

sitôt que j'ai su chanter des airs notés, je n'en ai pu retenir aucun ; et je doute que de ceux que j'ai le plus aimés j'en puisse aujourd'hui redire un seul tout entier.

Ce que je me rappelle bien distinctement dans cette occasion, c'est qu'arrivant à Vincennes, j'étais dans une agitation qui tenait du délire. Diderot l'aperçut ; je lui en dis la cause, et je lui lus la prosopopée de Fabricius, écrite au crayon sous un chêne. Il m'exhorta de donner l'essor à mes idées, et de concourir au prix. Je le fis, et dès cet instant je fus perdu. Tout le reste de ma vie et de mes malheurs fut l'effet inévitable de cet instant d'égarement.

Mes sentiments se montèrent, avec la plus inconcevable rapidité, au ton de mes idées. Toutes mes petites passions furent étouffées par l'enthousiasme de la vérité, de la liberté, de la vertu ; et ce qu'il y a de plus étonnant est que cette effervescence se soutint dans mon cœur, durant plus de quatre ou cinq ans, à un aussi haut degré peut-être qu'elle ait jamais été dans le cœur d'aucun autre homme.

Je travaillai ce discours d'une façon bien singulière, et que j'ai presque toujours suivie dans mes autres ouvrages. Je lui consacrais les insomnies de mes nuits. Je méditais dans mon lit à yeux fermés, et je tournais et retournais mes périodes dans ma tête avec des peines incroyables ; puis, quand j'étais parvenu à en être content, je les déposais dans ma mémoire jusqu'à ce que je pusse les mettre sur le papier : mais le temps de me lever et de m'habiller me faisait tout perdre ; et quand je m'étais mis à mon papier, il ne me venait presque plus rien de ce que j'avais composé. Je m'avisai de prendre pour secrétaire madame Le Vasseur. Je l'avais logée avec sa fille et son mari plus près de moi ; et c'était elle qui, pour m'épargner un domestique, venait tous les matins allumer mon feu et faire mon petit service. A son arrivée, je lui dictais de mon lit mon travail de la nuit ; et cette pratique, que j'ai longtemps suivie, m'a sauvé bien des oublis.

Quand ce discours fut fait, je le montrai à Diderot, qui en fut content, et m'indiqua quelques corrections. Cependant cet ouvrage, plein de chaleur et de force, manque absolument de

logique et d'ordre; de tous ceux qui sont sortis de ma plume c'est le plus faible de raisonnement, et le plus pauvre de nombre et d'harmonie: mais avec quelque talent qu'on puisse être né, l'art d'écrire ne s'apprend pas tout d'un coup.

Je fis partir cette pièce sans en parler à personne autre, si ce n'est, je pense, à Grimm, avec lequel, depuis son entrée chez le comte de Frièse, je commençais à vivre dans la plus grande intimité. Il avait un clavecin qui nous servait de point de réunion, et autour duquel je passais avec lui tous les moments que j'avais de libres, à chanter des airs italiens et des barcarolles sans trêve et sans relâche du matin au soir, ou plutôt du soir au matin; et, sitôt qu'on ne me trouvait pas chez madame Dupin, on était sûr de me trouver chez M. Grimm, ou du moins avec lui, soit à la promenade, soit au spectacle. Je cessai d'aller à la Comédie italienne, où j'avais mes entrées, mais qu'il n'aimait pas, pour aller avec lui, en payant, à la Comédie française, dont il était passionné. Enfin un attrait si puissant me liait à ce jeune homme, et j'en devins tellement inséparable, que la pauvre tante elle-même en était négligée; c'est-à-dire que je la voyais moins, car jamais un moment de ma vie mon attachement pour elle ne s'est affaibli.

Cette impossibilité de partager à mes inclinations le peu de temps que j'avais de libre renouvela plus vivement que jamais le désir que j'avais depuis longtemps de ne faire qu'un ménage avec Thérèse: mais l'embarras de sa nombreuse famille, et surtout le défaut d'argent pour acheter des meubles, m'avaient jusqu'alors retenu. L'occasion de faire un effort se présenta, et j'en profitai. M. de Francueil et madame Dupin, sentant bien que huit ou neuf cents francs par an ne pouvaient me suffire, portèrent de leur propre mouvement mon honoraire annuel jusqu'à cinquante louis; et, de plus, madame Dupin, apprenant que je cherchais à me mettre dans mes meubles, m'aida de quelque secours pour cela. Avec les meubles qu'avait déjà Thérèse, nous mîmes tout en commun, et ayant loué un petit appartement à l'hôtel de Languedoc, rue de Grenelle-Saint-Honoré, chez de très bonnes gens, nous nous y arrangeâmes comme nous pûmes; et nous y avons

demeuré paisiblement et agréablement pendant sept ans, jusqu'à mon délogement pour l'Ermitage.

Le père de Thérèse était un vieux bonhomme très doux, qui craignait extrêmement sa femme, et qui lui avait donné pour cela le surnom de lieutenant criminel, que Grimm, par plaisanterie, transporta dans la suite à la fille. Madame Le Vasseur ne manquait pas d'esprit, c'est-à-dire d'adresse ; elle se piquait même de politesse et d'airs du grand monde : mais elle avait un patelinage mystérieux qui m'était insupportable, donnant d'assez mauvais conseils à sa fille, cherchant à la rendre dissimulée avec moi, et cajolant séparément mes amis aux dépens les uns des autres et aux miens ; du reste assez bonne mère parce qu'elle trouvait son compte à l'être, et couvrant les fautes de sa fille parce qu'elle en profitait. Cette femme, que je comblais d'attentions, de soins, de petits cadeaux, et dont j'avais extrêmement à cœur de me faire aimer, était, par l'impossibilité que j'éprouvais d'y parvenir, la seule cause de peine que j'eusse dans mon petit ménage ; et du reste je puis dire avoir goûté, durant ces six ou sept ans, le plus parfait bonheur domestique que la faiblesse humaine puisse comporter. Le cœur de ma Thérèse était celui d'un ange ; notre attachement croissait avec notre intimité, et nous sentions davantage de jour en jour combien nous étions faits l'un pour l'autre. Si nos plaisirs pouvaient se décrire, ils feraient rire par leur simplicité : nos promenades tête à tête hors de la ville, où je dépensais magnifiquement huit à dix sous à quelque guinguette ; nos petits soupers à la croisée de ma fenêtre, assis en vis-à-vis sur deux petites chaises posées sur une malle qui tenait la largeur de l'embrasure. Dans cette situation, la fenêtre nous servait de table, nous respirions l'air, nous pouvions voir les environs, les passants ; et, quoique au quatrième étage, plonger dans la rue tout en mangeant. Qui décrira, qui sentira les charmes de ces repas, composés, pour tout mets, d'un quartier de gros pain, de quelques cerises, d'un petit morceau de fromage et d'un demi-setier de vin que nous buvions à nous deux ? Amitié, confiance, intimité, douceur d'âme, que vos assaisonnements sont délicieux ! Quelquefois nous restions là jusqu'à minuit sans y songer, et sans

Jean-Jacques et Thérèse à la fenêtre

nous douter de l'heure, si la vieille maman ne nous eût avertis. Mais laissons ces détails, qui paraîtront insipides ou risibles : je l'ai toujours dit et senti, la véritable jouissance ne se décrit point.

J'en eus à peu près dans le même temps une plus grossière, la dernière de cette espèce que j'aie eue à me reprocher. J'ai dit que le ministre Klupffell était aimable : mes liaisons avec lui n'étaient guère moins étroites qu'avec Grimm, et devinrent aussi familières ; ils mangeaient quelquefois chez moi. Ces repas, un peu plus que simples, étaient égayés par les fines et folles polissonneries de Klupffell, et par les plaisants germanismes de Grimm, qui n'était pas encore devenu puriste. La sensualité ne présidait pas à nos petites orgies ; mais la joie y suppléait et nous nous trouvions si bien ensemble que nous ne pouvions nous quitter. Klupffell avait mis dans ses meubles une petite fille qui ne laissait pas d'être à tout le monde, parce qu'il ne pouvait pas l'entretenir à lui tout seul. Un soir, en entrant au café, nous le trouvâmes qui en sortait pour aller souper avec elle. Nous le raillâmes : il s'en vengea galamment en nous mettant du même souper, et puis nous raillant à son tour. Cette pauvre créature me parut d'un assez bon naturel, très douce, et peu faite à son métier, auquel une sorcière qu'elle avait avec elle la stylait de son mieux. Les propos et le vin nous égayèrent au point que nous nous oubliâmes. Le bon Klupffell ne voulut pas faire ses honneurs à demi, et nous passâmes tous trois successivement dans la chambre voisine avec la pauvre petite, qui ne savait si elle devait rire ou pleurer. Grimm a toujours affirmé qu'il ne l'avait pas touchée : c'était donc pour s'amuser à nous impatienter qu'il resta si longtemps avec elle ; et s'il s'en abstint, il est peu probable que ce fût par scrupule, puisque, avant d'entrer chez le comte de Frièse, il logeait chez des filles au même quartier Saint-Roch.

Je sortis de la rue des Moineaux, où logeait cette fille, aussi honteux que Saint-Preux sortit de la maison où on l'avait enivré, et je me rappelai bien mon histoire en écrivant la sienne. Thérèse s'aperçut à quelque signe, et surtout à mon air confus, que j'avais quelque reproche à me faire ; j'en allégeai le poids par ma franche

et prompte confession. Je fis bien; car dès le lendemain, Grimm
vint en triomphe lui raconter mon forfait en l'aggravant, et depuis
lors il n'a jamais manqué de lui en rappeler malignement le sou-
venir : en cela d'autant plus coupable que, l'ayant mis librement
et volontairement dans ma confidence, j'avais droit d'attendre de
lui qu'il ne m'en ferait pas repentir. Jamais je ne sentis mieux qu'en
cette occasion la bonté de cœur de ma Thérèse; car elle fut plus
choquée du procédé de Grimm qu'offensée de mon infidélité, et
je n'essuyai de sa part que des reproches touchants et tendres,
dans lesquels je n'aperçus jamais la moindre trace de dépit.

La simplicité d'esprit de cette excellente fille égalait sa bonté
de cœur, c'est tout dire; mais un exemple qui se présente mérite
pourtant d'être ajouté. Je lui avais dit que Klupffell était ministre
et chapelain du prince de Saxe-Gotha. Un ministre était pour elle
un homme si singulier, que, confondant comiquement les idées
les plus disparates, elle s'avisa de prendre Klupffell pour le pape.
Je la crus folle la première fois qu'elle me dit, comme je rentrais,
que le pape m'était venu voir. Je la fis expliquer, et je n'eus rien
de plus pressé que d'aller conter cette histoire à Grimm et à
Klupffell, à qui le nom de pape en resta parmi nous. Nous don-
nâmes à la fille de la rue des Moineaux le nom de papesse Jeanne.
C'étaient des rires inextinguibles; nous étouffions. Ceux qui, dans
une lettre qu'il leur a plu de m'attribuer, m'ont fait dire que
je n'avais ri que deux fois en ma vie, ne m'ont pas connu dans ce
temps-là ni dans ma jeunesse; car assurément cette idée n'aurait
jamais pu leur venir.

L'année suivante, 1750, comme je ne songeais plus à mon Dis-
cours, j'appris qu'il avait remporté le prix à Dijon. Cette nouvelle
réveilla toutes les idées qui me l'avaient dicté, les anima d'une
nouvelle force, et acheva de mettre en fermentation dans mon
cœur ce premier levain d'héroïsme et de vertu que mon père, et ma
patrie, et Plutarque, y avaient mis dans mon enfance. Je ne trou-
vai plus rien de grand et de beau que d'être libre et vertueux,
au-dessus de la fortune et de l'opinion, et de se suffire à soi-
même. Quoique la mauvaise honte et la crainte des sifflets m'em-
pêchassent de me conduire d'abord sur ces principes, et de

rompre brusquement en visière aux maximes de mon siècle, j'en eus dès lors la volonté décidée, et je ne tardai à l'exécuter qu'autant de temps qu'il en fallait aux contradictions pour l'irriter et la rendre triomphante.

Tandis que je philosophais sur les devoirs de l'homme, un événement vint me faire mieux réfléchir sur les miens. Thérèse devint grosse pour la troisième fois. Trop sincère avec moi, trop fier en dedans pour vouloir démentir mes principes par mes œuvres, je me mis à examiner la destination de mes enfants, et mes liaisons avec leur mère, sur les lois de la nature, de la justice et de la raison, et sur celles de cette religion pure, sainte, éternelle comme son auteur, que les hommes ont souillée en feignant de vouloir la purifier, et dont ils n'ont plus fait, par leurs formules, qu'une religion de mots, vu qu'il en coûte peu de prescrire l'impossible quand on se dispense de le pratiquer.

Si je me trompai dans mes résultats, rien n'est plus étonnant que la sécurité d'âme avec laquelle je m'y livrai. Si j'étais de ces hommes mal nés, sourds à la douce voix de la nature, au dedans desquels aucun vrai sentiment de justice et d'humanité ne germa jamais, cet endurcissement serait tout simple ; mais cette chaleur de cœur, cette sensibilité si vive, cette facilité à former des attachements, cette force avec laquelle ils me subjuguent, ces déchirements cruels quand il les faut rompre, cette bienveillance innée pour mes semblables, cet amour ardent du grand, du vrai, du beau, du juste ; cette horreur du mal en tout genre, cette impossibilité de haïr, de nuire, et même de le vouloir ; cet attendrissement, cette vive et douce émotion que je sens à l'aspect de tout ce qui est vertueux, généreux, aimable : tout cela peut-il jamais s'accorder dans la même âme avec la dépravation qui fait fouler aux pieds sans scrupule le plus doux des devoirs ? Non, je le sens et le dis hautement, cela n'est pas possible. Jamais un seul instant de sa vie Jean-Jacques n'a pu être un homme sans sentiment, sans entrailles, un père dénaturé. J'ai pu me tromper, mais non m'endurcir. Si je disais mes raisons, j'en dirais trop. Puisqu'elles ont pu me séduire, elles en séduiraient bien d'autres : je ne veux pas exposer les jeunes gens qui pourraient me lire à se laisser

abuser par la même erreur. Je me contenterai de dire qu'elle fut telle, qu'en livrant mes enfants à l'éducation publique, faute de pouvoir les élever moi-même, en les destinant à devenir ouvriers et paysans plutôt qu'aventuriers et coureurs de fortunes, je crus faire un acte de citoyen et de père, et je me regardai comme un membre de la république de Platon. Plus d'une fois, depuis lors, les regrets de mon cœur m'ont appris que je m'étais trompé; mais, loin que ma raison m'ait donné le même avertissement, j'ai souvent béni le ciel de les avoir garantis par là du sort de leur père, et de celui qui les menaçait quand j'aurais été forcé de les abandonner. Si je les avais laissés à madame d'Épinay ou à madame de Luxembourg, qui, soit par amitié, soit par générosité, soit par quelque autre motif, ont voulu s'en charger dans la suite, auraient-ils été plus heureux, auraient-ils été élevés du moins en honnêtes gens? Je l'ignore; mais je suis sûr qu'on les aurait portés à haïr, peut-être à trahir leurs parents; il vaut mieux cent fois qu'ils ne les aient point connus.

Mon troisième enfant fut donc mis aux Enfants-Trouvés, ainsi que les premiers, et il en fut de même des deux suivants, car j'en ai eu cinq en tout. Cet arrangement me parut si bon, si sensé, si légitime, que si je ne m'en vantai pas ouvertement, ce fut uniquement par égard pour la mère; mais je le [dis à tous ceux à qui j'avais déclaré nos liaisons; je le dis à Diderot, à Grimm; je l'appris dans la suite à madame d'Epinay, et dans la suite encore à madame de Luxembourg, et cela librement, franchement, sans aucune espèce de nécessité, et pouvant aisément le cacher à tout le monde: car la Gouin était une honnête femme, très discrète, et sur laquelle je comptais parfaitement. Le seul de mes amis à qui j'eus quelque intérêt de m'ouvrir fut le médecin Thierry, qui soigna ma pauvre tante dans une de ses couches où elle se trouva fort mal. En un mot, je ne mis aucun mystère à ma conduite, non seulement parce que je n'ai jamais rien su cacher à mes amis, mais parce qu'en effet je n'y voyais aucun mal. Tout pesé, je choisis pour mes enfants le mieux, ou ce que je crus l'être. J'aurais voulu, je voudrais encore avoir été élevé et nourri comme ils l'ont été.

Tandis que je faisais ainsi mes confidences, madame Le Vasseur les faisait aussi de son côté, mais dans des vues moins désintéressées. Je les avais introduites, elle et sa fille, chez madame Dupin, qui par amitié pour moi, avait mille bontés pour elles. La mère la mit dans le secret de sa fille. Madame Dupin, qui est bonne et généreuse, et à qui elle ne disait pas combien, malgré la modicité de mes ressources, j'étais attentif à pourvoir à tout, y pourvoyait de son côté avec une libéralité que, par l'ordre de la mère, la fille m'a toujours cachée durant mon séjour à Paris, et dont elle ne me fit l'aveu qu'à l'Ermitage, à la suite de plusieurs autres épanchements de cœur. J'ignorais que madame Dupin, qui ne m'en a jamais fait le moindre semblant, fût si bien instruite; j'ignore encore si madame de Chenonceaux, sa bru, le fut aussi; mais madame de Francueil, sa belle-fille, le fut, et ne put s'en taire. Elle m'en parla l'année suivante, lorsque j'avais déjà quitté leur maison. Cela m'engagea à lui écrire à ce sujet une lettre qu'on trouvera dans mes recueils, et dans laquelle j'expose celles de mes raisons que je pouvais dire sans compromettre madame Le Vasseur et sa famille: car les plus déterminantes venaient de là, et je les tus.

Je suis sûr de la discrétion de madame Dupin et de l'amitié de madame de Chenonceaux; je l'étais de celle de madame de Francueil, qui d'ailleurs mourut longtemps avant que mon secret fût ébruité. Jamais il n'a pu l'être que par les gens mêmes à qui je l'avais confié, et ne l'a été en effet qu'après ma rupture avec eux. Par ce seul fait ils sont jugés : sans vouloir me disculper du blâme que je mérite, j'aime mieux en être chargé que de celui que mérite leur méchanceté. Ma faute est grande, mais c'est une erreur : j'ai négligé mes devoirs, mais le désir de nuire n'est pas entré dans mon cœur, et les entrailles de père ne sauraient parler bien puissamment pour des enfants qu'on n'a jamais vus : mais trahir la confiance de l'amitié, violer le plus saint de tous les pactes, publier les secrets versés dans notre sein, déshonorer à plaisir l'ami qu'on a trompé, et qui nous respecte encore en nous quittant, ce ne sont pas là des fautes, ce sont des bassesses d'âme et des noirceurs.

J'ai promis ma confession, non ma justification; aussi je m'arrête ici sur ce point. C'est à moi d'être vrai, c'est au lecteur d'être juste. Je ne lui demanderai jamais rien de plus.

Le mariage de M. de Chenonceaux me rendit la maison de sa mère encore plus agréable, par le mérite et l'esprit de la nouvelle mariée, jeune personne très aimable, et qui parut me distinguer parmi les scribes de M. Dupin. Elle était fille unique de madame la vicomtesse de Rochechouart, grande amie du comte de Frièse, et par contre-coup de Grimm, qui lui était attaché. Ce fut pourtant moi qui l'introduisis chez sa fille : mais leurs humeurs ne se convenant pas, cette liaison n'eut point de suite; et Grimm, qui dès lors visait au solide, préféra la mère, femme du grand monde, à la fille, qui voulait des amis sûrs et qui lui convinssent, sans se mêler d'aucune intrigue ni chercher du crédit parmi les grands. Madame Dupin, ne trouvant pas dans madame de Chenonceaux toute la docilité qu'elle en attendait, lui rendit sa maison fort triste; et madame de Chenonceaux, fière de son mérite, peut-être de sa naissance, aima mieux renoncer aux agréments de la société, et rester presque seule dans son appartement, que de porter un joug pour lequel elle ne se sentait pas faite. Cette espèce d'exil augmenta mon attachement pour elle, par cette pente naturelle qui m'attire vers les malheureux. Je lui trouvai l'esprit métaphysique et penseur, quoique parfois un peu sophistique. Sa confiance, qui n'était point du tout celle d'une jeune femme qui sort du couvent, était pour moi très attrayante. Cependant elle n'avait pas vingt ans; son teint était d'une blancheur éblouissante; sa taille eût été grande et belle, si elle se fût mieux tenue; ses cheveux, d'un blond cendré et d'une beauté peu commune, me rappelaient ceux de ma pauvre maman dans son bel âge, et m'agitaient vivement le cœur. Mais les principes sévères que je venais de me faire, et que j'étais résolu de suivre à tout prix, me garantirent d'elle et de ses charmes. J'ai passé durant tout un été trois ou quatre heures par jour tête à tête avec elle, à lui montrer gravement l'arithmétique, et à l'ennuyer de mes chiffres éternels, sans lui dire un seul mot galant ni lui jeter une œillade. Cinq ou six ans plus tard je n'aurais pas été si sage ou si fou; mais il était

écrit que je ne devais aimer d'amour qu'une fois en ma vie, et qu'une autre qu'elle aurait les premiers et les derniers soupirs de mon cœur.

Depuis que je vivais chez madame Dupin, je m'étais toujours contenté de mon sort, sans marquer aucun désir de le voir améliorer. L'augmentation qu'elle avait faite à mes honoraires, conjointement avec M. de Francueil, était venue uniquement de leur propre mouvement. Cette année, M. de Francueil, qui me prenait de jour en jour plus en amitié, songea à me mettre un peu plus au large et dans une situation moins précaire. Il était receveur général des finances. M. Dudoyer, son caissier, était vieux, riche, et voulait se retirer. M. de Francueil m'offrit cette place ; et pour me mettre en état de la remplir, j'allai pendant quelques semaines chez M. Dudoyer prendre les instructions nécessaires. Mais soit que j'eusse peu de talent pour cet emploi, soit que Dudoyer, qui me parut vouloir se donner un autre successeur, ne m'instruisît pas de bonne foi, j'acquis lentement et mal les connaissances dont j'avais besoin, et tout cet ordre de comptes embrouillés à dessein ne put jamais bien m'entrer dans la tête. Cependant, sans avoir saisi le fin du métier, je ne laissai pas d'en prendre la marche courante assez pour pouvoir l'exercer rondement. J'en commençai même les fonctions. Je tenais les registres et la caisse ; je donnais et recevais de l'argent, des récépissés ; et quoique j'eusse aussi peu de goût que de talent pour ce métier, la maturité des ans commençant à me rendre sage, j'étais déterminé à vaincre ma répugnance pour me livrer tout entier à mon emploi. Malheureusement, comme je commençais à me mettre en train, M. de Francueil fit un petit voyage, durant lequel je restai chargé de sa caisse, où il n'y avait cependant pour lors que vingt-cinq à trente mille francs. Les soucis, l'inquiétude d'esprit que me donna ce dépôt, me firent sentir que je n'étais point fait pour être caissier ; et je ne doute point que le mauvais sang que je fis durant cette absence n'ait contribué à la maladie où je tombai après son retour.

J'ai dit dans ma première partie que j'étais né mourant. Un vice de conformation dans la vessie me fit éprouver, durant mes premières années, une rétention d'urine presque continuelle ; et ma

tante Suzon, qui prit soin de moi, eut des peines incroyables à
me conserver. Elle en vint à bout cependant; ma robuste consti-
tution prit enfin le dessus, et ma santé s'affermit tellement durant
ma jeunesse, qu'excepté la maladie de langueur dont j'ai raconté
l'histoire, et de fréquents besoins d'uriner que le moindre échauffe-
ment me rendit toujours incommodes, je parvins jusqu'à l'âge de
trente ans sans presque me sentir de ma première infirmité. Le
premier ressentiment que j'en eus fut à mon arrivée à Venise. La
fatigue du voyage et les terribles chaleurs que j'avais souffertes
me donnèrent une ardeur d'urine et des maux de reins que je
gardai jusqu'à l'entrée de l'hiver. Après avoir vu la Padoana, je me
crus mort, et n'eus pas la moindre incommodité. Après m'être épuisé
plus d'imagination que de corps pour ma Zulietta, je me portai
mieux que jamais. Ce ne fut qu'après la détention de Diderot que
l'échauffement contracté dans mes courses de Vincennes, durant
les terribles chaleurs qu'il faisait alors, me donna une violente
néphrétique, depuis laquelle je n'ai jamais recouvré ma première
santé.

Au moment dont je parle, m'étant peut-être un peu fatigué au
maussade travail de cette maudite caisse, je retombai plus bas
qu'auparavant, et je demeurai dans mon lit cinq ou six semaines
dans le plus triste état que l'on puisse imaginer. Madame Dupin
m'envoya le célèbre Morand, qui, malgré son habileté et la déli-
catesse de sa main, me fit souffrir des maux incroyables, et ne put
jamais venir à bout de me sonder. Il me conseilla de recourir à
Daran, dont les bougies plus flexibles parvinrent en effet à s'insi-
nuer : mais, en rendant compte à madame Dupin de mon état,
Morand lui déclara que dans six mois je ne serais pas en vie. Ce
discours, qui me parvint, me fit faire de sérieuses réflexions sur
mon état, et sur la bêtise de sacrifier le repos et l'agrément
du peu de jours qui me restaient à vivre, à l'assujettissement d'un
emploi pour lequel je ne me sentais que du dégoût. D'ailleurs,
comment accorder les sévères principes que je venais d'adopter
avec un état qui s'y rapportait si peu ? et n'aurais-je pas bonne
grâce, caissier d'un receveur général des finances, à prêcher le
désintéressement et la pauvreté ? Ces idées fermentèrent si bien

dans ma tête avec la fièvre, elles s'y combinèrent avec tant de force, que rien depuis lors ne les en put arracher; et durant ma convalescence, je me confirmai de sang-froid dans les résolutions que j'avais prises dans mon délire. Je renonçai pour jamais à tout projet de fortune et d'avancement. Déterminé à passer dans l'indépendance et la pauvreté le peu de temps qui me restait à vivre, j'appliquai toutes les forces de mon âme à briser les fers de l'opinion, et à faire avec courage tout ce qui me paraissait bien, sans m'embarrasser aucunement du jugement des hommes. Les obstacles que j'eus à combattre, et les efforts que je fis pour en triompher, sont incroyables. Je réussis autant qu'il était possible, et plus que je n'avais espéré moi-même. Si j'avais aussi bien secoué le joug de l'amitié que celui de l'opinion, je venais à bout de mon dessein, le plus grand peut-être, ou du moins le plus utile à la vertu que mortel ait jamais conçu; mais, tandis que je foulais aux pieds les jugements insensés de la tourbe vulgaire des soi-disant grands et des soi-disant sages, je me laissais subjuguer et mener comme un enfant par de soi-disant amis, qui, jaloux de me voir marcher seul dans une route nouvelle, tout en paraissant s'occuper beaucoup à me rendre heureux, ne s'occupaient en effet qu'à me rendre ridicule, et commencèrent par travailler à m'avilir, pour parvenir dans la suite à me diffamer. Ce fut moins ma célébrité littéraire que ma réforme personnelle, dont je marque ici l'époque, qui m'attira leur jalousie : ils m'auraient pardonné peut-être de briller dans l'art d'écrire; mais ils ne purent me pardonner de donner dans ma conduite un exemple qui semblait les importuner. J'étais né pour l'amitié; mon humeur facile et douce la nourrissait sans peine. Tant que je vécus ignoré du public, je fus aimé de tous ceux qui me connurent, et je n'eus pas un seul ennemi; mais sitôt que j'eus un nom, je n'eus plus d'amis. Ce fut un très grand malheur; un plus grand encore fut d'être environné de gens qui prenaient ce nom, et qui n'usèrent des droits qu'il leur donnait que pour m'entraîner à ma perte. La suite de ces mémoires développera cette odieuse trame; je n'en montre ici que l'origine : on en verra bientôt former le premier nœud.

Dans l'indépendance où je voulais vivre, il fallait cependant subsister. J'en imaginai un moyen très simple, ce fut de copier de la musique à tant la page. Si quelque occupation plus solide eût rempli le même but, je l'aurais prise; mais ce talent étant de mon goût, et le seul qui, sans assujettissement personnel, pût me donner du pain au jour le jour, je m'y tins. Croyant n'avoir plus besoin de prévoyance, et faisant taire la vanité, de caissier d'un financier je me fis copiste de musique. Je crus avoir gagné beaucoup à ce choix; et je m'en suis si peu repenti, que je n'ai quitté ce métier que par force, pour le reprendre aussitôt que je pourrai.

Le succès de mon premier Discours me rendit l'exécution de cette résolution plus facile. Quand il eut remporté le prix, Diderot se chargea de le faire imprimer. Tandis que j'étais dans mon lit, il m'écrivit un billet pour m'en annoncer la publication et l'effet. *Il prend*, me marquait-il, *tout par-dessus les nues; il n'y a pas d'exemple d'un succès pareil.* Cette faveur du public, nullement briguée, et pour un auteur inconnu, me donna la première assurance véritable de mon talent, dont, malgré le sentiment interne, j'avais toujours douté jusqu'alors. Je compris tout l'avantage que j'en pouvais tirer pour le parti que j'étais prêt à prendre, et je jugeai qu'un copiste de quelque célébrité dans les lettres ne manquerait vraisemblablement pas de travail.

Sitôt que ma résolution fut bien prise et bien confirmée, j'écrivis un billet à M. de Francueil pour lui en faire part, pour le remercier, ainsi que madame Dupin, de toutes leurs bontés, et pour leur demander leur pratique. Francueil, ne comprenant rien à ce billet, et me croyant encore dans le transport de la fièvre, accourut chez moi; mais il trouva ma résolution si bien prise qu'il ne put parvenir à l'ébranler. Il alla dire à madame Dupin et à tout le monde que j'étais devenu fou; je laissai dire, et j'allai mon train. Je commençai ma réforme par ma parure; je quittai la dorure et les bas blancs; je pris une perruque ronde; je posai l'épée; je vendis ma montre en me disant avec une joie incroyable : Grâce au ciel, je n'aurai plus besoin de savoir l'heure qu'il est. M. de Francueil eut l'honnêteté d'attendre assez longtemps encore avant de disposer de sa caisse. Enfin, voyant mon parti bien pris,

il la remit à M. d'Alibard, jadis gouverneur du jeune Chenon-
ceaux, et connu dans la botanique par sa *Flora parisiensis*.

Quelque austère que fût ma réforme somptuaire, je ne l'étendis
pas d'abord jusqu'à mon linge, qui était beau et en quantité, reste
de mon équipage de Venise, et pour lequel j'avais un attache-
ment particulier. A force d'en faire un objet de propreté, j'en
avais fait un objet de luxe, qui ne laissait pas de m'être coûteux.
Quelqu'un me rendit le bon office de me délivrer de cette servitude.
La veille de Noël, tandis que les gouverneuses étaient à vêpres et
que j'étais au concert spirituel, on força la porte d'un grenier où
était étendu tout notre linge, après une lessive qu'on venait de
faire. On vola tout, et entre autres quarante-deux chemises à moi,
de très belle toile, et qui faisaient le fond de ma garde-robe en
linge. A la façon dont les voisins dépeignirent un homme qu'on
avait vu sortir de l'hôtel, portant des paquets à la même heure,
Thérèse et moi soupçonnâmes son frère, qu'on savait être un très
mauvais sujet. La mère repoussa vivement ce soupçon ; mais tant
d'indices le confirmèrent, qu'il nous resta, malgré qu'elle en eût.
Je n'osai faire d'exactes recherches, de peur de trouver plus que
je n'aurais voulu. Ce frère ne se montra plus chez moi, et dis-
parut enfin tout à fait. Je déplorai le sort de Thérèse et le mien
de tenir à une famille si mêlée, et je l'exhortai plus que jamais de
secouer un joug aussi dangereux. Cette aventure me guérit de la
passion du beau linge, et je n'en ai plus eu depuis que de très
commun, plus assortissant au reste de mon équipage.

Ayant ainsi complété ma réforme, je ne songeai plus qu'à la
rendre solide et durable, en travaillant à déraciner de mon cœur
tout ce qui tenait encore au jugement des hommes, tout ce qui
pouvait me détourner, par la crainte du blâme, de ce qui était
bon et raisonnable en soi. A l'aide du bruit que faisait mon
ouvrage, ma résolution fit du bruit aussi, et m'attira des pratiques ;
de sorte que je commençai mon métier avec assez de succès. Plu-
sieurs causes cependant m'empêchèrent d'y réussir comme j'aurais
pu faire en d'autres circonstances. D'abord ma mauvaise santé.
L'attaque que je venais d'essuyer eut des suites qui ne m'ont
laissé jamais aussi bien portant qu'auparavant ; et je crois que les

médecins auxquels je me livrai me firent bien autant de mal que la maladie. Je vis successivement Morand, Daran, Helvétius, Malouin, Thierry, qui, tous très savants, tous mes amis, me traitèrent chacun à sa mode, ne me soulagèrent point, et m'affaiblirent considérablement. Plus je m'asservissais à leur direction, plus je devenais jaune, maigre, faible. Mon imagination, qu'ils effarouchaient, mesurant mon état sur l'effet de leurs drogues, ne me montrait avant la mort qu'une suite de souffrances, les rétentions, la gravelle, la pierre. Tout ce qui soulage les autres, les tisanes, les bains, la saignée, empirait mes maux. M'étant aperçu que les sondes de Daran, qui seules me faisaient quelque effet, et sans lesquelles je ne croyais plus pouvoir vivre, ne me donnaient cependant qu'un soulagement momentané, je me mis à faire, à grands frais, d'immenses provisions de sondes, pour pouvoir en porter toute ma vie, même au cas que Daran vînt à manquer. Pendant huit ou dix ans que je m'en suis servi si souvent, il faut, avec tout ce qui m'en reste, que j'en aie acheté pour cinquante louis. On sent qu'un traitement si coûteux, si douloureux, si pénible, ne me laissait pas travailler sans distraction, et qu'un mourant ne met pas une ardeur bien vive à gagner son pain quotidien.

Les occupations littéraires firent une autre distraction non moins préjudiciable à mon travail journalier. A peine mon discours eut-il paru que les défenseurs des lettres fondirent sur moi comme de concert. Indigné de voir tant de petits messieurs Josse, qui n'entendaient pas même la question, vouloir en décider en maîtres, je pris la plume, et j'en traitai quelques-uns de manière à ne pas laisser les rieurs de leur côté. Un certain M. Gautier, de Nanci, le premier qui tomba sous ma plume, fut rudement malmené dans une lettre à M. Grimm. Le second fut le roi Stanislas lui-même, qui ne dédaigna pas d'entrer en lice avec moi. L'honneur qu'il me fit me força de changer de ton pour lui répondre; j'en pris un plus grave, mais non moins fort; et, sans manquer de respect à l'auteur, je réfutai pleinement l'ouvrage. Je savais qu'un jésuite, appelé le P. Menou, y avait mis la main : je me fiai à mon tact pour démêler ce qui était du prince et ce qui était

du moine; et, tombant sans ménagement sur toutes les phrases
jésuitiques, je relevai, chemin faisant, un anachronisme que je
crus ne pouvoir venir que du révérend. Cette pièce, qui, je ne
sais pourquoi, a fait moins de bruit que mes autres écrits, est jus-
qu'à présent un ouvrage unique dans son espèce. J'y saisis l'occa-
sion qui m'était offerte d'apprendre au public comment un parti-
culier pouvait défendre la cause de la vérité contre un souverain
même. Il est difficile de prendre en même temps un ton plus fier
et plus respectueux que celui que je pris pour lui répondre. J'avais
le bonheur d'avoir affaire à un adversaire pour lequel mon cœur
plein d'estime pouvait, sans adulation, la lui témoigner ; c'est ce
que je fis avec assez de succès, mais toujours avec dignité. Mes
amis, effrayés pour moi, croyaient déjà me voir à la Bastille. Je
n'eus pas cette crainte un seul moment, et j'eus raison. Ce bon
prince, après avoir vu ma réponse, dit : *J'ai mon compte, je ne m'y
frotte plus.* Depuis lors, je reçus de lui diverses marques d'estime
et de bienveillance, dont j'aurai quelques-unes à citer ; et mon
écrit courut tranquillement la France et l'Europe, sans que per-
sonne y trouvât rien à blâmer.

J'eus peu de temps après un autre adversaire auquel je ne
m'étais pas attendu, ce même M. Bordes, de Lyon, qui dix ans
auparavant m'avait fait beaucoup d'amitiés et rendu plusieurs
services. Je ne l'avais pas oublié, mais je l'avais négligé par
paresse ; et je ne lui avais pas envoyé mes écrits, faute d'occasion
toute trouvée pour les lui faire passer. J'avais donc tort ; et il
m'attaqua, honnêtement toutefois, et je répondis de même. Il
répliqua sur un ton plus décidé. Cela donna lieu à ma dernière
réponse, après laquelle il ne dit plus rien : mais il devint mon
plus ardent ennemi, saisit le temps de mes malheurs pour faire
contre moi d'affreux libelles, et fit un voyage à Londres exprès
pour m'y nuire.

Toute cette polémique m'occupait beaucoup, avec beaucoup de
perte de temps pour ma copie, peu de progrès pour la vérité, et
peu de profit pour ma bourse. Pissot, alors mon libraire, me don-
nait toujours très peu de chose de mes brochures, souvent rien
du tout ; et, par exemple, je n'eus pas un liard de mon premier

Discours ; Diderot le lui donna gratuitement. Il fallait attendre longtemps, et tirer sou à sou le peu qu'il me donnait. Cependant la copie n'allait point. Je faisais deux métiers, c'était le moyen de faire mal l'un et l'autre.

Ils se contrariaient encore d'une autre façon, par les diverses manières de vivre auxquelles ils m'assujettissaient. Le succès de mes premiers écrits m'avait mis à la mode. L'état que j'avais pris excitait la curiosité ; l'on voulait connaître cet homme bizarre, qui ne recherchait personne, et ne se souciait de rien que de vivre libre et heureux à sa manière : c'en était assez pour qu'il ne le pût point. Ma chambre ne désemplissait pas de gens qui, sous divers prétextes, venaient s'emparer de mon temps. Les femmes employaient mille ruses pour m'avoir à dîner. Plus je brusquais les gens, plus ils s'obstinaient. Je ne pouvais refuser tout le monde. En me faisant mille ennemis par mes refus, j'étais incessamment subjugué par ma complaisance ; et de quelque façon que je m'y prisse, je n'avais pas par jour une heure de temps à moi.

Je sentis alors qu'il n'est pas toujours aussi aisé qu'on se l'imagine d'être pauvre et indépendant. Je voulais vivre de mon métier ; le public ne le voulait pas. On imaginait mille petits moyens de me dédommager du temps qu'on me faisait perdre. Bientôt il aurait fallu me montrer comme Polichinelle, à tant par personne. Je ne connais pas d'assujettissement plus avilissant et plus cruel que celui-là. Je n'y vis de remède que de refuser les cadeaux grands et petits, de ne faire d'exception pour qui que ce fût. Tout cela ne fit qu'attirer les donneurs, qui voulaient avoir la gloire de vaincre ma résistance, et me forcer de leur être obligé malgré moi. Tel qui ne m'aurait pas donné un écu si je l'avais demandé, ne cessait de m'importuner de ses offres, et, pour se venger de les voir rejetées, taxait mes refus d'arrogance et d'ostentation.

On se doutera bien que le parti que j'avais pris, et le système que je voulais suivre, n'étaient pas du goût de madame Le Vasseur. Tout le désintéressement de la fille ne l'empêchait pas de suivre les directions de sa mère ; et les *gouverneuses*, comme les appelait Gauffecourt, n'étaient pas toujours aussi fermes que moi dans

leur refus. Quoiqu’on me cachât bien des choses, j’en vis assez
pour juger que je ne voyais pas tout; et cela me tourmenta, moins
par l’accusation de connivence qu’il m’était aisé de prévoir, que
par l’idée cruelle de ne pouvoir jamais être maître chez moi, ni de
moi. Je priais, je conjurais, je me fâchais, le tout sans succès; la
maman me faisait passer pour un grondeur éternel, pour un
bourru; c’était, avec mes amis, des chuchoteries continuelles;
tout était mystère et secret pour moi dans mon ménage; et, pour
ne pas m’exposer sans cesse à des orages, je n’osais plus m’infor-
mer de ce qui s’y passait. Il aurait fallu, pour me tirer de tous
ces tracas, une fermeté dont je n’étais pas capable. Je savais
crier, et non pas agir; on me laissait dire et l’on allait son train.

Ces tiraillements continuels, et les importunités journalières
auxquelles j’étais assujetti, me rendirent enfin ma demeure et le
séjour de Paris désagréables. Quand mes incommodités me per-
mettaient de sortir, et que je ne me laissais pas entraîner ici ou là
par mes connaissances, j’allais me promener seul; je rêvais à mon
grand système, j’en jetais quelque chose sur le papier, à l’aide
d’un livret blanc et d’un crayon que j’avais toujours dans ma
poche. Voilà comment les désagréments imprévus d’un état de
mon choix me jetèrent par diversion tout à fait dans la littéra-
ture, et voilà comment je portai dans tous mes premiers ouvrages
la bile et l’humeur qui m’en faisaient occuper.

Une autre chose y contribuait encore. Jeté malgré moi dans le
monde sans en avoir le ton, sans être en état de le prendre et de
m’y pouvoir assujettir, je m’avisai d’en prendre un à moi qui m’en
dispensât. Ma sotte et maussade timidité, que je ne pouvais
vaincre, ayant pour principe la crainte de manquer aux bien-
séances, je pris, pour m’enhardir, le parti de les fouler aux pieds.
Je me fis cynique et caustique par honte; j’affectai de mépriser la
politesse que je ne savais pas pratiquer. Il est vrai que cette
âpreté, conforme à mes nouveaux principes, s’ennoblissait dans
mon âme, y prenait l’intrépidité de la vertu; et c’est, je l’ose dire,
sur cette auguste base qu’elle s’est soutenue mieux et plus long-
temps qu’on n’aurait dû l’attendre d’un effort si contraire à mon
naturel. Cependant, malgré la réputation de misanthropie que mon

extérieur et quelques mots heureux me donnèrent dans le monde, il est certain que, dans le particulier, je soutins toujours mal mon personnage ; que mes amis et mes connaissances menaient cet ours si farouche comme un agneau, et que, bornant mes sarcasmes à des vérités dures, mais générales, je n'ai jamais su dire un mot désobligeant à qui que ce fût.

Le Devin du village acheva de me mettre à la mode, et bientôt il n'y eut pas d'homme plus recherché que moi dans Paris. L'histoire de cette pièce, qui fait époque, tient à celle des liaisons que j'avais pour lors. C'est un détail dans lequel je dois entrer pour l'intelligence de ce qui doit suivre.

J'avais un assez grand nombre de connaissances, mais deux seuls amis de choix, Diderot et Grimm. Par un effet du désir que j'ai de rassembler tout ce qui m'est cher, j'étais trop l'ami de tous les deux pour qu'ils ne le fussent pas bientôt l'un de l'autre. Je les liai ; ils se convinrent, et s'unirent encore plus étroitement entre eux qu'avec moi. Diderot avait des connaissances sans nombre ; mais Grimm, étranger et nouveau venu, avait besoin d'en faire. Je ne demandais pas mieux que de lui en procurer. Je lui avais donné Diderot, je lui donnai Gauffecourt. Je le menai chez madame de Chenonceaux, chez madame d'Épinay, chez le baron d'Holbach, avec lequel je me trouvais lié presque malgré moi. Tous mes amis devinrent les siens, cela était tout simple ; mais aucun des siens ne devint jamais le mien, voilà ce qui l'était moins. Tandis qu'il logeait chez le comte de Frièse, il nous donnait souvent à dîner chez lui ; mais jamais je n'ai reçu aucun témoignage d'amitié ni de bienveillance du comte de Frièse ni du comte de Schomberg, son parent, très familier avec Grimm, ni d'aucune des personnes, tant hommes que femmes, avec lesquelles Grimm eut par eux des liaisons. J'excepte le seul abbé Raynal, qui, quoique son ami, se montra des miens, et m'offrit dans l'occasion sa bourse avec une générosité peu commune. Mais je connaissais l'abbé Raynal longtemps avant que Grimm le connût lui-même, et je lui avais toujours été attaché depuis un procédé plein de délicatesse et d'honnêteté qu'il eut pour moi dans une occasion bien légère, mais que je n'oublierai jamais.

Cet abbé Raynal est certainement un ami chaud. J'en eus la preuve à peu près dans le temps dont je parle envers le même Grimm, avec lequel il était étroitement lié. Grimm, après avoir vu quelque temps de bonne amitié mademoiselle Fel, s'avisa tout d'un coup d'en devenir éperdument amoureux, et de vouloir supplanter Cahusac. La belle, se piquant de constance, éconduisit ce nouveau prétendant. Celui-ci prit l'affaire au tragique, et s'avisa d'en vouloir mourir. Il tomba tout subitement dans la plus étrange maladie dont jamais peut-être on ait ouï parler. Il passait les jours et les nuits dans une continuelle léthargie, les yeux bien ouverts, le pouls bien battant, mais sans parler, sans manger, sans bouger, paraissant quelquefois entendre, mais ne répondant jamais, pas même par signes ; et du reste, sans agitation, sans douleur, sans fièvre, et restant là comme s'il eût été mort. L'abbé Raynal et moi nous partageâmes sa garde ; l'abbé, plus robuste et mieux portant, y passait les nuits, moi les jours, sans le quitter, jamais ensemble ; et l'un ne partait jamais sans que l'autre fût arrivé. Le comte de Frièse, alarmé, lui amena Senac, qui, après l'avoir bien examiné, dit que ce ne serait rien, et n'ordonna rien. Mon effroi pour mon ami me fit observer avec soin la contenance du médecin et je le vis sourire en sortant. Cependant le malade resta plusieurs jours immobile, sans prendre ni bouillon, ni quoi que ce fût, que des cerises confites que je lui mettais de temps en temps sur la langue, et qu'il avalait fort bien. Un beau matin il se leva, s'habilla, et reprit son train de vie ordinaire, sans que jamais il m'ait reparlé, ni, que je sache, à l'abbé Raynal, ni à personne, de cette singulière léthargie, ni des soins que nous lui avions rendus tandis qu'elle avait duré.

Cette aventure ne laissa pas de faire du bruit ; et c'eût été réellement une anecdote merveilleuse que la cruauté d'une fille d'Opéra eût fait mourir un homme de désespoir. Cette belle passion mit Grimm à la mode ; bientôt il passa pour un prodige d'amour, d'amitié, d'attachement de toute espèce. Cette opinion le fit rechercher et fêter dans le grand monde, et par là l'éloigna de moi, qui jamais n'avais été pour lui qu'un pis-aller. Je le vis prêt à m'échapper tout à fait. J'en fus navré, car tous les sentiments

vifs dont il faisait parade étaient ceux qu'avec moins de bruit
j'avais pour lui. J'étais bien aise qu'il réussît dans le monde ; mais
je n'aurais pas voulu que ce fût en oubliant son ami. Je lui dis
un jour : Grimm, vous me négligez ; je vous le pardonne : quand
la première ivresse des succès bruyants aura fait son effet et que
vous en sentirez le vide, j'espère que vous reviendrez à moi, et
vous me retrouverez toujours : quant à présent, ne vous gênez
point ; je vous laisse libre et je vous attends. Il me dit que j'avais
raison, s'arrangea en conséquence, et se mit si bien à son aise,
que je ne le vis plus qu'avec nos amis communs.

Notre principal point de réunion, avant qu'il fût aussi lié avec
madame d'Épinay qu'il le fut dans la suite, était la maison
du baron d'Holbach. Cedit baron était un fils de parvenu, qui
jouissait d'une assez grande fortune, dont il usait noblement,
recevant chez lui des gens de lettres et de mérite, et, par son
savoir et ses lumières, tenant bien sa place au milieu d'eux. Lié
depuis longtemps avec Diderot, il m'avait recherché par son
entremise, même avant que mon nom fût connu. Une répu-
gnance naturelle m'empêcha longtemps de répondre à ses
avances. Un jour qu'il m'en demanda la raison, je lui dis : Vous
êtes trop riche. Il s'obstina, et vainquit enfin. Mon plus grand
malheur fut toujours de ne pouvoir résister aux caresses : je ne me
suis jamais bien trouvé d'y avoir cédé.

Une autre connaissance, qui devint amitié sitôt que j'eus un
titre pour y prétendre, fut celle de M. Duclos. Il y avait plusieurs
années que je l'avais vu pour la première fois à la Chevrette, chez
madame d'Épinay, avec laquelle il était très bien. Nous ne fîmes
que dîner ensemble, il repartit le même jour ; mais nous causâmes
quelques moments après le dîner. Madame d'Épinay lui avait
parlé de moi et de mon opéra des *Muses galantes*. Duclos, doué de
trop grands talents pour ne pas aimer ceux qui en avaient, s'était
prévenu pour moi, m'avait invité à l'aller voir. Malgré mon
ancien penchant renforcé par la connaissance, ma timidité, ma
paresse, me retinrent tant que je n'eus aucun passe-port auprès
de lui que sa complaisance : mais, encouragé par mon premier
succès et par ses éloges qui me revinrent, je fus le voir, il vint

J. J. ROUSSEAU AU CLAVECIN

me voir; et ainsi commencèrent entre nous des liaisons qui me le
rendront toujours cher, et à qui je dois de savoir, outre le témoi·
gnage de mon pauvre cœur, que la droiture et la probité peuvent
s'allier quelquefois avec la culture des lettres.

Beaucoup d'autres liaisons moins solides, et dont je ne fais pas
ici mention, furent l'effet de mes premiers succès, et durèrent
jusqu'à ce que la curiosité fût satisfaite. J'étais un homme sitôt
vu, qu'il n'y avait rien à voir de nouveau le lendemain. Une
femme cependant qui me rechercha dans ce temps-là, tint plus
solidement que toutes les autres: ce fut madame la marquise de
Créqui, nièce de M. le bailli de Froulay, ambassadeur de Malte,
dont le frère avait précédé M. de Montaigu dans l'ambassade de
Venise, et que j'avais été voir à mon retour de ce pays-là.
Madame de Créqui m'écrivit; j'allai chez elle : elle me prit en
amitié. J'y dînais quelquefois, j'y vis plusieurs gens de lettres, et
entre autres M. Saurin, l'auteur de *Spartacus*, de *Barneveldt*, etc.,
devenu depuis lors mon très cruel ennemi sans que j'en puisse
imaginer d'autre cause, sinon que je porte le nom d'un homme
que son père a bien vilainement persécuté.

On voit que, pour un copiste qui devait être occupé de son mé-
tier du matin jusqu'au soir, j'avais des distractions qui ne ren-
daient pas ma journée fort lucrative, et qui m'empêchaient d'être
assez attentif à ce que je faisais pour le bien faire; aussi perdais-
je à effacer ou à gratter mes fautes, ou à recommencer ma feuille,
plus de la moitié du temps qu'on me laissait. Cette importunité
me rendait de jour en jour Paris plus insupportable, et me faisait
rechercher la campagne avec ardeur. J'allai plusieurs fois passer
quelques jours à Marcoussis, dont madame Le Vasseur connaissait
le vicaire, chez lequel nous nous arrangions tous de façon qu'il
ne s'en trouvait pas mal. Grimm y vint une fois avec nous. Le
vicaire avait de la voix, chantait bien, et, quoiqu'il ne sût pas la
musique, il apprenait sa partie avec beaucoup de facilité et de
précision. Nous y passions le temps à chanter mes trios de Che-
nonceaux. J'y en fis deux ou trois nouveaux, sur des paroles que
Grimm et le vicaire bâtissaient tant bien que mal. Je ne puis
m'empêcher de regretter ces trios faits et chantés dans des mo-

ments de bien pure joie, et que j'ai laissés à Wootton avec toute
ma musique. Mademoiselle Davenport en a peut-être déjà fait des
papillotes : mais ils méritaient d'être conservés, et sont pour la
plupart d'un très bon contre-point. Ce fut après quelqu'un de ces
petits voyages, où j'avais le plaisir de voir la tante à son aise, bien
gaie, et où je m'égayais fort aussi, que j'écrivis au vicaire, fort
rapidement et fort mal, une épître en vers qu'on trouvera parmi
mes papiers.

J'avais, plus près de Paris, une autre station fort de mon goût
chez M. Mussard, mon compatriote, mon parent et mon ami, qui
s'était fait à Passy une retraite charmante où j'ai coulé de bien pai-
sibles moments. M. Mussard était un joaillier, homme de bon sens,
qui, après avoir acquis dans son commerce une fortune honnête,
et avoir marié sa fille unique à M. de Valmalette, fils d'un agent
de change et maître d'hôtel du roi, prit le sage parti de quitter le
négoce et les affaires, et de mettre un intervalle de repos et de
jouissance entre le tracas de la vie et la mort. Le bonhomme
Mussard, vrai philosophe de pratique, vivait sans souci, dans une
maison très agréable qu'il s'était bâtie, et dans un très joli jardin
qu'il avait planté de ses mains. En fouillant à fond de cuve les
terrasses de ce jardin, il trouva des coquillages fossiles, et il en
trouva en si grande quantité, que son imagination exaltée ne vit
plus que coquilles dans la nature, et qu'il crut enfin tout de bon
que l'univers n'était que coquilles, débris de coquilles, et que la
terre n'était que du cron. Toujours occupé de cet objet de ses
singulières découvertes, il s'échauffa si bien sur ces idées, qu'elles
se seraient enfin tournées dans sa tête en système, c'est-à-dire en
folie, si, très heureusement pour sa raison, mais bien malheureu-
sement pour ses amis, auxquels il était cher, et qui trouvaient
chez lui l'asile le plus agréable, la mort ne fût venue le leur enle-
ver par la plus étrange et cruelle maladie : c'était une tumeur dans
l'estomac, toujours croissante, qui l'empêchait de manger, sans
que durant très longtemps on en trouvât la cause, et qui finit,
après plusieurs années de souffrances, par le faire mourir de faim.
Je ne puis me rappeler, sans des serrements de cœur, les derniers
temps de ce pauvre et digne homme, qui, nous recevant encore

avec tant de plaisir, Lenieps et moi, les seuls amis que le spectacle des maux qu'il souffrait n'écarta pas de lui, jusqu'à sa dernière heure, qui, dis-je, était réduit à dévorer des yeux les repas qu'il nous faisait servir, sans pouvoir presque humer quelques gouttes d'un thé bien léger qu'il fallait rejeter un moment après. Mais avant ces temps de douleur, combien j'en ai passé chez lui d'agréables avec les amis d'élite qu'il s'était faits! A leur tête je mets l'abbé Prevost, homme très aimable et très simple, dont le cœur vivifiait ses écrits, dignes de l'immortalité, et qui n'avait rien dans l'humeur ni dans la société du sombre coloris qu'il donnait à ses ouvrages; le médecin Procope, petit Ésope à bonnes fortunes ; Boulanger, le célèbre auteur posthume du *Despotisme oriental*, et qui, je crois, étendait les systèmes de Mussard sur la durée du monde : en femmes, madame Denis, nièce de Voltaire, qui, n'étant alors qu'une bonne femme, ne faisait pas encore du bel esprit ; madame Vanloo, non pas belle assurément, mais charmante, qui chantait comme un ange ; madame de Valmalette elle-même, qui chantait aussi, et qui, quoique fort maigre, eût été fort aimable si elle en eût moins eu la prétention. Telle était à peu près la société de M. Mussard, qui m'aurait assez plu si son tête-à-tête avec sa conchyliomanie ne m'avait plu davantage ; et je puis dire que pendant plus de six mois j'ai travaillé à son cabinet avec autant de plaisir que lui-même.

Il y avait longtemps qu'il prétendait que pour mon état les eaux de Passy me seraient salutaires, et qu'il m'exhortait à les venir prendre chez lui. Pour me tirer un peu de l'urbaine cohue, je me rendis à la fin, et je fus passer à Passy huit ou dix jours, qui me firent plus de bien parce que j'étais à la campagne, que parce que j'y prenais les eaux. Mussard jouait du violoncelle, et aimait passionnément la musique italienne. Un soir nous en parlâmes beaucoup avant de nous coucher et surtout des *opere buffe* que nous avions vus l'un et l'autre en Italie et dont nous étions tous deux transportés. La nuit, ne dormant pas, j'allai rêver comment on pourrait faire pour donner en France l'idée d'un drame de ce genre ; car les *Amours de Ragonde* n'y ressemblaient point du tout. Le matin, en me promenant et prenant des eaux,

je fis quelques manières de vers très à la hâte, et j'y adaptai des chants qui me revinrent en les faisant. Je barbouillai le tout dans une espèce de salon voûté qui était au haut du jardin : et au thé, je ne pus m'empêcher de montrer ces airs à Mussard et à mademoiselle Duvernois sa gouvernante, qui était en vérité une très bonne et aimable fille. Les trois morceaux que j'avais esquissés étaient le premier monologue, *J'ai perdu mon serviteur*; l'air du Devin, *L'amour croît s'il s'inquiète*, et le dernier duo, *A jamais, Colin, je t'engage*, etc. J'imaginais si peu que cela valût la peine d'être suivi, que, sans les applaudissements et les encouragements de l'un et de l'autre, j'allais jeter au feu mes chiffons et n'y plus penser, comme j'ai fait tant de fois pour des choses au moins aussi bonnes : mais ils m'excitèrent si bien, qu'en six jours mon drame fut écrit, à quelques vers près, et toute ma musique esquissée, tellement que je n'eus plus à faire à Paris qu'un peu de récitatif et tout le remplissage; et j'achevai le tout avec une telle rapidité, qu'en trois semaines mes scènes furent mises au net et en état d'être représentées. Il n'y manquait que le divertissement, qui ne fut fait que longtemps après.

Échauffé de la composition de cet ouvrage, j'avais une grande passion de l'entendre, et j'aurais donné tout au monde pour le voir représenter à ma fantaisie, à portes fermées, comme on dit que Lulli fit une fois jouer *Armide* pour lui seul. Comme il ne m'était pas possible d'avoir ce plaisir qu'avec le public, il fallait nécessairement, pour jouir de ma pièce, la faire passer à l'Opéra. Malheureusement elle était dans un genre absolument neuf, auquel les oreilles n'étaient point accoutumées; et d'ailleurs, le mauvais succès des *Muses galantes* me faisait prévoir celui du *Devin*, si je le présentais sous mon nom. Duclos me tira de peine, et se chargea de faire essayer l'ouvrage en laissant ignorer l'auteur. Pour ne pas me déceler, je ne me trouvai point à cette répétition; et les *petits violons*, qui la dirigèrent, ne surent eux-mêmes quel en était l'auteur, qu'après qu'une acclamation générale eut attesté la bonté de l'ouvrage. Tous ceux qui l'entendirent en étaient enchantés, au point que dès le lendemain, dans toutes les sociétés, on ne parlait d'autre chose. M. de Cury, intendant

des menus, qui avait assisté à la répétition, demanda l'ouvrage
pour être donné à la cour. Duclos, qui savait mes intentions,
jugeant que je serais moins le maître de ma pièce à la cour qu'à
Paris, la refusa. Cury la réclama d'autorité. Duclos tint bon ; et le
débat] entre eux devint si vif, qu'un jour à l'Opéra ils allaient
sortir ensemble, si on ne les eût séparés. On voulut s'adresser à
moi : je renvoyai la décision de la chose à M. Duclos. Il fallut
retourner à lui. M. le duc d'Aumont s'en mêla. Duclos crut enfin
devoir céder à l'autorité, et la pièce fut donnée pour être jouée à
Fontainebleau.

La partie à laquelle je m'étais le plus attaché, et où je m'éloi-
gnais le plus de la route commune, était le récitatif. Le mien était
accentué d'une façon toute nouvelle, marchait avec le débit de la
parole. On n'osa laisser cette terrible innovation ; l'on craignait
qu'elle ne révoltât les oreilles moutonnières. Je consentis que
Francueil et Jelyotte fissent un autre récitatif, mais je ne voulus
pas m'en mêler.

Quand tout fut prêt et le jour fixé pour la représentation, l'on
me proposa le voyage de Fontainebleau, pour voir au moins la
dernière répétition. J'y fus avec mademoiselle Fel, Grimm, et,
je crois, l'abbé Raynal, dans une voiture de la cour. La répétition
fut passable ; j'en fus plus content que je ne m'y étais attendu.
L'orchestre était nombreux, composé de ceux de l'Opéra et de la
Musique du Roi. Jelyotte faisait Colin ; mademoiselle Fel,
Colette ; Cuvilier, le Devin ; les chœurs étaient ceux de l'Opéra.
Je dis peu de chose : c'était Jelyotte qui avait tout dirigé ; je ne
voulus pas contrôler ce qu'il avait fait ; et, malgré mon ton romain,
j'étais honteux comme un écolier au milieu de tout ce monde.

Le lendemain, jour de la représentation, j'allai déjeuner au
café du Grand-Commun. Il y avait là beaucoup de monde. On
parlait de la répétition de la veille, et de la difficulté qu'il y avait
eu d'y entrer. Un officier qui était là dit qu'il était entré sans
peine, conta au long ce qui s'y était passé, dépeignit l'auteur, rap-
porta ce qu'il avait fait, ce qu'il avait dit ; mais ce qui m'émerveilla
de ce récit assez long, fait avec autant d'assurance que de simpli-
cité, fut qu'il ne s'y trouva pas un seul mot de vrai. Il m'était très

clair que celui qui parlait si savamment de cette répétition n'y avait point été, puisqu'il avait devant les yeux, sans le connaître, cet auteur qu'il disait avoir tant vu. Ce qu'il y eut de plus singulier dans cette scène, fut l'effet qu'elle fit sur moi. Cet homme était d'un certain âge : il n'avait pas l'air ni le ton fat et avantageux ; sa physionomie annonçait un homme de mérite, sa croix de Saint-Louis annonçait un ancien officier. Il m'intéressait malgré son impudence et malgré moi. Tandis qu'il débitait ses mensonges, je rougissais, je baissais les yeux, j'étais sur les épines ; je cherchais quelquefois en moi-même s'il n'y aurait pas moyen de le croire dans l'erreur et de bonne foi. Enfin, tremblant que quelqu'un ne me reconnût et ne lui en fît l'affront, je me hâtai d'achever mon chocolat sans rien dire ; et, baissant la tête en passant devant lui, je sortis le plus tôt qu'il me fût possible, tandis que les assistants péroraient sur sa relation. Je m'aperçus dans la rue que j'étais en sueur ; et je suis sûr que si quelqu'un m'eût reconnu et nommé avant ma sortie, on m'aurait vu la honte et l'embarras d'un coupable, par le seul sentiment de la peine que ce pauvre homme aurait à souffrir si son mensonge était reconnu.

Me voici dans un de ces moments critiques de ma vie où il est difficile de ne faire que narrer, parce qu'il est presque impossible que la narration même ne porte empreinte de censure ou d'apologie. J'essayerai toutefois de rapporter comment et sur quels motifs je me conduisis, sans y ajouter ni louanges ni blâme.

J'étais ce jour-là dans le même équipage négligé qui m'était ordinaire ; grande barbe et perruque assez mal peignée. Prenant ce défaut de décence pour un acte de courage, j'entrai de cette façon dans la même salle où devaient arriver, peu de temps après, le roi, la reine, la famille royale et toute la cour. J'allai m'établir dans la loge où me conduisit M. de Cury, et qui était la sienne : c'était une grande loge sur le théâtre, vis-à-vis une petite loge plus élevée, où se plaça le roi avec madame de Pompadour. Environné de dames, et seul d'homme sur le devant de la loge, je ne pus douter qu'on ne m'eût mis là précisément pour être en vue. Quand on eut allumé, me voyant dans cet équipage au milieu de gens tous excessivement parés, je commençai d'être mal à mon

aise : je me demandai si j'étais à ma place, si j'y étais mis convenablement; et après quelques minutes d'inquiétude, je me répondis : Oui, avec une intrépidité qui venait peut-être plus de l'impossibilité de m'en dédire, que de la force de mes raisons. Je me dis : Je suis à ma place puisque je vois jouer ma pièce, que j'y suis invité, que je ne l'ai faite que pour cela, et qu'après tout personne n'a plus de droit que moi-même à jouir du fruit de mon travail et de mes talents. Je suis mis à mon ordinaire, ni mieux, ni pis : si je recommence à m'asservir à l'opinion dans quelque chose, m'y voilà bientôt asservi derechef en tout. Pour être toujours moi-même, je ne dois rougir, en quelque lieu que ce soit, d'être mis selon l'état que j'ai choisi : mon extérieur est simple et négligé, mais non crasseux ni malpropre : la barbe ne l'est point en elle-même, puisque c'est la nature qui nous la donne, et que, selon les temps et les modes, elle est quelquefois un ornement. On me trouvera ridicule, impertinent, eh ! que m'importe ! Je dois savoir endurer le ridicule et le blâme, pourvu qu'ils ne soient pas mérités. Après ce petit soliloque, je me raffermis si bien que j'aurais été intrépide, si j'eusse eu besoin de l'être. Mais, soit effet de la présence du maître, soit naturelle disposition des cœurs, je n'aperçus rien que d'obligeant et d'honnête dans la curiosité dont j'étais l'objet. J'en fus touché jusqu'à recommencer d'être inquiet sur moi-même et sur le sort de ma pièce, craignant d'effacer des préjugés si favorables, qui semblaient ne chercher qu'à m'applaudir. J'étais armé contre leur raillerie; mais leur air caressant, auquel je ne m'étais pas attendu, me subjugua si bien, que je tremblais comme un enfant quand on commença.

J'eus bientôt de quoi me rassurer. La pièce fut très mal jouée quant aux acteurs, mais bien chantée et bien exécutée quant à la musique. Dès la première scène, qui véritablement est d'une naïveté touchante, j'entendis s'élever dans les loges un murmure de surprise et d'applaudissement jusqu'alors inouï dans ce genre de pièces. La fermentation croissante alla bientôt au point d'être sensible dans toute l'assemblée, et, pour parler à la Montesquieu, d'augmenter son effet par son effet même. A la scène des deux

petites bonnes gens, cet effet fut à son comble. On ne claque point devant le roi, cela fit qu'on entendit tout; la pièce et l'auteur y gagnèrent. J'entendais autour de moi un chuchotement de femmes qui me semblaient belles comme des anges, et qui s'entre-disaient à demi-voix : Cela est charmant, cela est ravissant; il n'y a pas un son là qui ne parle au cœur. Le plaisir de donner de l'émotion à tant d'aimables personnes m'émut moi-même jus-qu'aux larmes, et je ne pus les contenir au premier duo, en remar-quant que je n'étais pas seul à pleurer. J'eus un moment de retour sur moi-même, en me rappelant le concert de M. de Treitorens. Cette réminiscence eut l'effet de l'esclave qui tenait la couronne sur la tête des triomphateurs; mais elle fut courte, et je me livrai bientôt pleinement et sans distraction au plaisir de savourer ma gloire. Je suis pourtant sûr qu'en ce moment la volupté du sexe y entrait beaucoup plus que la vanité d'auteur; et sûrement s'il n'y eût eu là que des hommes, je n'aurais pas été dévoré, comme je l'étais sans cesse, du désir de recueillir de mes lèvres les déli-cieuses larmes que je faisais couler. J'ai vu des pièces exciter de plus vifs transports d'admiration, mais jamais une ivresse aussi pleine, aussi douce, aussi touchante, régner dans tout un spec-tacle, et surtout à la cour, un jour de première représentation. Ceux qui ont vu celle-là doivent s'en souvenir; car l'effet en fut unique.

Le même soir, M. le duc d'Aumont me fit dire de me trouver au château le lendemain sur les onze heures, et qu'il me présenterait au roi. M. de Cury, qui me fit ce message, ajouta qu'on croyait qu'il s'agissait d'une pension, et que le roi voulait me l'annoncer lui-même.

Croira-t-on que la nuit qui suivit une aussi brillante journée fut une nuit d'angoisse et de perplexité pour moi ? Ma première idée, après celle de cette représentation, se porta sur un fréquent besoin de sortir, qui m'avait fait beaucoup souffrir le soir même au spectacle, et qui pouvait me tourmenter le lendemain quand je serais dans la galerie ou dans les appartements du roi, parmi tous ces grands, attendant le passage de Sa Majesté. Cette infirmité était la principale cause qui me tenait écarté des cercles, et qui

m'empêchait d'aller m'enfermer chez des femmes. L'idée seule de
l'état où ce besoin pouvait me mettre était capable de me le don-
ner au point de m'en trouver mal, à moins d'un esclandre auquel
j'aurais préféré la mort. Il n'y a que les gens qui connaissent cet
état qui puissent juger de l'effroi d'en courir le risque.

Je me figurais ensuite devant le roi, présenté à Sa Majesté, qui
daignait s'arrêter et m'adresser la parole. C'était là qu'il fallait de
la justesse et de la présence d'esprit pour répondre. Ma maudite
timidité, qui me trouble devant le moindre inconnu, m'aurait-elle
quitté devant le roi de France, ou m'aurait-elle permis de bien
choisir à l'instant ce qu'il fallait dire? Je voulais, sans quitter
l'air et le ton sévère que j'avais pris, me montrer sensible à l'hon-
neur que me faisait un si grand monarque. Il fallait envelopper
quelque grande et utile vérité dans une louange belle et mé-
ritée. Pour préparer d'avance une réponse heureuse, il aurait fallu
prévoir juste ce qu'il pourrait me dire; et j'étais sûr après cela de
ne pas retrouver en sa présence un mot de ce que j'aurais médité.
Que deviendrais-je en ce moment et sous les yeux de toute la
cour, s'il allait m'échapper dans mon trouble quelqu'une de mes
balourdises ordinaires? Ce danger m'alarma, m'effraya, me fit fré-
mir au point de me déterminer, à tout risque, de ne m'y pas
exposer.

Je perdais, il est vrai, la pension qui m'était offerte en quelque
sorte; mais je m'exemptais aussi du joug qu'elle m'eût imposé.
Adieu la vérité, la liberté, le courage. Comment oser désormais
parler d'indépendance et de désintéressement? Il ne fallait plus
que flatter ou me taire en recevant cette pension: encore qui
m'assurait qu'elle me serait payée? Que de pas à faire, que de gens
à solliciter! Il m'en coûterait plus de soins, et bien plus désa-
gréables, pour la conserver, que pour m'en passer. Je crus donc, en
y renonçant, prendre un parti très conséquent à mes principes, et
sacrifier l'apparence à la réalité. Je dis ma résolution à Grimm,
qui n'y opposa rien. Aux autres j'alléguai ma santé, et je partis le
matin même.

Mon départ fit du bruit et fut généralement blâmé. Mes raisons
ne pouvaient être senties par tout le monde: m'accuser d'un sot

orgueil était bien plus tôt fait, et contentait mieux la jalousie de quiconque sentait en lui-même qu'il ne se serait pas conduit ainsi. Le lendemain Jelyotte m'écrivit un billet, où il me détailla les succès de ma pièce et l'engouement où le roi lui-même en était. Toute la journée, me marquait-il, Sa Majesté ne cesse de chanter, avec la voix la plus fausse de son royaume : *J'ai perdu mon serviteur ; j'ai perdu tout mon bonheur*. Il ajoutait que dans la quinzaine on devait donner une seconde représentation du *Devin*, qui constaterait aux yeux de tout le public le plein succès de la première.

Deux jours après, comme j'entrais le soir sur les neuf heures chez madame d'Épinay, où j'allais souper, je me vis croisé par un fiacre. Quelqu'un qui était dans ce fiacre me fit signe d'y monter ; j'y monte : c'était Diderot. Il me parla de la pension avec un feu que, sur pareil sujet, je n'aurais pas attendu d'un philosophe. Il ne me fit pas un crime de n'avoir pas voulu être présenté au roi ; mais il m'en fit un terrible de mon indifférence pour la pension. Il me dit que si j'étais désintéressé pour mon compte, il ne m'était pas permis de l'être pour celui de madame Le Vasseur et de sa fille ; que je leur devais de n'omettre aucun moyen possible et honnête de leur donner du pain ; et comme on ne pouvait pas dire après tout que j'eusse refusé cette pension, il soutint que, puisqu'on avait paru disposé à me l'accorder, je devais la solliciter et l'obtenir, à quelque prix que ce fût. Quoique je fusse touché de son zèle, je ne pus goûter ses maximes, et nous eûmes à ce sujet une dispute très vive, la première que j'aie eue avec lui ; et nous n'en avons jamais eu que de cette espèce, lui me prescrivant ce qu'il prétendait que je devais faire, et moi m'en défendant parce que je croyais ne le devoir pas. Il était tard quand nous nous quittâmes. Je voulus le mener souper chez madame d'Épinay, il ne le voulut point ; et, quelque effort que le désir d'unir tous ceux que j'aime m'ait fait faire en divers temps pour l'engager à la voir, jusqu'à la mener à sa propre porte qu'il nous tint fermée, il s'en est toujours défendu, ne parlant d'elle qu'en termes très méprisants. Ce ne fut qu'après ma brouillerie avec elle et avec lui qu'ils se lièrent et qu'il commença d'en parler avec honneur.

LE DEVIN DU VILLAGE

Depuis lors Diderot et Grimm semblèrent prendre à tâche d'aliéner de moi les gouverneuses, leur faisant entendre que si elles n'étaient pas plus à leur aise, c'était mauvaise volonté de ma part, et qu'elles ne feraient jamais rien avec moi. Ils tâchaient de les engager à me quitter, leur promettant un regrat de sel, un bureau de tabac et je ne sais quoi encore, par le crédit de madame d'Épinay. Ils voulurent même entraîner Duclos ainsi que d'Holbach dans leur ligue; mais le premier s'y refusa toujours. J'eus alors quelque vent de tout ce manège; mais je ne l'appris bien distinctement que longtemps après, et j'eus souvent à déplorer le zèle aveugle et peu discret de mes amis, qui, cherchant à me réduire, incommodé comme j'étais, à la plus triste solitude, travaillaient dans leur idée à me rendre heureux par les moyens les plus propres en effet à me rendre misérable.

Le carnaval suivant, 1753, le *Devin* fut joué à Paris, et j'eus le temps, dans cet intervalle, d'en faire l'ouverture et le divertissement. Ce divertissement, tel qu'il est gravé, devait être en action d'un bout à l'autre et dans un sujet suivi, qui, selon moi, fournissait des tableaux très agréables. Mais quand je proposai cette idée à l'Opéra, on ne m'entendit seulement pas, et il fallut coudre des chants et des danses à l'ordinaire : cela fit que ce divertissement, quoique plein d'idées charmantes, qui ne déparent point les scènes, réussit très médiocrement. J'ôtai le récitatif de Jelyotte, et je rétablis le mien, tel que je l'avais fait d'abord et qu'il est gravé; et ce récitatif, un peu francisé, je l'avoue, c'est-à-dire traîné par les acteurs, loin de choquer personne, n'a pas moins réussi que les airs, et a paru, même au public, tout aussi bien fait pour le moins. Je dédiai ma pièce à M. Duclos qui l'avait protégée, et je déclarai que ce serait ma seule dédicace. J'en ai pourtant fait une seconde avec son consentement; mais il a dû se tenir encore plus honoré de cette exception, que si je n'en avais fait aucune.

J'ai sur cette pièce beaucoup d'anecdotes, sur lesquelles des choses plus importantes à dire ne me laissent pas le loisir de m'étendre ici. J'y reviendrai peut-être un jour dans le supplément. Je n'en saurais pourtant omettre une, qui peut avoir trait à

tout ce qui suit. Je visitais un jour dans le cabinet du baron d'Holbach sa musique ; après en avoir parcouru beaucoup d'espèces, il me dit, en me montrant un recueil de pièces de clavecin : Voilà des pièces qui ont été composées pour moi ; elles sont pleines de goût, bien chantantes ; personne ne les connaît ni ne les verra que moi seul. Vous en devriez choisir quelqu'une pour l'insérer dans votre divertissement. Ayant dans la tête des sujets d'airs et des symphonies beaucoup plus que je n'en pouvais employer, je me souciais très peu des siens. Cependant il me pressa tant, que par complaisance je choisis une pastorelle que j'abrégeai, et que je mis en trio pour l'entrée des compagnes de Colette. Quelques mois après, et tandis qu'on représentait le *Devin*, entrant un jour chez Grimm, je trouvai du monde autour de son clavecin, d'où il se leva brusquement à mon arrivée. En regardant machinalement sur son pupitre, j'y vis ce même recueil du baron d'Holbach, ouvert précisément à cette même pièce qu'il m'avait pressé de prendre, en m'assurant qu'elle ne sortirait jamais de ses mains. Quelque temps après je vis encore ce même recueil ouvert sur le clavecin de M. d'Épinay, un jour qu'il avait musique chez lui. Grimm ni personne n'a jamais parlé de cet air, et je n'en parle ici moi-même que parce qu'il se répandit quelque temps après un bruit que je n'étais pas l'auteur du *Devin du village*. Comme je ne fus jamais un grand croque-note, je suis persuadé que sans mon *Dictionnaire de musique* on aurait dit à la fin que je ne la savais pas.

Quelque temps avant qu'on donnât le *Devin du village*, il était arrivé à Paris des bouffons italiens, qu'on fit jouer sur le théâtre de l'Opéra, sans prévoir l'effet qu'ils y allaient faire. Quoiqu'ils fussent détestables, et que l'orchestre, alors très ignorant, estropiât à plaisir les pièces qu'ils donnèrent, elles ne laissèrent pas de faire à l'Opéra français un tort qu'il n'a jamais réparé. La comparaison de ces deux musiques, entendues le même jour sur le même théâtre, déboucha les oreilles françaises : il n'y en eut point qui pût endurer la traînerie de leur musique, après l'accent vif et marqué de l'italienne : sitôt que les bouffons avaient fini, tout s'en allait. On fut forcé de changer l'ordre, et de mettre les bouf-

tons à la fin. On donnait *Églé*, *Pygmalion*, *le Sylphe*; rien ne tenait.
Le seul *Devin du village* soutint la comparaison, et plus encore après
la *Serva padrona*. Quand je composai mon intermède, j'avais l'esprit
rempli de ceux-là; ce furent eux qui m'en donnèrent l'idée, et
j'étais bien éloigné de prévoir qu'on les passerait en revue à côté
de lui. Si j'eusse été un pillard, que de vols seraient alors devenus
manifestes, et combien on eût pris soin de les faire sentir! Mais
rien : on a eu beau faire, on n'a pas trouvé dans ma musique la
moindre réminiscence d'aucune autre; et tous mes chants, com-
parés aux prétendus originaux, se sont trouvés aussi neufs que le
caractère de musique que j'avais créé. Si l'on eût mis Mondonville
ou Rameau à pareille épreuve, ils n'en seraient sortis qu'en
lambeaux.

Les bouffons firent à la musique italienne des sectateurs très
ardents. Tout Paris se divisa en deux partis plus échauffés que
s'il se fût agi d'une affaire d'État ou de religion. L'un, plus puis-
sant, plus nombreux, composé des grands, des riches et des
femmes, soutenait la musique française; l'autre, plus vif, plus
fier, plus enthousiaste, était composé des vrais connaisseurs, des
gens à talents, des hommes de génie. Son petit peloton se ras-
semblait à l'Opéra, sous la loge de la reine. L'autre parti remplis-
sait tout le reste du parterre et de la salle; mais son foyer prin-
cipal était sous la loge du roi. Voilà d'où vinrent ces noms de
partis célèbres dans ce temps-là, de *coin du roi* et de *coin de la reine*.
La dispute, en s'animant, produisit des brochures. Le coin du roi
voulut plaisanter; il fut moqué par le *Petit Prophète* : il voulut se
mêler de raisonner; il fut écrasé par la *Lettre sur la musique fran-
çaise*. Ces deux petits écrits, l'un de Grimm, et l'autre de moi,
sont les seuls qui survivent à cette querelle; tous les autres sont
déjà morts.

Mais le *Petit Prophète*, qu'on s'obstina longtemps à m'attribuer
malgré moi, fut pris en plaisanterie, et ne fit pas la moindre peine
à son auteur, au lieu que la *Lettre sur la musique* fut prise au
sérieux, et souleva contre moi toute la nation, qui se crut offensée
dans sa musique. La description de l'incroyable effet de cette
brochure serait digne de la plume de Tacite. C'était le temps de

la grande querelle du parlement et du clergé. Le parlement venait d'être exilé; la fermentation était au comble : tout menaçait d'un prochain soulèvement. La brochure parut, à l'instant toutes les autres querelles furent oubliées : on ne songea qu'au péril de la musique française, et il n'y eut plus de soulèvement que contre moi. Il fut tel, que la nation n'en est jamais bien revenue. A la cour on ne balançait qu'entre la Bastille et l'exil; et la lettre de cachet allait être expédiée, si M. de Voyer n'en eût fait sentir le ridicule. Quand on lira que cette brochure a peut-être empêché une révolution dans l'État, on croira rêver. C'est pourtant une vérité bien réelle, que tout Paris peut encore attester, puisqu'il n'y a pas aujourd'hui plus de quinze ans de cette singulière anecdote.

Si l'on n'attenta pas à ma liberté, l'on ne m'épargna pas du moins les insultes; ma vie même fut en danger. L'orchestre de l'Opéra fit l'honnête complot de m'assassiner quand j'en sortirais. On me le dit, je n'en fus que plus assidu à l'Opéra, et je ne sus que longtemps après que M. Ancelet, officier des mousquetaires, qui avait de l'amitié pour moi, avait détourné l'effet du complot en me faisant escorter à mon insu à la sortie du spectacle. La ville venait d'avoir la direction de l'Opéra. Le premier exploit du prévôt des marchands fut de me faire ôter mes entrées, et cela de la façon la plus malhonnête qu'il fût possible, c'est-à-dire en me les faisanr refuser publiquement à mon passage; de sorte que je fus obligé de prendre un billet d'amphithéâtre, pour n'avoir pas l'affront de m'en retourner ce jour-là. L'injustice était d'autant plus criante, que le seul prix que j'avais mis à ma pièce, en la leur cédant, était mes entrées à perpétuité; car quoique ce fût un droit pour tous les auteurs, et que j'eusse ce droit à double titre, je ne laissai pas de le stipuler expressément en présence de M. Duclos. Il est vrai qu'on m'envoya pour mes honoraires, par le caissier de l'Opéra, cinquante louis que je n'avais pas demandés : mais outre que ces cinquante louis ne faisaient pas même la somme qui me revenait dans les règles, ce payement n'avait rien de commun avec le droit d'entrées formellement stipulé, et qui en était entiè-rement indépendant. Il y avait dans ce procédé une telle com-

plication d'iniquité et de brutalité, que le public, alors dans sa
plus grande animosité contre moi, ne laissa pas d'en être unani-
mement choqué ; et tel qui m'avait insulté la veille criait le lende-
main tout haut, dans la salle, qu'il était honteux d'ôter ainsi les
entrées à un auteur qui les avait si bien méritées et qui pouvait
même les réclamer pour deux. Tant est juste le proverbe italien,
qu'*ognum ama la giustizia in cosa d'altrui*?

Je n'avais là-dessus qu'un parti à prendre, c'était de réclamer
mon ouvrage, puisqu'on m'en ôtait le prix convenu. J'écrivis pour
cet effet à M. d'Argenson qui avait le département de l'Opéra ; et
je joignis à ma lettre un mémoire qui était sans réplique, et qui
demeura sans réponse et sans effet, ainsi que ma lettre. Le silence
de cet homme injuste me resta sur le cœur, et ne contribua pas à
augmenter l'estime très médiocre que j'eus toujours pour son
caractère et pour ses talents. C'est ainsi qu'on a gardé ma pièce à
l'Opéra, en me frustrant du prix pour lequel je l'avais cédée. Du
faible au fort, ce serait voler ; du fort au faible, c'est seulement
s'approprier le bien d'autrui.

Quant au produit pécuniaire de cet ouvrage, quoiqu'il ne m'ait
pas rapporté le quart de ce qu'il aurait rapporté dans les mains
d'un autre, il ne laissa pas d'être assez grand pour me mettre en
état de subsister plusieurs années, et suppléer à la copie, qui
allait toujours assez mal. J'eus cent louis du roi, cinquante de
madame de Pompadour pour la représentation de Belle-Vue, où
elle fit elle-même le Colin, cinquante de l'Opéra, et cinq cents
francs de Pissot pour la gravure ; en sorte que cet intermède, qui
ne me coûta que cinq ou six semaines de travail, me rapporta
presque autant d'argent, malgré mon malheur et ma balourdise,
que m'en a rapporté depuis l'*Émile*, qui m'avait coûté vingt ans de
méditation et trois ans de travail. Mais je payai bien l'aisance
pécuniaire où me mit cette pièce, par les chagrins infinis qu'elle
m'attira : elle fut le germe des secrètes jalousies qui n'ont éclaté
que longtemps après. Depuis son succès, je ne remarquai plus ni
dans Grimm, ni dans Diderot, ni dans presque aucun des gens de
lettres de ma connaissance, cette cordialité, cette franchise, ce
plaisir de me voir, que j'avais cru trouver en eux jusqu'alors. Dès

que je paraissais chez le baron, la conversation cessait d'être générale. On se rassemblait par petits pelotons, on se chuchotait à l'oreille, et je restais seul sans savoir à qui parler. J'endurai longtemps ce choquant abandon ; et voyant que madame d'Holbach, qui était douce et aimable, me recevait toujours bien, je supportais les grossièretés de son mari, tant qu'elles furent supportables : mais un jour il m'entreprit sans sujet, sans prétexte, et avec une telle brutalité, devant Diderot, qui ne dit pas un mot, et devant Margency, qui m'a dit souvent depuis lors avoir admiré la douceur et la modération de mes réponses, qu'enfin chassé de chez lui par ce traitement indigne, je sortis, résolu de n'y plus rentrer. Cela ne m'empêcha pas de parler toujours honorablement de lui et de sa maison ; tandis qu'il ne s'exprimait jamais sur mon compte qu'en termes outrageants, méprisants, sans me désigner autrement que par *ce petit cuistre*, et sans pouvoir cependant articuler aucun tort d'aucune espèce que j'aie eu jamais avec lui, ni avec personne à qui il prît intérêt. Voilà comment il finit par vérifier mes prédictions et mes craintes. Pour moi, je crois que mesdits amis m'auraient pardonné de faire des livres et d'excellents livres, parce que cette gloire ne leur était pas étrangère ; mais qu'ils ne purent me pardonner d'avoir fait un opéra, ni les succès brillants qu'eut cet ouvrage, parce qu'aucun d'eux n'était en état de courir la même carrière, ni d'aspirer aux mêmes honneurs. Duclos seul, au-dessus de cette jalousie, parut même augmenter d'amitié pour moi, et m'introduisit chez mademoiselle Quinault, où je trouvai autant d'attentions, d'honnêtetés, de caresses, que j'avais peu trouvé tout cela chez M. d'Holbach.

Tandis qu'on jouait le *Devin du village* à l'Opéra, il était aussi question de son auteur à la Comédie française, mais un peu moins heureusement. N'ayant pu, dans sept ou huit ans, faire jouer mon *Narcisse* aux Italiens, je m'étais dégoûté de ce théâtre, par le mauvais jeu des acteurs dans le français ; et j'aurais bien voulu avoir fait passer ma pièce aux Français, plutôt que chez eux. Je parlai de ce désir au comédien La Noue, avec lequel j'avais fait connaissance, et qui, comme on sait, était homme de mérite et auteur. *Narcisse* lui plut, il se chargea de le faire jouer anonyme ;

et en attendant il me procura les entrées, qui me furent d'un grand agrément, car j'ai toujours préféré le Théâtre-Français aux deux autres. La pièce fut reçue avec applaudissement, et représentée sans qu'on en nommât l'auteur; mais j'ai lieu de croire que les comédiens et bien d'autres ne l'ignoraient pas. Les demoiselles Gaussin et Grandval jouaient les rôles d'amoureuses; et quoique l'intelligence du tout fût manquée à mon avis, on ne pouvait pas appeler cela une pièce absolument mal jouée. Toutefois je fus surpris et touché de l'indulgence du public, qui eut la patience de l'entendre tranquillement d'un bout à l'autre, et d'en souffrir même une seconde représentation, sans donner le moindre signe d'impatience. Pour moi, je m'ennuyai tellement à la première, que je ne pus tenir jusqu'à la fin; et, sortant du spectacle, j'entrai au café de Procope, où je trouvai Boissy et quelques autres, qui probablement s'étaient ennuyés comme moi. Là, je dis hautement mon *peccavi*, m'avouant humblement ou fièrement l'auteur de la pièce et en parlant comme tout le monde en pensait. Cet aveu public de l'auteur d'une mauvaise pièce qui tombe fut fort admiré, et me parut très peu pénible. J'y trouvai même un dédommagement d'amour-propre dans le courage avec lequel il fut fait; et je crois qu'il y eut en cette occasion plus d'orgueil à parler, qu'il n'y aurait eu de sotte honte à se taire. Cependant, comme il était sûr que la pièce, quoique glacée à la représentation, soutenait la lecture, je la fis imprimer; et dans la préface, qui est un de mes bons écrits, je commençai de mettre à découvert mes principes, un peu plus que je n'avais fait jusqu'alors.

J'eus bientôt occasion de les développer tout à fait dans un ouvrage de plus grande importance; car ce fut, je pense, en cette année 1753, que parut le programme de l'Académie de Dijon sur l'Origine de l'inégalité parmi les hommes. Frappé de cette grande question, je fus surpris que cette académie eût osé la proposer; mais puisqu'elle avait eu ce courage, je pouvais bien avoir celui de la traiter et je l'entrepris.

Pour méditer à mon aise ce grand sujet, je fis à Saint-Germain un voyage de sept à huit jours, avec Thérèse, notre hôtesse, qui était une bonne femme, et une de ses amies. Je compte cette

promenade pour une des plus agréables de ma vie. Il faisait très beau ; ces bonnes femmes se chargèrent des soins et de la dépense; Thérèse s'amusait avec elles ; et moi, sans souci de rien, je venais m'égayer sans gêne aux heures des repas. Tout le reste du jour, enfoncé dans la forêt, j'y cherchais, j'y trouvais l'image des premiers temps, dont je traçais fièrement l'histoire; je faisais main basse sur les petits mensonges des hommes ; j'osais dévoiler à nu leur nature, suivre le progrès du temps et des choses qui l'ont défigurée, et comparant l'homme de l'homme avec l'homme naturel, leur montrer dans son perfectionnement prétendu la véritable source de ses misères. Mon âme, exaltée par ces contemplations sublimes, s'élevait auprès de la Divinité ; et voyant de là mes semblables suivre, dans l'aveugle route de leurs préjugés, celle de leurs erreurs, de leurs malheurs, de leurs crimes, je leur criais d'une faible voix qu'ils ne pouvaient entendre : Insensés, qui vous plaignez sans cesse de la nature, apprenez que tous vos maux vous viennent de vous !

De ces méditations résulta le discours sur l'Inégalité, ouvrage qui fut plus du goût de Diderot que tous mes autres écrits, et pour lequel ses conseils me furent le plus utiles, mais qui ne trouva dans toute l'Europe que peu de lecteurs qui l'entendissent, et aucun de ceux-là qui voulût en parler. Il avait été fait pour concourir au prix : je l'envoyai donc, mais sûr d'avance qu'il ne l'aurait pas, et sachant bien que ce n'est pas pour des pièces de cette étoffe que sont fondés les prix des académies.

Cette promenade et cette occupation firent du bien à mon humeur et à ma santé. Il y avait déjà plusieurs années que, tourmenté de ma rétention d'urine, je m'étais livré tout à fait aux médecins, qui, sans alléger mon mal, avaient épuisé mes forces et détruit mon tempérament. Au retour de Saint-Germain, je me trouvai plus de forces et me sentis beaucoup mieux. Je suivis cette indication, et, résolu de guérir ou mourir sans médecins et sans remèdes, je leur dis adieu pour jamais, et je me mis à vivre au jour la journée, restant coi quand je ne pouvais aller, et marchant sitôt que j'en avais la force. Le train de Paris parmi les gens à prétentions était si peu de mon goût ; les cabales des gens

de lettres, leurs honteuses querelles, leur peu de bonne foi dans leurs livres, leurs airs tranchants dans le monde, m'étaient si odieux, si antipathiques, je trouvais si peu de douceur, d'ouverture de cœur, de franchise dans le commerce même de mes amis, que, rebuté de cette vie tumultueuse, je commençais à soupirer ardemment après le séjour de la campagne; et, ne voyant pas que mon métier me permît de m'y établir, j'y courais du moins passer les heures que j'avais de libres. Pendant plusieurs mois, d'abord après mon dîner, j'allais me promener seul au bois de Boulogne, méditant des sujets d'ouvrages, et je ne revenais qu'à la nuit.

Gauffecourt, avec lequel j'étais alors extrêmement lié, se voyant obligé d'aller à Genève pour son emploi, me proposa ce voyage : j'y consentis. Je n'étais pas assez bien pour me passer des soins de la gouverneuse : il fut décidé qu'elle serait du voyage, que sa mère garderait la maison; et, tous nos arrangements pris, nous partîmes tous trois ensemble le 1^{er} juin 1754.

Je dois noter ce voyage comme l'époque de la première expérience qui, jusqu'à l'âge de quarante-deux ans que j'avais alors, ait porté atteinte au naturel pleinement confiant avec lequel j'étais né, et auquel je m'étais toujours livré sans réserve et sans inconvénient. Nous avions un carrosse bourgeois qui nous menait, avec les mêmes chevaux, à très petites journées. Je descendais et marchais souvent à pied. A peine étions-nous à la moitié de notre route, que Thérèse marqua la plus grande répugnance à rester seule dans la voiture avec Gauffecourt, et que quand, malgré ses prières, je voulais descendre, elle descendait et marchait aussi. Je la grondai longtemps de ce caprice, et même je m'y opposai tout à fait, jusqu'à ce qu'elle se vît forcée enfin à m'en déclarer la cause. Je crus rêver, je tombai des nues, quand j'appris que mon ami M. de Gauffecourt, âgé de plus de soixante ans, podagre, impotent, usé de plaisirs et de jouissances, travaillait depuis notre départ à corrompre une personne qui n'était plus ni belle ni jeune, qui appartenait à son ami; et cela par les moyens les plus bas, les plus honteux, jusqu'à lui présenter sa bourse, jusqu'à tenter de l'émouvoir par la lecture d'un livre abominable, et par la vue des figures infâmes dont il était plein. Thérèse, indignée, lui lança

une fois son vilain livre par la portière ; et j'appris que, le premier jour, une violente migraine m'ayant fait aller coucher sans souper, il avait employé tout le temps de ce tête-à-tête à des tentatives et des manœuvres plus dignes d'un satyre et d'un bouc, que d'un honnête homme auquel j'avais confié ma compagne et moi-même. Quelle surprise ! quel serrement de cœur tout nouveau pour moi ! Moi qui jusqu'alors avais cru l'amitié inséparable de tous les sentiments aimables et nobles qui font tout son charme, pour la première fois de ma vie je me vois forcé de l'allier au dédain, et d'ôter ma confiance et mon estime à un homme que j'aime et dont je me crois aimé ! Le malheureux me cachait sa turpitude. Pour ne pas exposer Thérèse, je me vis forcé de lui cacher mon mépris, et de recéler au fond de mon cœur des sentiments qu'il ne devait pas connaître. Douce et sainte illusion de l'amitié ! Gauffecourt leva le premier ton voile à mes yeux. Que de mains cruelles l'ont empêché depuis lors de retomber !

A Lyon je quittai Gauffecourt, pour prendre ma route par la Savoie, ne pouvant me résoudre à passer derechef si près de maman sans la revoir. Je la revis... Dans quel état, mon Dieu ! Quel avilissement ! Que lui restait-il de sa vertu première ? Était-ce la même madame de Warens, jadis si brillante, à qui M. le curé Pontverre m'avait adressé ? Que mon cœur fut navré ! Je ne vis plus pour elle d'autres ressources que de se dépayser. Je lui réitérai vivement et vainement les instances que je lui avais faites plusieurs fois dans mes lettres, de venir vivre paisiblement avec moi, qui voulais consacrer mes jours et ceux de Thérèse à rendre les siens heureux. Attachée à sa pension, dont cependant, quoique exactement payée, elle ne tirait plus rien depuis longtemps, elle ne m'écouta pas. Je lui fis encore quelque légère part de ma bourse, bien moins que je n'aurais dû, bien moins que je n'aurais fait, si je n'eusse été parfaitement sûr qu'elle n'en profiterait pas d'un sou. Durant mon séjour à Genève elle fit un voyage en Chablais, et vint me voir à Grange-Canal. Elle manquait d'argent pour achever son voyage : je n'avais pas sur moi ce qu'il fallait pour cela ; je le lui envoyai une heure après par Thérèse. Pauvre maman ! Que je dise encore ce trait de son cœur. Il ne lui restait pour der-

nier bijou qu'une petite bague; elle l'ôta de son doigt pour la mettre à celui de Thérèse, qui la remit à l'instant au sien, en baisant cette noble main qu'elle arrosa de ses pleurs. Ah! c'était alors le moment d'acquitter ma dette. Il fallait tout quitter pour la suivre, m'attacher à elle jusqu'à sa dernière heure, et partager son sort, quel qu'il fût. Je n'en fis rien. Distrait par un autre attachement, je sentis relâcher le mien pour elle, faute d'espoir de pouvoir le lui rendre utile. Je gémis sur elle et ne la suivis pas. De tous les remords que j'ai sentis en ma vie, voilà le plus vif et le plus permanent. Je méritai par là les châtiments terribles qui depuis lors n'ont cessé de m'accabler : puissent-ils avoir expié mon ingratitude! Elle fut dans ma conduite; mais elle a trop déchiré mon cœur pour que jamais ce cœur ait été celui d'un ingrat.

Avant mon départ de Paris, j'avais esquissé la dédicace de mon *Discours sur l'Inégalité*. Je l'achevai à Chambéri, et la datai du même lieu, jugeant qu'il était mieux, pour éviter toute chicane, de ne la dater ni de France ni de Genève. Arrivé dans cette ville, je me livrai à l'enthousiasme républicain qui m'y avait amené. Cet enthousiasme augmenta par l'accueil que j'y reçus. Fêté, caressé dans tous les états, je me livrai tout entier au zèle patriotique, et, honteux d'être exclu de mes droits de citoyen par la profession d'un autre culte que celui de mes pères, je résolus de reprendre ouvertement ce dernier. Je pensais que, l'Évangile étant le même pour tous les chrétiens, et le fond du dogme n'étant différent qu'en ce qu'on se mêlait d'expliquer ce qu'on ne pouvait entendre, il appartenait en chaque pays au seul souverain de fixer et le culte et ce dogme inintelligible, et qu'il était par conséquent du devoir du citoyen d'admettre le dogme et de suivre le culte prescrit par la loi. La fréquentation des encyclopédistes, loin d'ébranler ma foi, l'avait affermie par mon aversion naturelle pour la dispute et pour les partis. L'étude de l'homme et de l'univers m'avait montré partout les causes finales et l'intelligence qui les dirigeait. La lecture de la Bible, et surtout de l'Évangile, à laquelle je m'appliquais depuis quelques années, m'avait fait mépriser les basses et sottes interprétations que donnaient à Jésus-Christ les gens les moins dignes de l'entendre. En un mot, la philosophie, en m'at-

tachant à l'essentiel de la religion, m'avait détaché de ce fatras de petites formules dont les hommes l'ont offusquée. Jugeant qu'il n'y avait pas pour un homme raisonnable deux manières d'être chrétien, je jugeais aussi que tout ce qui est forme et discipline était, dans chaque pays, du ressort des lois. De ce principe si sensé, si social, si pacifique, qui m'a attiré de si cruelles persécutions, il s'ensuivait que, voulant être citoyen, je devais être protestant, et rentrer dans le culte établi dans mon pays. Je m'y déterminai : je me soumis même aux instructions du pasteur de la paroisse où je logeais, laquelle était hors de la ville. Je désirai seulement de n'être pas obligé de paraître en consistoire. L'édit ecclésiastique cependant y était formel : on voulut bien y déroger en ma faveur, et l'on nomma une commission de cinq ou six membres pour recevoir en particulier ma profession de foi. Malheureusement le ministre Perdriau, homme aimable et doux, avec qui j'étais lié, s'avisa de me dire qu'on se réjouissait de m'entendre parler dans cette petite assemblée. Cette attente m'effraya si fort, qu'ayant étudié jour et nuit, pendant trois semaines, un petit discours que j'avais préparé, je me troublai lorsqu'il fallut le réciter, au point de n'en pouvoir pas dire un seul mot, et je fis dans cette conférence le rôle du plus sot écolier. Les commissaires parlaient pour moi ; je répondais bêtement *oui* et *non* ; ensuite je fus admis à la communion et réintégré dans mes droits de citoyen : je fus inscrit comme tel dans le rôle des gardes que payent les seuls citoyens et bourgeois, et j'assistai à un conseil général *extraordinaire*, pour recevoir le serment du syndic Mussard. Je fus si touché des bontés que me témoignèrent en cette occasion le conseil, le consistoire, et des procédés obligeants et honnêtes de tous les magistrats, ministres et citoyens, que, pressé par le bonhomme Deluc, qui m'obsédait sans cesse, et encore plus par mon propre penchant, je ne songeai à retourner à Paris que pour dissoudre mon ménage, mettre en règle mes petites affaires, placer madame Le Vasseur et son mari, ou pourvoir à leur subsistance, et revenir avec Thérèse m'établir à Genève pour le reste de mes jours.

Cette résolution prise, je fis trêve aux affaires sérieuses pour m'amuser avec mes amis jusqu'au temps de mon départ. De tous

ces amusements, celui qui me plut davantage fut une promenade autour du lac, que je fis en bateau avec Deluc père, sa bru, ses deux fils et ma Thérèse. Nous mîmes sept jours à cette tournée, par le plus beau temps du monde. J'en gardai le vif souvenir des sites qui m'avaient frappé à l'autre extrémité du lac, et dont je fis la description quelques années après dans la *Nouvelle Héloïse.*

Les principales liaisons que je fis à Genève, outre les Deluc, dont j'ai parlé, furent le jeune ministre Vernes, que j'avais déjà connu à Paris, et dont j'augurais mieux qu'il n'a valu dans la suite ; M. Perdriau, alors pasteur de campagne, aujourd'hui professeur de belles-lettres, dont la société pleine de douceur et d'aménité me sera toujours regrettable, quoiqu'il ait cru du bel air de se détacher de moi ; M. Jalabert, alors professeur de physique, depuis conseiller et syndic, auquel je lus mon *Discours sur l'Inégalité*, mais non pas la dédicace, et qui en parut transporté ; le professeur Lullin, avec lequel, jusqu'à sa mort, je suis resté en correspondance, et qui m'avait même chargé d'emplettes de livres pour la Bibliothèque ; le professeur Vernet, qui me tourna le dos, comme tout le monde, après que je lui eus donné des preuves d'attachement et de confiance qui l'auraient dû toucher, si un théologien pouvait être touché de quelque chose ; Chappuis, commis et successeur de Gauffecourt, qu'il voulut supplanter, et qui bientôt fut supplanté lui-même ; Marcet de Mézières, ancien ami de mon père, et qui s'était montré le mien ; mais qui, après avoir jadis bien mérité de la patrie, s'étant fait auteur dramatique et prétendant aux deux-cents, changea de maximes et devint ridicule avant sa mort. Mais celui de tous dont j'attendis davantage fut Moultou, jeune homme de la plus grande espérance par ses talents, par son esprit plein de feu, que j'ai toujours aimé, quoique sa conduite à mon égard ait été souvent équivoque, et qu'il ait des liaisons avec mes plus cruels ennemis, mais qu'avec tout cela je ne puis m'empêcher de regarder encore comme appelé à être un jour le défenseur de ma mémoire, et le vengeur de son ami.

Au milieu de ces dissipations, je ne perdis ni le goût ni l'habitude de mes promenades solitaires, et j'en faisais souvent d'assez grandes sur les bords du lac, durant lesquelles ma tête, accou-

tumée au travail, ne demeurait pas oisive. Je digérais le plan déjà formé de mes *Institutions politiques*, dont j'aurai bientôt à parler; je méditais une *Histoire du Valais*, un plan de tragédie en prose, dont le sujet, qui n'était pas moins que Lucrèce, ne m'ôtait pas l'espoir d'atterrer les rieurs, quoique j'osasse laisser paraître encore cette infortunée, quand elle ne le peut plus sur aucun théâtre français. Je m'essayais en même temps sur Tacite, et je traduisis le premier livre de son Histoire, qu'on trouvera parmi mes papiers.

Après quatre mois de séjour à Genève, je retournai au mois d'octobre à Paris, et j'évitai de passer par Lyon, pour ne pas me retrouver en route avec Gauffecourt. Comme il entrait dans mes arrangements de ne revenir à Genève que le printemps prochain, je repris pendant l'hiver mes habitudes et mes occupations, dont la principale fut de voir les épreuves de mon *Discours sur l'Inéga-lité*, que je faisais imprimer en Hollande par le libraire Rey, dont je venais de faire la connaissance à Genève. Comme cet ouvrage était dédié à la république, et que cette dédicace pouvait ne pas plaire au conseil, je voulais attendre l'effet qu'elle ferait à Genève, avant que d'y retourner. Cet effet ne me fut pas favorable; et cette dédicace, que le plus pur patriotisme m'avait dictée, ne fit que m'attirer des ennemis dans le conseil, et des jaloux dans la bourgeoisie. M. Chouet, alors premier syndic, m'écrivit une lettre honnête, mais froide, qu'on trouvera dans mes recueils, liasse A, n° 3. Je reçus des particuliers, entre autres de Deluc et de Jalabert, quelques compliments; et ce fut là tout : je ne vis point qu'aucun Genevois me sût un vrai gré du zèle de cœur qu'on sentait dans cet ouvrage. Cette indifférence scandalisa tous ceux qui la remarquèrent. Je me souviens que, dînant un jour à Clichy chez madame Dupin, avec Crommelin, résident de la république, et avec M. de Mairan, celui-ci dit en pleine table que le conseil me devait un présent et des honneurs publics pour cet ouvrage, et qu'il se déshonorait s'il y manquait. Crommelin, qui était un petit homme noir et bassement méchant, n'osa rien répondre en ma présence, mais il fit une grimace effroyable qui fit sourire madame Dupin. Le seul avantage que me procura cet ouvrage,

... ...rais le plan
... ... ici bientôt à
... ... tragédie en
... ... que Lucrèce, ne
... ... quoique j'osasse laisser
... nd elle ne le peut plus sur
... en même temps sur Tacite,
son Histoire, qu'on trouvera

... Genève, je retournai au ...
passer par Lyon, pour ne pas ...
... ourt. Comme il entrait dans ...
... que le printemps proch...
...auds et ... occupations, ...
... de mon *Discours sur l'Inég...*
... nde par le libraire Rey, de
... Genève. Comme ... ouvrage,
... ne dédicace pour ...
... ffet qu'il ferait
... ne fut pas favorable, et
...aïsme m'avait dicté ... fit
...aseil, ... des jaloux ...
... er syndic, m'écrivit ...
... ouvera dans mes ...
... entre autres de Del...
... lut la ... : je ...
...g... le zèle ... coqu...
... andalisa tou...
... ... un pour
... ... de ... répul...
... ... que le ...
... outer... pour cet ouvrage,
... rommcha, qui ...
... nt, n'osa pas répond...
... osable qui fit sentir
... ouvrage,

LE JARDIN DE L'ERMITAGE

outre celui d'avoir satisfait mon cœur, fut le titre de citoyen, qui
me fut donné par mes amis, puis par le public à leur exemple, et
que j'ai perdu dans la suite, pour l'avoir trop bien mérité.

Ce mauvais succès ne m'aurait pas détourné d'exécuter ma
retraite à Genève, si des motifs plus puissants sur mon cœur n'y
avaient pas concouru. M. d'Épinay, voulant ajouter une aile qui
manquait au château de la Chevrette, faisait une dépense
immense pour l'achever. Étant allé voir un jour, avec madame
d'Épinay, ces ouvrages, nous poussâmes notre promenade un
quart de lieue plus loin, jusqu'au réservoir des eaux du parc, qui
touchait la forêt de Montmorency, et où était un joli potager, avec
une petite loge fort délabrée, qu'on appelait l'Ermitage. Ce lieu
solitaire et très agréable m'avait frappé quand je le vis pour la
première fois, avant mon voyage à Genève. Il m'était échappé de
dire dans mon transport : Ah! madame, quelle habitation déli-
cieuse! Voilà un asile tout fait pour moi. Madame d'Épinay ne
releva pas beaucoup mon discours ; mais à ce second voyage je fus
tout surpris de trouver, au lieu de la vieille masure, une petite
maison presque entièrement neuve, fort bien distribuée, et très
logeable pour un petit ménage de trois personnes. Madame
d'Épinay avait fait faire cet ouvrage en silence et à très peu de
frais, en détachant quelques matériaux et quelques ouvriers de
ceux du château. Au second voyage, elle me dit, en voyant ma
surprise : Mon ours, voilà votre asile ; c'est vous qui l'avez choisi,
c'est l'amitié qui vous l'offre ; j'espère qu'elle vous ôtera la cruelle
idée de vous éloigner de moi. Je ne crois pas avoir été de mes
jours plus vivement, plus délicieusement ému : je mouillai de
pleurs la main bienfaisante de mon amie, et si je ne fus pas
vaincu dès cet instant même, je fus extrêmement ébranlé. Madame
d'Épinay, qui ne voulait pas en avoir le démenti, devint si pres-
sante, employa tant de moyens, tant de gens pour me circonvenir,
jusqu'à gagner pour cela madame Le Vasseur et sa fille, qu'enfin
elle triompha de mes résolutions. Renonçant au séjour de ma
patrie, je résolus, je promis d'habiter l'Ermitage ; et, en attendant
que le bâtiment fût sec, elle prit le soin d'en préparer les meubles,
en sorte que tout fut prêt pour y entrer le printemps suivant.

Une chose qui aida beaucoup à me déterminer fut l'établissement de Voltaire auprès de Genève. Je compris que cet homme y ferait révolution; que j'irais retrouver dans ma patrie le ton, les airs, les mœurs qui me chassaient de Paris; qu'il me faudrait batailler sans cesse, et que je n'aurais d'autre choix dans ma conduite que celui d'être un pédant insupportable ou un lâche et mauvais citoyen. La lettre que Voltaire m'écrivit sur mon dernier ouvrage me donna lieu d'insinuer mes craintes dans ma réponse; l'effet qu'elle produisit les confirma. Dès lors je tins Genève perdue, et je ne me trompai pas. J'aurais dû peut-être aller faire tête à l'orage, si je m'en étais senti le talent. Mais qu'eussé-je fait seul, timide et parlant très mal, contre un homme arrogant, opulent, étayé du crédit des grands, d'une brillante faconde, et déjà l'idole des femmes et des jeunes gens? Je craignis d'exposer inutilement au péril mon courage; je n'écoutai que mon naturel paisible, que mon amour du repos, qui, s'il me trompa, me trompe encore aujourd'hui sur le même article. En me retirant à Genève, j'aurais pu m'épargner de grands malheurs à moi-même; mais je doute qu'avec tout mon zèle ardent et patriotique j'eusse fait rien de grand et d'utile pour mon pays.

Tronchin, qui, dans le même temps à peu près, fut s'établir à Genève, vint quelque temps après à Paris faire le saltimbanque, et en emporta des trésors. A son arrivée, il me vint voir avec le chevalier de Jaucourt. Madame d'Épinay souhaitait fort de le consulter en particulier, mais la presse n'était pas facile à percer. Elle eut recours à moi. J'engageai Tronchin à l'aller voir. Ils commencèrent ainsi, sous mes auspices, des liaisons qu'ils resserrèrent ensuite à mes dépens. Telle a toujours été ma destinée : sitôt que j'ai rapproché l'un de l'autre deux amis que j'avais séparément, ils n'ont jamais manqué de s'unir contre moi. Quoique, dans le complot que formaient dès lors les Tronchin d'asservir leur patrie, ils dussent tous me haïr mortellement, le docteur pourtant continua longtemps à me témoigner de la bienveillance. Il m'écrivit même après son retour à Genève, pour m'y proposer la place de bibliothécaire honoraire. Mais mon parti était pris, et cette offre ne m'ébranla pas.

Je retournai dans ce temps-là chez M. d'Holbach. L'occasion
en avait été la mort de sa femme, arrivée, ainsi que celle de
madame Francueil, durant mon séjour à Genève. Diderot, en me
la marquant, me parla de la profonde affliction du mari. Sa dou-
leur émut mon cœur. Je regrettais moi-même cette aimable
femme. J'écrivis sur ce sujet à M. d'Holbach. Ce triste événe-
ment me fit oublier tous ses torts, et lorsque je fus de retour de
Genève, et qu'il fut de retour lui-même d'un tour de France qu'il
avait fait pour se distraire, avec Grimm et d'autres amis, j'allai
le voir, et je continuai, jusqu'à mon départ pour l'Ermitage.
Quand on sut dans sa coterie que madame d'Épinay, qu'il ne
voyait point encore, m'y préparait un logement, les sarcasmes
tombèrent sur moi comme la grêle, fondés sur ce qu'ayant besoin
de l'encens et des amusements de la ville, je ne soutiendrais pas
la solitude seulement quinze jours. Sentant en moi ce qu'il en
était, je laissai dire, et j'allai mon train. M. d'Holbach ne laissa
pas de m'être utile pour placer le vieux bonhomme Le Vasseur,
qui avait plus de quatre-vingts ans, et dont sa femme, qui s'en
sentait surchargée, ne cessait de me prier de la débarrasser. Il fut
mis dans une maison de charité, où l'âge et le regret de se voir
loin de sa famille le mirent au tombeau presque en arrivant. Sa
femme et ses autres enfants le regrettèrent peu; mais Thérèse,
qui l'aimait tendrement, n'a jamais pu se consoler de sa perte, et
d'avoir souffert que, si près de son terme, il allât loin d'elle
achever ses jours.

J'eus à peu près dans le même temps une visite à laquelle je ne
m'attendais guère, quoique ce fût une bien ancienne connais-
sance. Je parle de mon ami Venture, qui vint me surprendre un
beau matin, lorsque je ne pensais à rien moins. Un autre homme
était avec lui. Qu'il me parut changé! Au lieu de ses anciennes
grâces, je ne lui trouvai plus qu'un air crapuleux qui m'empêcha
de m'épanouir avec lui. Ou mes yeux n'étaient plus les mêmes, ou
la débauche avait abruti son esprit, ou tout son premier éclat
tenait à celui de la jeunesse, qu'il n'avait plus. Je le vis presque
avec indifférence, et nous nous séparâmes assez froidement. Mais
quand il fut parti, le souvenir de nos anciennes liaisons me

rappela si vivement celui de mes jeunes ans, si doucement, si sagement consacrés à cette femme angélique qui maintenant n'était guère moins changée que lui, les petites anecdotes de cet heureux temps, la romanesque journée de Toune, passée avec tant d'innocence et de jouissance entre ces deux charmantes filles dont une main baisée avait été l'unique faveur, et qui, malgré cela, m'avait laissé des regrets si vifs, si touchants, si durables; tous ces ravissants délires d'un jeune cœur, que j'avais sentis alors dans toute leur force, et dont je croyais le temps passé pour jamais; toutes ces tendres réminiscences me firent verser des larmes sur ma jeunesse écoulée et sur ses transports désormais perdus pour moi. Ah! combien j'en aurais versé sur leur retour tardif et funeste, si j'avais prévu les maux qu'il m'allait coûter!

Avant de quitter Paris, j'eus, durant l'hiver qui précéda ma retraite, un plaisir bien selon mon cœur, et que je goûtai dans toute sa pureté. Palissot, académicien de Nanci, connu par quelques drames, venait d'en donner un à Lunéville, devant le roi de Pologne. Il crut apparemment faire sa cour en jouant, dans ce drame, un homme qui avait osé se mesurer avec le roi la plume à la main. Stanislas, qui était généreux et qui n'aimait pas la satire, fut indigné qu'on osât ainsi personnaliser en sa présence. M. le comte de Tressan écrivit, par l'ordre de ce prince, à d'Alembert et à moi, pour m'informer que l'intention de Sa Majesté était que le sieur Palissot fût chassé de son académie. Ma réponse fut une vive prière à M. de Tressan d'intercéder auprès du roi de Pologne pour obtenir la grâce du sieur Palissot. La grâce fut accordée; et M. de Tressan, en me le marquant au nom du roi, ajouta que ce fait serait inscrit sur les registres de l'académie. Je répliquai que c'était moins accorder une grâce que perpétuer un châtiment. Enfin j'obtins, à force d'instances, qu'il ne serait fait mention de rien dans les registres, et qu'il ne resterait aucune trace publique de cette affaire. Tout cela fut accompagné, tant de la part du roi que de celle de M. de Tressan, de témoignages d'estime et de considération dont je fus extrêmement flatté; et je sentis en cette occasion que l'estime des hommes qui en sont si dignes eux-mêmes produit dans l'âme un sentiment bien plus

doux et plus noble que celui de la vanité. J'ai transcrit dans mon recueil les lettres de M. de Tressan avec mes réponses, et l'on en trouvera les originaux dans la liasse A, n°ˢ 9, 10 et 11.

Je sens bien que si jamais ces mémoires parviennent à voir le jour, je perpétue ici moi-même le souvenir d'un fait dont je voulais effacer la trace : mais j'en transmets bien d'autres malgré moi. Le grand objet de mon entreprise, toujours présent à mes yeux, l'indispensable devoir de la remplir dans toute son étendue, ne m'en laisseront point détourner par de plus faibles considérations qui m'écarteraient de mon but. Dans l'étrange, dans l'unique situation où je me trouve, je me dois trop à la vérité pour devoir rien de plus à autrui. Pour me bien connaître, il faut me connaître dans tous mes rapports, bons et mauvais. Mes confessions sont nécessairement liées avec celles de beaucoup de gens : je fais les unes et les autres avec la même franchise en tout ce qui se rapporte à moi, ne croyant devoir à qui que ce soit plus de ménagements que je n'en ai pour moi-même, et voulant toutefois en avoir beaucoup plus. Je veux être toujours juste et vrai, dire d'autrui le bien tant qu'il me sera possible, ne dire jamais que le mal qui me regarde, et qu'autant que j'y suis forcé. Qui est-ce qui, dans l'état où l'on m'a mis, a droit d'exiger de moi davantage? Mes Confessions ne sont point faites pour paraître de mon vivant, ni de celui des personnes intéressées. Si j'étais le maître de ma destinée et de celle de cet écrit, il ne verrait le jour que longtemps après ma mort et la leur. Mais les efforts que la terreur de la vérité fait faire à mes puissants oppresseurs pour en effacer les traces me forcent à faire, pour les conserver, tout ce que me permettent le droit le plus exact et la plus sévère justice. Si ma mémoire devait s'éteindre avec moi, plutôt que de compromettre personne, je souffrirais un opprobre injuste et passager sans murmure; mais puisque enfin mon nom doit vivre, je dois tâcher de transmettre avec lui le souvenir de l'homme infortuné qui le porta, tel qu'il fut réellement, et non tel que d'injustes ennemis travaillent sans relâche à le peindre.

LIVRE IX

LIVRE NEUVIÈME

1756

L'impatience d'habiter l'Ermitage ne me permit pas d'attendre le retour de la belle saison ; et sitôt que mon logement fut prêt, je me hâtai de m'y rendre, aux grandes huées de la coterie holbachique, qui prédisait hautement que je ne supporterais pas trois mois de solitude, et qu'on me verrait dans peu revenir avec ma courte honte, vivre comme eux à Paris. Pour moi, qui, depuis quinze ans hors de mon élément, me voyais près d'y rentrer, je ne faisais pas même attention à leurs plaisanteries. Depuis que je m'étais, malgré moi, jeté dans le monde, je n'avais cessé de regretter mes chères Charmettes, et la douce vie que j'y avais menée. Je me sentais fait pour la retraite et la campagne ; il m'était

impossible de vivre heureux ailleurs : à Venise, dans le train des affaires publiques, dans la dignité d'une espèce de représentation, dans l'orgueil des projets d'avancement ; à Paris, dans le tourbillon de la grande société, dans la sensualité des soupers, dans l'éclat des spectacles, dans la fumée de la gloriole, toujours mes bosquets, mes ruisseaux, mes promenades solitaires, venaient, par leur souvenir, me distraire, me contrister, m'arracher des soupirs et des désirs. Tous les travaux auxquels j'avais pu m'assujettir, tous les projets d'ambition qui, par accès, avaient animé mon zèle, n'avaient d'autre but que d'arriver un jour à ces bienheureux loisirs champêtres, auxquels en ce moment je me flattais de toucher. Sans m'être mis dans l'honnête aisance que j'avais cru seule pouvoir m'y conduire, je jugeais, par ma situation particulière, être en état de m'en passer, et pouvoir arriver au même but par un chemin tout contraire. Je n'avais pas un sou de rente : mais j'avais un nom, des talents ; j'étais sobre, et je m'étais ôté les besoins les plus dispendieux, tous ceux de l'opinion. Outre cela, quoique paresseux, j'étais laborieux cependant quand je voulais l'être ; et ma paresse était moins celle d'un fainéant, que celle d'un homme indépendant, qui n'aime à travailler qu'à son heure. Mon métier de copiste de musique n'était ni brillant ni lucratif ; mais il était sûr. On me savait gré dans le monde d'avoir eu le courage de le choisir. Je pouvais compter que l'ouvrage ne me manquerait pas, et il pouvait me suffire pour vivre, en bien travaillant. Deux mille francs qui me restaient du produit du *Devin du village* et de mes autres écrits, me faisaient une avance pour n'être pas à l'étroit ; et plusieurs ouvrages que j'avais sur le métier me promettaient, sans rançonner les libraires, des suppléments suffisants pour travailler à mon aise, sans m'excéder, et même en mettant à profit les loisirs de la promenade. Mon petit ménage, composé de trois personnes, qui toutes s'occupaient utilement, n'était pas d'un entretien fort coûteux. Enfin mes ressources, proportionnées à mes besoins et à mes désirs, pouvaient raisonnablement me promettre une vie heureuse et durable dans celle que mon inclination m'avait fait choisir.

J'aurais pu me jeter tout à fait du côté le plus lucratif ; et au

lieu d'asservir ma plume à la copie, la dévouer entière à des écrits qui, du vol que j'avais pris et que je me sentais en état de soutenir, pouvaient me faire vivre dans l'abondance et même dans l'opulence, pour peu que j'eusse voulu joindre des manœuvres d'auteur au soin de publier de bons livres. Mais je sentais qu'écrire pour avoir du pain eût bientôt étouffé mon génie et tué mon talent, qui était moins dans ma plume que dans mon cœur, et né uniquement d'une façon de penser élevée et fière, qui seule pouvait le nourrir. Rien de vigoureux, rien de grand ne peut partir d'une plume toute vénale. La nécessité, l'avidité peut-être, m'eût fait faire plus vite que bien. Si le besoin du succès ne m'eût pas plongé dans les cabales, il m'eût fait chercher à dire moins des choses utiles et vraies, que des choses qui plussent à la multitude; et d'un auteur distingué que je pouvais être, je n'aurais été qu'un barbouilleur de papier. Non, non: j'ai toujours senti que l'état d'auteur n'était, ne pouvait être illustre et respectable, qu'autant qu'il n'était pas un métier. Il est trop difficile de penser noblement, quand on ne pense que pour vivre. Pour pouvoir, pour oser dire de grandes vérités, il ne faut pas dépendre de son succès. Je jetais mes livres dans le public avec la certitude d'avoir parlé pour le bien commun, sans aucun souci du reste. Si l'ouvrage était rebuté, tant pis pour ceux qui n'en voulaient pas profiter. Pour moi, je n'avais pas besoin de leur approbation pour vivre. Mon métier pouvait me nourrir, si mes livres ne se vendaient pas; et voilà précisément ce qui les faisait vendre.

Ce fut le 9 avril 1756 que je quittai la ville pour n'y plus habiter; car je ne compte pas pour habitation quelques courts séjours que j'ai faits depuis, tant à Paris qu'à Londres et dans d'autres villes, mais toujours de passage, ou toujours malgré moi. Madame d'Épinay vint nous prendre tous trois dans son carrosse; son fermier vint charger mon petit bagage, et je fus installé dès le même jour. Je trouvai ma petite retraite arrangée et meublée simplement, mais proprement, et même avec goût. La main qui avait donné ses soins à cet ameublement le rendait à mes yeux d'un prix inestimable, et je trouvais délicieux d'être l'hôte de mon amie, dans une maison de mon choix, qu'elle avait bâtie exprès

pour moi. Quoiqu'il fît froid et qu'il y eût même encore de la neige, la terre commençait à végéter ; on voyait des violettes et des primevères, les bourgeons des arbres commençaient à poindre, et la nuit même de mon arrivée fut marquée par le premier chant du rossignol, qui se fit entendre presque à ma fenêtre, dans un bois qui touchait la maison. Après un léger sommeil, oubliant à mon réveil ma transplantation, je me croyais encore dans la rue de Grenelle, quand tout à coup ce ramage me fit tressaillir, et je m'écriai dans mon transport : Enfin tous mes vœux sont accomplis. Mon premier soin fut de me livrer à l'impression des objets champêtres dont j'étais entouré. Au lieu de commencer à m'arranger dans mon logement, je commençai par m'arranger pour mes promenades, et il n'y eut pas un sentier, pas un taillis, pas un bosquet, pas un réduit autour de ma demeure que je n'eusse parcouru dès le lendemain. Plus j'examinais cette charmante retraite, plus je la sentais faite pour moi. Ce lieu solitaire plutôt que sauvage me transportait en idée au bout du monde. Il avait de ces beautés touchantes qu'on ne trouve guère auprès des villes ; et jamais, en s'y trouvant transporté tout d'un coup, on n'eût pu se croire à quatre lieues de Paris.

Après quelques jours livrés à mon délire champêtre, je songeai à ranger mes paperasses et à régler mes occupations. Je destinai, comme j'avais toujours fait, mes matinées à la copie, et mes après-dînées à la promenade, muni de mon petit livret blanc et de mon crayon : car n'ayant jamais pu écrire et penser à mon aise que *sub dio*, je n'étais pas tenté de changer de méthode, et je comptais bien que la forêt de Montmorency, qui était presque à ma porte, serait désormais mon cabinet de travail. J'avais plusieurs écrits commencés ; j'en fis la revue. J'étais assez magnifique en projets ; mais dans les tracas de la ville, l'exécution jusqu'alors avait marché lentement. J'y comptais mettre un peu plus de diligence quand j'aurais moins de distraction. Je crois avoir assez bien rempli cette attente ; et, pour un homme souvent malade, souvent à la Chevrette, à Épinay, à Eaubonne, au château de Montmorency, souvent obsédé chez lui de curieux désœuvrés, et toujours occupé la moitié de la journée à la copie, si l'on compte et mesure

les écrits que j'ai faits dans les six ans que j'ai passés tant à l'Ermitage qu'à Montmorency, l'on trouvera, je m'assure, que si j'ai perdu mon temps durant cet intervalle, ce n'a pas été du moins dans l'oisiveté.

Des divers ouvrages que j'avais sur le chantier, celui que je méditais depuis longtemps, dont je m'occupais avec le plus de goût, auquel je voulais travailler toute ma vie, et qui devait, selon moi, mettre le sceau à ma réputation, était mes *Institutions politiques*. Il y avait treize à quatorze ans que j'en avais conçu la première idée, lorsque, étant à Venise, j'avais eu quelque occasion de remarquer les défauts de ce gouvernement si vanté. Depuis lors mes vues s'étaient beaucoup étendues par l'étude historique de la morale. J'avais vu que tout tenait radicalement à la politique, et que, de quelque façon qu'on s'y prît, aucun peuple ne serait que ce que la nature de son gouvernement le ferait être ; ainsi cette grande question du meilleur gouvernement possible me paraissait se réduire à celle-ci : Quelle est la nature du gouvernement propre à former le peuple le plus vertueux, le plus éclairé, le plus sage, le meilleur enfin, à prendre ce mot dans son plus grand sens? J'avais cru voir que cette question tenait de bien près à cette autre-ci, si même elle en était différente : Quel est le gouvernement qui, par sa nature, se tient toujours le plus près de la loi? De là, qu'est-ce que la loi? et une chaîne de questions de cette importance. Je voyais que tout cela me menait à de grandes vérités, utiles au bonheur du genre humain, mais surtout à celui de ma patrie, où je n'avais pas trouvé, dans le voyage que je venais d'y faire, les notions des lois et de la liberté assez justes ni assez nettes, à mon gré ; et j'avais cru cette manière indirecte de les leur donner la plus propre à ménager l'amour-propre de ses membres, et à me faire pardonner d'avoir pu voir là-dessus un peu plus loin qu'eux.

Quoiqu'il y eût déjà cinq ou six ans que je travaillais à cet ouvrage, il n'était encore guère avancé. Les livres de cette espèce demandent de la méditation, du loisir, de la tranquillité. De plus, je faisais celui-là, comme on dit, en bonne fortune, et je n'avais voulu communiquer mon projet à personne, pas même à Diderot. Je craignais qu'il ne parût trop hardi pour le siècle et le pays où

j'écrivais, et que l'effroi de mes amis ne me gênât dans l'exécution. J'ignorais encore s'il serait fait à temps, et de manière à pouvoir paraître de mon vivant. Je voulais pouvoir, sans contrainte, donner à mon sujet tout ce qu'il me demandait ; bien sûr que, n'ayant point l'humeur satirique, et ne voulant jamais chercher d'application, je serais toujours irrépréhensible en toute équité. Je voulais user pleinement sans doute du droit de penser, que j'avais par ma naissance ; mais toujours en respectant le gouvernement sous lequel j'avais à vivre, sans jamais désobéir à ses lois ; et, très attentif à ne pas violer le droit des gens, je ne voulais pas non plus renoncer par crainte à ses avantages.

J'avoue même qu'étranger et vivant en France, je trouvais ma position très favorable pour oser dire la vériré ; sachant bien que, continuant comme je voulais faire à ne rien imprimer dans l'État sans permission, je n'y devais compte à personne de mes maximes et de leur publication partout ailleurs. J'aurais été bien moins libre à Genève même, où, dans quelque lieu que mes livres fussent imprimés, le magistrat avait droit d'épiloguer sur leur contenu.

Cette considération avait beaucoup contribué à me faire céder aux instances de madame d'Épinay, et renoncer au projet d'aller m'établir à Genève. Je sentais, comme je l'ai dit dans l'*Émile*, qu'à moins d'être homme d'intrigues, quand on veut consacrer des livres au vrai bien de la patrie, il ne faut point les composer dans son sein.

Ce qui me faisait trouver ma position plus heureuse était la persuation où j'étais que le gouvernement de France, sans peutêtre me voir de fort bon œil, se ferait un honneur, sinon de me protéger, au moins de me laisser tranquille. C'était, ce me semblait, un trait de politique très simple, et cependant très adroite, de se faire un mérite de tolérer ce qu'on ne pouvait empêcher ; puisque si l'on m'eût chassé de France, ce qui était tout ce qu'on avait droit de faire, mes livres n'auraient pas moins été faits, et peut-être avec moins de retenue ; au lieu qu'en me laissant en repos, on gardait l'auteur pour caution de ses ouvrages, et de plus, on effaçait des préjugés bien enracinés dans le reste de l'Eu-

rope, en se donnant la réputation d'avoir un respect éclairé pour
le droit des gens.

Ceux qui jugeront sur l'événement que ma conscience m'a
trompé pourraient bien se tromper eux-mêmes. Dans l'orage qui
m'a submergé, mes livres ont servi de prétexte, mais c'était à ma
personne qu'on en voulait. On se souciait très peu de l'auteur,
mais on voulait perdre Jean-Jacques; et le plus grand mal qu'on
ait trouvé dans mes écrits était l'honneur qu'ils pouvaient me
faire. N'enjambons point sur l'avenir. J'ignore si ce mystère, qui
en est encore un pour moi, s'éclaircira dans la suite aux yeux des
lecteurs : je sais seulement que, si mes principes manifestés avaient
dû m'attirer les traitements que j'ai soufferts, j'aurais tardé moins
longtemps à en être la victime, puisque celui de tous mes écrits
où ces principes sont manifestés avec le plus de hardiesse, pour
ne pas dire d'audace, avait paru avoir fait son effet, même avant
ma retraite à l'Ermitage, sans que personne eût songé, je ne dis
pas à me chercher querelle, mais à empêcher seulement la pu-
blication de l'ouvrage en France, où il se vendait aussi publique-
ment qu'en Hollande. Depuis lors la *Nouvelle Héloïse* parut encore
avec la même facilité, j'ose dire avec le même applaudissement ;
et, ce qui me semble presque incroyable, la profession de foi de
cette même Héloïse mourante est exactement la même que celle
du Vicaire savoyard. Tout ce qu'il y a de hardi dans le *Contrat
social* était auparavant dans le *Discours sur l'Inégalité* ; tout ce qu'il
y a de hardi dans l'*Émile* était auparavant dans la *Julie*. Or, ces
choses hardies n'excitèrent aucune rumeur contre les deux pre-
miers ouvrages; donc ce ne furent pas elles qui l'excitèrent
contre les derniers.

Une autre entreprise à peu près du même genre, mais dont le
projet était plus récent, m'occupait davantage en ce moment:
c'était l'extrait des ouvrages de l'abbé de Saint-Pierre, dont,
entraîné par le fil de ma narration, je n'ai pu parler jusqu'ici.
L'idée m'en avait été suggérée, depuis mon retour de Genève, par
l'abbé de Mably, non pas immédiatement, mais par l'entremise de
madame Dupin, qui avait une sorte d'intérêt à me la faire adopter.
Elle était une des trois ou quatre jolies femmes de Paris dont le

vieux abbé de Saint-Pierre avait été l'enfant gâté; et si elle n'avait pas eu décidément la préférence, elle l'avait partagée au moins avec madame d'Aiguillon. Elle conservait pour la mémoire du bonhomme un respect et une affection qui faisaient honneur à tous deux, et son amour-propre eût été flatté de voir ressusciter par son secrétaire les ouvrages morts-nés de son ami. Ces mêmes ouvrages ne laissaient pas de contenir d'excellentes choses, mais si mal dites, que la lecture en était difficile à soutenir; et il est étonnant que l'abbé de Saint-Pierre, qui regardait ses lecteurs comme de grands enfants, leur parlât cependant comme à des hommes, par le peu de soin qu'il prenait de s'en faire écouter. C'était pour cela qu'on m'avait proposé ce travail comme utile en lui-même, et comme très convenable à un homme laborieux en manœuvre, mais paresseux comme auteur, qui trouvant la peine de penser très fatigante, aimait mieux, en choses de son goût, éclaircir et pousser les idées d'un autre que d'en créer. D'ailleurs, en ne me bornant pas à la fonction de traducteur, il ne m'était pas défendu de penser quelquefois par moi-même; et je pouvais donner telle forme à mon ouvrage, que bien d'importantes vérités y passeraient sous le manteau de l'abbé de Saint-Pierre, encore plus heureusement que sous le mien. L'entreprise, au reste, n'était pas légère; il ne s'agissait de rien moins que de lire, de méditer, d'extraire vingt-trois volumes, diffus, confus, pleins de longueurs, de redites, de petites vues courtes ou fausses, parmi lesquelles il en fallait pêcher quelques-unes, grandes, belles, et qui donnaient le courage de supporter ce pénible travail. Je l'aurais moi-même souvent abandonné, si j'eusse honnêtement pu m'en dédire; mais en recevant les manuscrits de l'abbé, qui me furent donnés par son neveu le comte de Saint-Pierre, à la sollicitation de Saint-Lambert, je m'étais en quelque sorte engagé d'en faire usage, et il fallait ou les rendre, ou tâcher d'en tirer parti. C'était dans cette dernière intention que j'avais apporté ces manuscrits à l'Ermitage, et c'était là le premier ouvrage auquel je comptais donner mes loisirs.

J'en méditais un troisième, dont je devais l'idée à des observations faites sur moi-même; et je me sentais d'autant plus de cou-

rage à l'entreprendre, que j'avais lieu d'espérer de faire un livre
vraiment utile aux hommes, et même un des plus utiles qu'on
pût leur offrir, si l'exécution répondait dignement au plan que je
m'étais tracé. L'on a remarqué que la plupart des hommes sont,
dans le cours de leur vie, souvent dissemblables à eux-mêmes, et
semblent se transformer en des hommes tout différents. Ce n'était
pas pour établir une chose aussi connue que je voulais faire un
livre : j'avais un objet plus neuf et même plus important : c'était
de chercher les causes de ces variations et de m'attacher à celles
qui dépendaient de nous, pour montrer comment elles pouvaient
être dirigées par nous-mêmes, pour nous rendre meilleurs et plus
sûrs de nous. Car il est, sans contredit, plus pénible à l'honnête
homme de résister à des désirs déjà tout formés qu'il doit vaincre,
que de prévenir, changer ou modifier ces mêmes désirs dans leur
source, s'il était en état d'y remonter. Un homme tenté résiste
une fois parce qu'il est fort, et succombe une autre fois parce
qu'il est faible ; s'il eût été le même qu'auparavant, il n'aurait
pas succombé.

En sondant en moi-même, et en recherchant dans les autres à
quoi tenaient ces diverses manières d'être, je trouvai qu'elles
dépendaient en grande partie de l'impression antérieure des
objets extérieurs, et que, modifiés continuellement par nos sens
et par nos organes, nous portions, sans nous en apercevoir, dans
nos idées, dans nos sentiments, dans nos actions mêmes, l'effet
de ces modifications. Les frappantes et nombreuses observations
que j'avais recueillies étaient au-dessus de toute dispute ; et par
leurs principes physiques elles me paraissaient propres à fournir
un régime extérieur, qui, varié selon les circonstances, pouvait
mettre ou maintenir l'âme dans l'état le plus favorable à la vertu.
Que d'écarts on sauverait à la raison, que de vices on empêcherait
de naître, si l'on savait forcer l'économie animale à favoriser
l'ordre moral qu'elle trouble si souvent ! Les climats, les saisons,
les sons, les couleurs, l'obscurité, la lumière, les éléments, les ali-
ments, le bruit, le silence, le mouvement, le repos, tout agit sur
notre machine, et sur notre âme par conséquent ; tout nous offre
mille prises presque assurées, pour gouverner dans leur origine

les sentiments dont nous nous laissons dominer. Telle était l'idée fondamentale dont j'avais déjà jeté l'esquisse sur le papier, et dont j'espérais un effet d'autant plus sûr pour les gens bien nés, qui, aimant sincèrement la vertu, se défient de leur faiblesse, qu'il me paraissait aisé d'en faire un livre agréable à lire, comme il l'était à composer. J'ai cependant bien peu travaillé à cet ouvrage, dont le titre était: *la Morale sensitive ou le Matérialisme du sage.* Des distractions dont on apprendra bientôt la cause m'empêchèrent de m'en occuper, et l'on saura aussi quel fut le sort de mon esquisse, qui tient au mien de plus près qu'il ne semblerait.

Outre tout cela, je méditais depuis quelque temps un système d'éducation, dont madame de Chenonceaux, que celle de son mari faisait trembler pour son fils, m'avait prié de m'occuper. L'autorité de l'amitié faisait que cet objet, quoique moins de mon goût en lui-même, me tenait au cœur plus que tous les autres. Aussi de tous les sujets dont je viens de parler, celui-là est-il le seul que j'aie conduit à sa fin. Celle que je m'étais proposée en y travaillant méritait, ce me semble, à l'auteur, une autre destinée. Mais n'anticipons pas ici sur ce triste sujet. Je ne serai que trop forcé d'en parler dans la suite de cet écrit.

Tous ces divers projets m'offraient des sujets de méditation pour mes promenades; car, comme je crois l'avoir dit, je ne puis méditer qu'en marchant; sitôt que je m'arrête, je ne pense plus, et ma tête ne va qu'avec mes pieds. J'avais cependant eu la précaution de me pourvoir aussi d'un travail de cabinet pour les jours de pluie. C'était mon Dictionnaire de musique, dont les matériaux épars, mutilés, informes, rendaient l'ouvrage nécessaire à reprendre presque à neuf. J'apportais quelques livres, dont j'avais besoin pour cela; j'avais passé deux mois à faire l'extrait de beaucoup d'autres, qu'on me prêtait à la bibliothèque du Roi, et dont on me permit même d'emporter quelques-uns à l'Ermitage. Voilà mes prévisions pour compiler au logis, quand le temps ne me permettait pas de sortir, et que je m'ennuyais de ma copie. Cet arrangement me convenait si bien, que j'en tirai parti tant à l'Ermitage qu'à Montmorency. et même ensuite à

Motiers, où j'achevai ce travail tout en en faisant d'autres, et trouvant toujours qu'un changement d'ouvrage est un véritable délassement.

Je suivis assez exactement, pendant quelque temps, la distribution que je m'étais prescrite, et je m'en trouvai très bien ; mais quand la belle saison ramena plus fréquemment madame d'Épinay à Épinay ou à la Chevrette, je trouvai que des soins qui d'abord ne me coûtaient pas, mais que je n'avais pas mis en ligne de compte, dérangeaient beaucoup mes autres projets. J'ai déjà dit que madame d'Épinay avait des qualités très aimables : elle aimait bien ses amis, elle les servait avec beaucoup de zèle ; et, n'épargnant pour eux ni son temps ni ses soins, elle méritait assurément bien qu'en retour, ils eussent des attentions pour elle. Jusqu'alors j'avais rempli ce devoir sans songer que c'en était un ; mais enfin je compris que je m'étais chargé d'une chaîne, dont l'amitié seule m'empêchait de sentir le poids : j'avais aggravé ce poids par ma répugnance pour les sociétés nombreuses. Madame d'Épinay s'en prévalut pour me faire une proposition qui paraissait m'arranger, et qui l'arrangeait davantage : c'était de me faire avertir toutes les fois qu'elle serait seule, ou à peu près. J'y consentis, sans voir à quoi je m'engageais. Il s'ensuivit de là que je ne lui faisais plus de visite à mon heure, mais à la sienne, et que je n'étais jamais sûr de pouvoir disposer de moi-même un seul jour. Cette gêne altéra beaucoup le plaisir que j'avais pris jusqu'alors à l'aller voir. Je trouvai que cette liberté qu'elle m'avait tant promise ne m'était donnée qu'à condition de ne m'en prévaloir jamais ; et pour une fois ou deux que j'en voulus essayer, il y eut tant de messages, tant de billets, tant d'alarmes sur ma santé, que je vis bien qu'il n'y avait que l'excuse d'être à plat de lit qui pût me dispenser de courir à son premier mot. Il fallait me soumettre à ce joug : je le fis, et même assez volontiers pour un aussi grand ennemi de la dépendance, l'attachement sincère que j'avais pour elle m'empêchant en grande partie de sentir le lien qui s'y joignait. Elle remplissait ainsi tant bien que mal les vides que l'absence de sa cour ordinaire laissait dans ses amusements. C'était pour elle un supplément bien mince, mais qui valait encore mieux

qu'une solitude absolue, qu'elle ne pouvait supporter. Elle avait cependant de quoi la remplir bien plus aisément depuis qu'elle avait voulu tâter de la littérature, et qu'elle s'était fourré dans la tête de faire bon gré mal gré des romans, des lettres, des comédies, des contes, et d'autres fadaises comme cela. Mais ce qui l'amusait n'était pas tant de les écrire que de les lire ; et s'il lui arrivait de barbouiller de suite deux ou trois pages, il fallait qu'elle fût sûre au moins de deux ou trois auditeurs bénévoles, au bout de cet immense travail. Je n'avais guère l'honneur d'être au nombre des élus, qu'à la faveur de quelque autre. Seul, j'étais presque toujours compté pour rien en toute chose ; et cela non seulement dans la société de madame d'Épinay, mais dans celle de M. d'Holbach, et partout où M. Grimm donnait le ton. Cette nullité m'accommodait fort partout ailleurs que dans le tête-à-tête, où je ne savais quelle contenance tenir, n'osant parler de littérature, dont il ne m'appartenait pas de juger, ni de galanterie, étant trop timide, et craignant plus que la mort le ridicule d'un vieux galant, outre que cette idée ne me vint jamais près de madame d'Épinay, et ne m'y serait peut-être pas venue une seule fois en ma vie, quand je l'aurais passée entière auprès d'elle : non que j'eusse pour sa personne aucune répugnance ; au contraire, je l'aimais peut-être trop comme ami, pour pouvoir l'aimer comme amant. Je sentais du plaisir à la voir, à causer avec elle. Sa conversation, quoique assez agréable en cercle, était aride en particulier ; la mienne, qui n'était pas plus fleurie, n'était pas pour elle d'un grand secours. Honteux d'un trop long silence, je m'évertuais pour relever l'entretien ; et quoiqu'il me fatiguât souvent, il ne m'ennuyait jamais. J'étais fort aise de lui rendre de petits soins, de lui donner de petits baisers bien fraternels, qui ne me paraissaient pas plus sensuels pour elle : c'était là tout. Elle était fort maigre, fort blanche, de la gorge comme sur ma main. Ce défaut seul eût suffi pour me glacer ; jamais mon cœur ni mes sens n'ont su voir une femme dans quelqu'un qui n'eût pas des tétons ; et d'autres causes inutiles à dire m'ont toujours fait oublier son sexe auprès d'elle.

Ayant ainsi pris mon parti sur un assujettissement nécessaire,

je m'y livrai sans résistance, et le trouvai, du moins la première année, moins onéreux que je ne m'y serais attendu. Madame d'Épinay, qui d'ordinaire passait l'été presque entier à la campagne, n'y passa qu'une partie de celui-ci, soit que ses affaires la retinssent davantage à Paris, soit que l'absence de Grimm lui rendît moins agréable le séjour de la Chevrette. Je profitai des intervalles qu'elle n'y passait pas, ou durant lesquels elle y avait beaucoup de monde, pour jouir de ma solitude avec ma bonne Thérèse et sa mère, de manière à m'en bien faire sentir le prix. Quoique depuis quelques années j'allasse assez fréquemment à la campagne, c'était presque sans la goûter ; et ces voyages, toujours faits avec des gens à prétentions, toujours gâtés par la gêne, ne faisaient qu'aiguiser en moi le goût des plaisirs rustiques, dont je n'entrevoyais de plus près l'image que pour mieux sentir leur privation. J'étais si ennuyé de salons, de jets d'eau, de bosquets, de parterres, et des plus ennuyeux montreurs de tout cela ; j'étais si excédé de brochures, de clavecin, de tri, de nœuds, de sots bons mots, de fades minauderies, de petits conteurs et de grands soupers, que quand je lorgnais du coin de l'œil un simple pauvre buisson d'épines, une haie, une grange, un pré ; quand je humais, en traversant un hameau, la vapeur d'une bonne omelette au cerfeuil ; quand j'entendais de loin le rustique refrain de la chanson des bisquières, je donnais au diable et le rouge, et les falbalas, et l'ambre ; et, regrettant le dîner de la ménagère et le vin du cru, j'aurais de bon cœur paumé la gueule à monsieur le chef et à monsieur le maître qui me faisaient dîner à l'heure où je soupe, souper à l'heure où je dors ; mais surtout à messieurs les laquais, qui dévoraient des yeux mes morceaux, et, sous peine de mourir de soif, me vendaient le vin drogué de leurs maîtres dix fois plus cher que je n'en aurais payé de meilleur au cabaret.

Me voilà donc enfin chez moi, dans un asile agréable et solitaire, maître d'y couler mes jours dans cette vie indépendante, égale et paisible, pour laquelle je me sentais né. Avant de dire l'effet que cet état, si nouveau pour moi, fit sur mon cœur, il convient d'en récapituler les affections secrètes, afin qu'on suive mieux dans ses causes le progrès de ces nouvelles modifications.

J'ai toujours regardé le jour qui m'unit à Thérèse comme celui qui fixa mon être moral. J'avais besoin d'un attachement, puisque enfin celui qui devait me suffire avait été si cruellement rompu. La soif du bonheur ne s'éteint point dans le cœur de l'homme. Maman vieillissait et s'avilissait! Il m'était prouvé qu'elle ne pouvait plus être heureuse ici-bas. Restait à chercher un bonheur qui me fût propre, ayant perdu tout espoir de jamais partager le sien. Je flottai quelque temps d'idée en idée et de projet en projet. Mon voyage de Venise m'eût jeté dans les affaires publiques, si l'homme avec qui j'allai me fourrer avait eu le sens commun. Je suis facile à décourager, surtout dans les entreprises pénibles et de longue haleine. Le mauvais succès de celle-ci me dégoûta de toute autre; et regardant, selon mon ancienne maxime, les objets lointains comme des leurres de dupes, je me déterminai à vivre désormais au jour la journée, ne voyant plus rien dans la vie qui me tentât de m'évertuer.

Ce fut précisément alors que se fit notre connaissance. Le doux caractère de cette bonne fille me parut si bien convenir au mien, que je m'unis à elle d'un attachement à l'épreuve du temps et des torts, et que tout ce qui l'aurait dû rompre n'a jamais fait que l'augmenter. On connaîtra la force de cet attachement dans la suite, quand je découvrirai les plaies, les déchirures dont elle a navré mon cœur dans le fort de mes misères, sans que, jusqu'au moment où j'écris ceci, il m'en soit échappé jamais un seul mot de plainte à personne.

Quand on saura qu'après avoir tout fait, tout bravé pour ne m'en point séparer, qu'après vingt-cinq ans passés avec elle, en dépit du sort et des hommes, j'ai fini sur mes vieux jours par l'épouser, sans attente et sans sollicitation de sa part, sans engagement ni promesse de la mienne, on croira qu'un amour forcené, m'ayant dès le premier jour tourné la tête, n'a fait que m'amener par degrés à la dernière extravagance; et on le croira bien plus encore, quand on saura les raisons particulières et fortes qui devaient m'empêcher d'en jamais venir là. Que pensera donc le lecteur quand je lui dirai, dans toute la vérité qu'il doit maintenant me connaître, que du premier moment que je la vis

jusqu'à ce jour, je n'ai jamais senti la moindre étincelle d'amour pour elle ; que je n'ai pas plus désiré de la posséder que madame de Warens, et que les besoins des sens, que j'ai satisfaits auprès d'elle, ont uniquement été pour moi ceux du sexe, sans avoir rien de propre à l'individu? Il croira qu'autrement constitué qu'un autre homme, je fus incapable de sentir l'amour, puisqu'il n'entrait point dans les sentiments qui m'attachaient aux femmes qui m'ont été les plus chères. Patience, ô mon lecteur! le moment funeste approche, où vous ne serez que trop bien désabusé.

Je me répète, on le sait; il le faut. Le premier de mes besoins, le plus grand, le plus fort, le plus inextinguible, était tout entier dans mon cœur : c'était le besoin d'une société intime, et aussi intime qu'elle pouvait l'être ; c'était surtout pour cela qu'il me fallait une femme plutôt qu'un homme, une amie plutôt qu'un ami. Ce besoin singulier était tel, que la plus étroite union des corps ne pouvait encore y suffire : il m'aurait fallu deux âmes dans le même corps; sans cela, je sentais toujours du vide. Je me crus au moment de n'en plus sentir. Cette jeune personne, aimable par mille excellentes qualités, et même alors par la figure, sans ombre d'art ni de coquetterie, eût borné dans elle seule mon existence, si j'avais pu borner la sienne en moi, comme je l'avais espéré. Je n'avais rien à craindre de la part des hommes; je suis sûr d'être le seul qu'elle ait véritablement aimé, et ses tranquilles sens ne lui en ont guère demandé d'autres, même quand j'ai cessé d'en être un pour elle à cet égard. Je n'avais point de famille; elle en avait une; et cette famille, dont tous les naturels différaient trop du sien, ne se trouva pas telle que j'en pusse faire la mienne. Là 'fut la première cause de mon malheur. Que n'aurais-je point donné pour me faire l'enfant de sa mère ! Je fis tout pour y parvenir, et n'en pus venir à bout. J'eus beau vouloir unir tous nos intérêts, cela me fut impossible. Elle s'en fit toujours un différent du mien, contraire au mien, et même à celui de sa fille, qui déjà n'en était plus séparée. Elle et ses autres enfants et petits-enfants devinrent autant de sangsues, dont le moindre mal qu'ils fissent à Thérèse était de la voler. La pauvre fille, accoutumée à fléchir, même sous ses nièces, se laissait dévaliser

et gouverner sans mot dire; et je voyais avec douleur qu'épuisant ma bourse et mes leçons, je ne faisais rien pour elle dont elle pût profiter. J'essayai de la détacher de sa mère; elle y résista toujours. Je respectai sa résistance, et l'en estimai davantage : mais son refus n'en tourna pas moins à son préjudice et au mien. Livrée à sa mère et aux siens, elle fut à eux plus qu'à moi, plus qu'à elle-même; leur avidité lui fut moins ruineuse que leurs conseils ne lui furent pernicieux; enfin, si, grâce à son amour pour moi; si, grâce à son bon naturel, elle ne fut pas tout à fait subjuguée, c'en fut assez du moins pour empêcher, en grande partie, l'effet des bonnes maximes que je m'efforçais de lui inspirer; c'en fut assez pour que, de quelque façon que je m'y sois pu prendre, nous ayons toujours continué d'être deux. Voilà comment, dans un attachement sincère et réciproque, où j'avais mis toute la tendresse de mon cœur, le vide de ce cœur ne fut pourtant jamais bien rempli. Les enfants, par lesquels il l'eût été, vinrent; ce fut encore pis. Je frémis de les livrer à cette famille mal élevée, pour en être élevés encore plus mal. Les risques de l'éducation des Enfants-Trouvés étaient beaucoup moindres. Cette raison du parti que je pris, plus forte que toutes celles que j'énonçai dans ma lettre à madame de Francueil, fut pourtant la seule que je n'osai lui dire. J'aimais mieux être moins disculpé d'un blâme aussi grave, et ménager la famille d'une personne que j'aimais. Mais on peut juger, par les mœurs de son malheureux frère, si jamais, quoi qu'on en pût dire, je devais exposer mes enfants à recevoir une éducation semblable à la sienne.

Ne pouvant goûter dans sa plénitude cette intime société dont je sentais le besoin, j'y cherchais des suppléments qui n'en remplissaient pas le vide, mais qui me le laissaient moins sentir. Faute d'un ami qui fût à moi tout entier, il me fallait des amis dont l'impulsion surmontât mon inertie : c'est ainsi que je cultivai, que je resserrai mes liaisons avec Diderot, avec l'abbé de Condillac; que j'en fis avec Grimm une nouvelle plus étroite encore; et qu'enfin je me trouvai par ce malheureux discours, dont j'ai raconté l'histoire, rejeté, sans y songer, dans la littérature, dont je me croyais sorti pour toujours.

Mon début me mena par une route nouvelle dans un autre monde intellectuel, dont je ne pus sans enthousiasme envisager la simple et fière économie. Bientôt, à force de m'en occuper, je ne vis plus qu'erreur et folie dans la doctrine de nos sages, qu'oppression et misère dans notre ordre social. Dans l'illusion de mon sot orgueil, je me crus fait pour dissiper tous ces prestiges ; et jugeant que, pour me faire écouter, il fallait mettre ma conduite d'accord avec mes principes, je pris l'allure singulière qu'on ne m'a pas permis de suivre, dont mes prétendus amis ne m'ont pu pardonner l'exemple, qui d'abord me rendit ridicule, et qui m'eût enfin rendu respectable, s'il m'eût été possible d'y persévérer.

Jusque-là j'avais été bon : dès lors je devins vertueux, ou du moins enivré de la vertu. Cette ivresse avait commencé dans ma tête, mais elle avait passé dans mon cœur. Le plus noble orgueil y germa sur les débris de la vanité déracinée. Je ne jouai rien : je devins en effet tel que je parus ; et pendant quatre ans au moins que dura cette effervescence dans toute sa force, rien de grand et de beau ne peut entrer dans un cœur d'homme, dont je ne fusse capable entre le ciel et moi. Voilà d'où naquit ma subite éloquence, voilà d'où se répandit dans mes premiers livres ce feu vraiment céleste qui m'embrasait, et dont pendant quarante ans il ne s'était pas échappé la moindre étincelle, parce qu'il n'était pas encore allumé.

J'étais vraiment transformé ; mes amis, mes connaissances ne me reconnaissaient plus. Je n'étais plus cet homme timide et plutôt honteux que modeste, qui n'osait ni se présenter, ni parler, qu'un mot badin déconcertait, qu'un regard de femme faisait rougir. Audacieux, fier, intrépide, je portais partout une assurance d'autant plus ferme qu'elle était simple, et résidait dans mon âme plus que dans mon maintien. Le mépris que mes profondes méditations m'avaient inspiré pour les mœurs, les maximes et les préjugés de mon siècle, me rendait insensible aux railleries de ceux qui les avaient, et j'écrasais leurs petits bons mots avec mes sentences, comme j'écraserais un insecte entre mes doigts. Quel changement ! tout Paris répétait les âcres et mordants sarcasmes

de ce même homme qui, dix ans auparavant et dix ans après, n'a jamais su trouver la chose qu'il avait à dire, ni le mot qu'il devait employer. Qu'on cherche l'état du monde le plus contraire à mon naturel ; on trouvera celui-là. Qu'on se rappelle un de ces courts moments de ma vie où je devenais un autre et cessais d'être moi ; on le trouve encore dans le temps dont je parle : mais au lieu de durer six jours, six semaines, il dura près de six ans, il durerait peut-être encore, sans les circonstances particulières qui le firent cesser, et me rendirent à la nature, au-dessus de laquelle j'avais voulu m'élever.

Ce changement commença sitôt que j'eus quitté Paris, et que le spectacle des vices de cette grande ville cessa de nourrir l'indignation qu'il m'avait inspirée. Quand je ne vis plus les hommes, je cessai de les mépriser ; quand je ne vis plus les méchants, je cessai de les haïr. Mon cœur, peu fait pour la haine, ne fit plus que déplorer leur misère, et n'en distinguait pas leur méchanceté. Cet état plus doux, mais bien moins sublime, amortit bientôt l'ardent enthousiasme qui m'avait transporté si longtemps ; et sans qu'on s'en aperçût, sans presque m'en apercevoir moi-même, je redevins craintif, complaisant, timide ; en un mot, le même Jean-Jacques que j'avais été auparavant. Si la révolution n'eût fait que me rendre à moi-même et s'arrêter là, tout était bien ; mais malheureusement elle alla plus loin, et m'emporta rapidement à l'autre extrême. Dès lors mon âme en branle n'a plus fait que passer par la ligne du repos, et ses oscillations toujours renouvelées ne lui ont jamais permis d'y rester. Entrons dans le détail de cette seconde révolution : époque terrible et fatale d'un sort qui n'a point d'exemple chez les mortels.

N'étant que trois dans notre retraite, le loisir et la solitude devaient naturellement resserrer notre intimité. C'est aussi ce qu'ils firent entre Thérèse et moi. Nous passions tête à tête sous les ombrages des heures charmantes, dont je n'avais jamais si bien senti la douceur. Elle me parut la goûter elle-même encore plus qu'elle n'avait fait jusqu'alors. Elle m'ouvrit son cœur sans réserve, et m'apprit de sa mère et de sa famille des choses qu'elle avait eu la force de me taire pendant longtemps. L'une et l'autre

avaient reçu de madame Dupin des multitudes de présents faits
à mon intention, mais que la vieille madrée, pour ne pas me
fâcher, s'était appropriés pour elle et pour ses autres enfants, sans
en rien laisser à Thérèse, et avec très sévères défenses de m'en
parler; ordre que la pauvre fille avait suivi avec une obéissance
incroyable.

Mais une chose qui me surprit beaucoup davantage, fut
d'apprendre qu'outre les entretiens particuliers que Diderot et
Grimm avaient eus souvent avec l'une et l'autre pour les détacher
de moi, et qui n'avaient pas réussi par la résistance de Thérèse,
tous deux avaient eu depuis lors de fréquents et secrets colloques
avec sa mère, sans qu'elle eût pu rien savoir de ce qui se brassait
entre eux. Elle savait seulement que les petits présents s'en étaient
mêlés, et qu'il y avait de petites allées et venues dont on tâchait
de lui faire mystère, et dont elle ignorait absolument le motif.
Quand nous partîmes de Paris, il y avait déjà longtemps que
madame Le Vasseur était dans l'usage d'aller voir M. Grimm deux
ou trois fois par mois, et d'y passer quelques heures à des
conversations si secrètes, que le laquais de Grimm était toujours
renvoyé.

Je jugeai que ce motif n'était autre que le même projet dans
lequel on avait tâché de faire entrer la fille, en promettant de leur
procurer, par madame d'Épinay, un regrat de sel, un bureau à
tabac, et les tentant, en un mot, par l'appât du gain. On leur avait
représenté qu'étant hors d'état de rien faire pour elles, je ne pou-
vais pas même, à cause d'elles, parvenir à rien faire pour moi.
Comme je ne voyais à tout cela que de la bonne intention, je ne
leur en savais pas absolument mauvais gré. Il n'y avait que le
mystère qui me révoltât, surtout de la part de la vieille, qui, de
plus, devenait de jour en jour plus flagorneuse et plus pateline
avec moi : ce qui ne l'empêchait pas de reprocher sans cesse en
secret à sa fille qu'elle m'aimait trop, qu'elle me disait tout,
qu'elle n'était qu'une bête, et qu'elle en serait la dupe. Cette
femme possédait au suprême degré l'art de tirer d'un sac dix
moutures, de cacher à l'un ce qu'elle recevait de l'autre, et à moi
ce qu'elle recevait de tous. J'aurais pu lui pardonner son avidité,

mais je ne pouvais lui pardonner sa dissimulation. Que pouvait-elle avoir à me cacher, à moi, qu'elle savait si bien qui faisais mon bonheur presque unique de celui de sa fille et du sien? Ce que j'avais fait pour sa fille, je l'avais fait pour moi; mais ce que j'avais fait pour elle méritait de sa part quelque reconnaissance; elle en aurait dû savoir gré du moins à sa fille, et m'aimer pour l'amour d'elle, qui m'aimait. Je l'avais tirée de la plus complète misère; elle tenait de moi sa subsistance, elle me devait toutes les connaissances dont elle tirait si bon parti. Thérèse l'avait longtemps nourrie de son travail, et la nourrissait maintenant de mon pain. Elle tenait tout de cette fille, pour laquelle elle n'avait rien fait; et ses autres enfants qu'elle avait dotés, pour lesquels elle s'était ruinée, loin de lui aider à subsister, dévoraient encore sa subsistance et la mienne. Je trouvais que dans une pareille situation elle devait me regarder comme son unique ami, son plus sûr protecteur, et, loin de me faire un secret de mes propres affaires, loin de comploter contre moi dans ma propre maison, m'avertir fidèlement de tout ce qui pouvait m'intéresser, quand elle l'apprenait plus tôt que moi. De quel œil pouvais-je donc voir sa conduite fausse et mystérieuse? que devais-je penser surtout des sentiments qu'elle s'efforçait de donner à sa fille? quelle monstrueuse ingratitude devait être la sienne, quand elle cherchait à lui en inspirer?

Toutes ces réflexions aliénèrent enfin mon cœur de cette femme au point de ne pouvoir plus la voir sans dédain. Cependant je ne cessai jamais de traiter avec respect la mère de ma compagne, et de lui marquer en toutes choses presque les égards et la considération d'un fils; mais il est vrai que je n'aimais pas à rester longtemps avec elle, et il n'est guère en moi de savoir me gêner.

C'est encore ici un de ces courts moments de ma vie où j'ai vu le bonheur de bien près, sans pouvoir l'atteindre, et sans qu'il y ait eu de ma faute à l'avoir manqué. Si cette femme se fût trouvée d'un bon caractère, nous étions heureux tous les trois jusqu'à la fin de nos jours; le dernier vivant seul fût resté à plaindre. Au lieu de cela, vous allez voir la marche des choses, et vous jugerez si j'ai pu la changer.

Madame Le Vasseur, qui vit que j'avais gagné du terrain sur le cœur de sa fille, et qu'elle en avait perdu, s'efforça de le reprendre; et, au lieu de revenir à moi par elle, tenta de me l'aliéner tout à fait. Un des moyens qu'elle employa fut d'appeler sa famille à son aide. J'avais prié Thérèse de n'en faire venir personne à l'Ermitage; elle me le promit. On les fit venir en mon absence, sans la consulter; et puis on lui fit promettre de ne m'en rien dire. Le premier pas fait, tout le reste fut facile; quand une fois on a fait à quelqu'un qu'on aime un secret de quelque chose, on ne se fait bientôt plus guère de scrupule de lui en faire sur tout. Sitôt que j'étais à la Chevrette, l'Ermitage était plein de monde qui s'y réjouissait assez bien. Une mère est toujours bien forte sur une fille d'un bon naturel; cependant, de quelque façon que s'y prît la vieille, elle ne put jamais faire entrer Thérèse dans ses vues, et l'engager à se liguer contre moi. Pour elle, elle se décida sans retour : et voyant d'un côté sa fille et moi, chez qui l'on pouvait vivre, et puis c'était tout; de l'autre, Diderot, Grimm, d'Holbach, madame d'Épinay, qui promettaient beaucoup et donnaient quelque chose, elle n'estima pas qu'on pût jamais avoir tort dans le parti d'une fermière générale et d'un baron Si j'eusse eu de meilleurs yeux, j'aurais vu dès lors que je nourrissais un serpent dans mon sein; mais mon aveugle confiance, que rien encore n'avait altérée, était telle, que je n'imaginais pas même qu'on pût vouloir nuire à quelqu'un qu'on devait aimer. En voyant ourdir autour de moi mille trames, je ne savais me plaindre que de la tyrannie de ceux que j'appelais mes amis, et qui voulaient, selon moi, me forcer d'être heureux à leur mode, plutôt qu'à la mienne.

Quoique Thérèse refusât d'entrer dans la ligue avec sa mère, elle lui garda derechef le secret : son motif était louable; je ne dirai pas si elle fit bien ou mal. Deux femmes qui ont des secrets aiment à babiller ensemble : cela les rapprochait; et Thérèse, en se partageant, me laissait sentir quelquefois que j'étais seul; car je ne pouvais plus compter pour société celle que nous avions tous trois ensemble. Ce fut alors que je sentis vivement le tort que j'avais eu durant nos premières liaisons, de ne pas profiter

de la docilité que lui donnait son amour, pour l'orner de talents et de connaissances qui, nous tenant plus rapprochés dans notre retraite, auraient agréablement rempli son temps et le mien, sans jamais nous laisser sentir la longueur du tête-à-tête. Ce n'était pas que l'entretien tarît entre nous, et qu'elle parût s'ennuyer dans nos promenades; mais enfin nous n'avions pas assez d'idées communes pour nous faire un grand magasin : nous ne pouvions plus parler sans cesse de nos projets, bornés désormais à celui de jouir. Les objets qui se présentaient m'inspiraient des réflexions qui n'étaient pas à sa portée. Un attachement de douze ans n'avait plus besoin de paroles; nous nous connaissions trop pour avoir plus rien à nous apprendre. Restait la ressource des caillettes, médire, et dire des quolibets. C'est surtout dans la solitude qu'on sent l'avantage de vivre avec quelqu'un qui sait penser. Je n'avais pas besoin de cette ressource pour me plaire avec elle; mais elle en aurait eu besoin pour se plaire toujours avec moi. Le pis était qu'il fallait avec cela prendre nos tête-à-tête en bonne fortune : sa mère, qui m'était devenue importune, me forçait à les épier. J'étais gêné chez moi, c'est tout dire, l'air de l'amour gâtait la bonne amitié. Nous avions un commerce intime, sans vivre dans l'intimité.

Dès que je crus voir que Thérèse cherchait quelquefois des prétextes pour éluder les promenades que je lui proposais, je cessai de lui en proposer, sans lui savoir mauvais gré de ne pas s'y plaire autant que moi. Le plaisir n'est point une chose qui dépende de la volonté. J'étais sûr de son cœur, ce m'était assez. Tant que mes plaisirs étaient les siens, je les goûtais avec elle; quand cela n'était pas, je préférais son contentement au mien.

Voilà comment, à demi trompé dans mon attente, menant une vie de mon goût, dans un séjour de mon choix, avec une personne qui m'était chère, je parvins pourtant à me sentir presque isolé. Ce qui me manquait m'empêchait de goûter ce que j'avais. En fait de bonheur et de jouissances, il me fallait tout ou rien. On verra pourquoi ce détail m'a paru nécessaire. Je reprends à présent le fil de mon récit.

Je croyais avoir des trésors dans les manuscrits que m'avait

donnés le comte de Saint-Pierre. En les examinant, je vis que ce
n'était presque que le recueil des ouvrages imprimés de son oncle,
annotés et corrigés de sa main, avec quelques autres petites pièces
qui n'avaient pas vu le jour. Je me confirmai, par ses écrits de
morale, dans l'idée que m'avaient donnée quelques lettres de lui,
que madame de Créqui m'avait montrées, qu'il avait beaucoup
plus d'esprit que je n'avais cru : mais l'examen approfondi de ses
ouvrages de politique ne me montra que des vues superficielles,
des projets utiles, mais impraticables, par l'idée dont l'auteur n'a
jamais pu sortir, que les hommes se conduisaient par leurs
lumières plutôt que par leurs passions. La haute opinion qu'il
avait des connaissances modernes lui avait fait adopter ce faux
principe de la raison perfectionnée, base de tous les établis-
sements qu'il proposait, et source de tous ses sophismes poli-
tiques. Cet homme rare, l'honneur de son siècle et de son espèce,
et le seul peut-être, depuis l'existence du genre humain, qui n'eut
d'autre passion que celle de la raison, ne fit cependant que
marcher d'erreur en erreur dans tous ses systèmes, pour avoir
voulu rendre les hommes semblables à lui, au lieu de les prendre
tels qu'ils sont, et qu'ils continueront d'être. Il n'a travaillé que
pour des êtres imaginaires, en pensant travailler pour ses con-
temporains.

Tout cela vu, je me trouvai dans quelque embarras sur la forme
à donner à mon ouvrage. Passer à l'auteur ses visions, c'était ne
rien faire d'utile ; les réfuter à la rigueur, était faire une chose
malhonnête, puisque le dépôt de ses manuscrits, que j'avais
accepté et même demandé, m'imposait l'obligation d'en traiter
honorablement l'auteur. Je pris enfin le parti qui me parut le plus
décent, le plus judicieux et le plus utile ; ce fut de donner sépa-
rément les idées de l'auteur et les miennes, et pour cela, d'entrer
dans ses vues, de les éclaircir, de les étendre, et de ne rien
épargner pour leur faire valoir tout leur prix.

Mon ouvrage devait donc être composé de deux parties abso-
lument séparées : l'une, destinée à exposer de la façon que je viens
de dire les divers projets de l'auteur. Dans l'autre, qui ne devait
paraître qu'après que la première aurait fait son effet, j'aurais porté

mon jugement sur ces mêmes projets : ce qui, je l'avoue, eût pu les exposer quelquefois au sort du sonnet du *Misanthrope*. A la tête de tout l'ouvrage devait être une vie de l'auteur, pour laquelle j'avais ramassé d'assez bons matériaux que je me flattais de ne pas gâter en les employant. J'avais un peu vu l'abbé de Saint-Pierre dans sa vieillesse ; et la vénération que j'avais pour sa mémoire m'était garant qu'à tout prendre M. le comte ne serait pas mécontent de la manière dont j'aurais traité son parent.

Je fis mon essai sur la *Paix perpétuelle*, le plus considérable et le plus travaillé de tous les ouvrages qui composaient ce recueil ; et, avant de me livrer à mes réflexions, j'eus le courage de lire absolument tout ce que l'abbé avait écrit sur ce beau sujet, sans jamais me rebuter par ses longueurs et par ses redites. Le public a vu cet extrait, ainsi je n'ai rien à en dire. Quant au jugement que j'en ai porté, il n'a point été imprimé, et j'ignore s'il le sera jamais ; mais il fut fait en même temps que l'extrait. Je passai de là à la *Polysynodie*, ou pluralité des conseils, ouvrage fait sous le régent, pour favoriser l'administration qu'il avait choisie, et qui fit chasser de l'Académie française l'abbé de Saint-Pierre, pour quelques traits contre l'administration précédente, dont la duchesse du Maine et le cardinal de Polignac furent fâchés. J'achevai ce travail comme le précédent, tant le jugement que l'extrait : mais je m'en tins là, sans vouloir continuer cette entreprise, que je n'aurais pas dû commencer.

La réflexion qui m'y fit renoncer se présente d'elle-même, et il était étonnant qu'elle ne me fût pas venue plus tôt. La plupart des écrits de l'abbé de Saint-Pierre étaient ou contenaient des observations critiques sur quelques parties du gouvernement de France, et il y en avait même de si libres, qu'il était heureux pour lui de les avoir faites impunément. Mais dans les bureaux des ministres, on avait de tout temps regardé l'abbé de Saint-Pierre comme une espèce de prédicateur plutôt que comme un vrai politique, et on le laissait dire tout à son aise, parce qu'on voyait bien que personne ne l'écoutait. Si j'étais parvenu à le faire écouter, le cas eût été différent. Il était Français, je ne l'étais pas ; et en m'avisant de répéter ses censures, quoique sous son nom, je m'exposais à me

faire demander un peu rudement, mais sans injustice, de quoi je me mêlais. Heureusement, avant d'aller plus loin, je vis la prise que j'allais donner sur moi, et me retirai bien vite. Je savais que, vivant seul au milieu des hommes, et d'hommes tous plus puissants que moi, je ne pouvais jamais, de quelque façon que je m'y prisse, me mettre à l'abri du mal qu'ils voudraient me faire. Il n'y avait qu'une chose, en cela, qui dépendît de moi : c'était de faire en sorte au moins que, quand ils m'en voudraient faire, ils ne le pussent qu'injustement. Cette maxime, qui me fit abandonner l'abbé de Saint-Pierre, m'a fait souvent renoncer à des projets beaucoup plus chéris. Ces gens, toujours prompts à faire un crime de l'adversité, seraient bien surpris s'ils savaient tous les soins que j'ai pris en ma vie pour qu'on ne pût jamais me dire avec vérité, dans mes malheurs: *Tu les as mérités.*

Cet ouvrage abandonné me laissa quelque temps incertain sur celui que j'y ferais succéder ; et cet intervalle de désœuvrement fut ma perte, en me laissant tourner mes réflexions sur moi-même, faute d'objet étranger qui m'occupât. Je n'avais plus de projet pour l'avenir qui pût amuser mon imagination ; il ne m'était pas même possible d'en faire, puisque la situation où j'étais était précisément celle où s'étaient réunis tous mes désirs : je n'en avais plus à former, et j'avais encore le cœur vide. Cet état était d'autant plus cruel, que je n'en voyais point à lui préférer. J'avais rassemblé mes plus tendres affections dans une personne selon mon cœur, qui me les rendait.

Je vivais avec elle sans gêne, et pour ainsi dire à discrétion. Cependant un secret serrement de cœur ne me quittait ni près ni loin d'elle. En la possédant, je sentais qu'elle me manquait encore ; et la seule idée que je n'étais pas tout pour elle, faisait qu'elle n'était presque rien pour moi.

J'avais des amis des deux sexes, auxquels j'étais attaché par la plus pure amitié, par la plus parfaite estime; je comptais sur le plus vrai retour de leur part, et il ne m'était pas même venu dans l'esprit de douter une seule fois de leur sincérité : cependant cette amitié m'était plus tourmentante que douce, par leur obstination, par leur affectation même à contrarier tous mes goûts, mes pen-

chants, ma manière de vivre : tellement qu'il me suffisait de
paraître désirer une chose qui n'intéressait que moi seul, et qui ne
dépendait pas d'eux, pour les voir tous se liguer à l'instant même
pour me contraindre d'y renoncer. Cette obstination de me con-
trôler en tout dans mes fantaisies, d'autant plus injuste que, loin
de contrôler les leurs, je ne m'en informais pas même, me devint
si cruellement onéreuse, qu'enfin je ne recevais pas une de leurs
lettres sans sentir, en l'ouvrant, un certain effroi qui n'était que
trop justifié par sa lecture. Je trouvais que, pour des gens tous
plus jeunes que moi, et qui tous auraient eu grand besoin pour
eux-mêmes des leçons qu'ils me prodiguaient, c'était aussi trop me
traiter en enfant. Aimez-moi, leur disais-je, comme je vous aime ;
et, du reste, ne vous mêlez pas plus de mes affaires que je ne me
mêle des vôtres : voilà tout ce que je vous demande. Si de ces
deux choses ils m'en ont accordé une, ce n'a pas été du moins la
dernière.

J'avais une demeure isolée, dans une solitude charmante :
maître chez moi, j'y pouvais vivre à ma mode, sans que personne
eût à m'y contrôler. Mais cette habitation m'imposait des devoirs
doux à remplir, mais indispensables. Toute ma liberté n'était que
précaire ; plus asservi que par des ordres, je devais l'être par ma
volonté : je n'avais pas un seul jour dont en me levant je pusse
dire : J'emploierai ce jour comme il me plaira. Bien plus, outre ma
dépendance des arrangements de madame d'Épinay, j'en avais une
autre bien plus importune, du public et des survenants. La dis-
tance où j'étais de Paris n'empêchait pas qu'il ne me vînt journel-
lement des tas de désœuvrés qui, ne sachant que faire de leur
temps, prodiguaient le mien sans aucun scrupule. Quand j'y
pensais le moins, j'étais impitoyablement assailli ; et rarement j'ai
fait un joli projet pour ma journée, sans le voir renverser par
quelque arrivant.

Bref, au milieu des biens que j'avais le plus convoités, ne
trouvant point de pure jouissance, je revenais par élan aux jours
sereins de ma jeunesse, et je m'écriais quelquefois en soupirant:
Ah ! ce ne sont pas encore ici les Charmettes !

Les souvenirs des divers temps de ma vie m'amenèrent à réfléchir

sur le point où j'étais parvenu, et je me vis déjà sur le déclin de
l'âge, en proie à des maux douloureux, et croyant approcher du
terme de ma carrière sans avoir goûté dans sa plénitude presque
aucun des plaisirs dont mon cœur était avide, sans avoir donné
l'essor aux vifs sentiments que j'y sentais en réserve, sans avoir
savouré, sans avoir effleuré du moins cette enivrante volupté que
je sentais dans mon âme en puissance, et qui, faute d'objet, s'y
trouvait toujours comprimée, sans pouvoir s'exhaler autrement que
par mes soupirs.

Comment se pouvait-il qu'avec une âme naturellement expan-
sive, pour qui vivre c'était aimer, je n'eusse pas trouvé jusqu'alors
un ami tout à moi, un véritable ami, moi qui me sentais si bien
fait pour l'être? Comment se pouvait-il qu'avec des sens si com-
bustibles, avec un cœur tout pétri d'amour, je n'eusse pas du moins
une fois brûlé de sa flamme pour un objet déterminé? Dévoré du
besoin d'aimer sans jamais l'avoir pu bien satisfaire, je me voyais
atteindre aux portes de la vieillesse, et mourir sans avoir vécu.

Ces réflexions tristes, mais attendrissantes, me faisaient replier
sur moi-même avec un regret qui n'était pas sans douceur. Il me
semblait que la destinée me devait quelque chose qu'elle ne
m'avait pas donné. A quoi bon m'avoir fait naître avec des facultés
exquises, pour les laisser jusqu'à la fin sans emploi? Le sentiment
de mon prix interne, en me donnant celui de cette injustice, m'en
dédommageait en quelque sorte, et me faisait verser des larmes
que j'aimais à laisser couler.

Je faisais ces méditations dans la plus belle saison de l'année,
au mois de juin, sous des bocages frais, au chant du rossignol, au
gazouillement des ruisseaux. Tout concourut à me replonger dans
cette mollesse trop séduisante, pour laquelle j'étais né, mais dont
le ton dur et sévère, où venait de me monter une longue efferves-
cence, m'aurait dû délivrer pour toujours. J'allai malheureusement
me rappeler le dîner du château de Toune, et ma rencontre avec
ces deux charmantes filles, dans la même saison et dans des lieux
à peu près semblables à ceux où j'étais dans ce moment. Ce sou-
venir, que l'innocence qui s'y joignait me rendait plus doux
encore, m'en rappela d'autres de la même espèce. Bientôt je vis

rassemblés autour de moi tous les objets qui m'avaient donné de l'émotion dans ma jeunesse, mademoiselle Galley, mademoiselle de Graffenried, mademoiselle de Breil, madame Bazile, madame de Larnage, mes jolies écolières, et jusqu'à la piquante Zulietta, que mon cœur ne peut oublier. Je me vis entouré d'un sérail de houris, de mes anciennes connaissances, pour qui le goût le plus vif ne m'était pas un sentiment nouveau. Mon sang s'allume et pétille, la tête me tourne malgré mes cheveux déjà grisonnants, et voilà le brave citoyen de Genève, voilà l'austère Jean-Jacques, à près de quarante-cinq ans, redevenu tout à coup le berger extravagant. L'ivresse dont je fus saisi, quoique si prompte et si folle, fut si durable et si forte, qu'il n'a pas moins fallu, pour m'en guérir, que la crise imprévue et terrible des malheurs où elle m'a précipité.

Cette ivresse, à quelque point qu'elle fût portée, n'alla pourtant pas jusqu'à me faire oublier mon âge et ma situation, jusqu'à me flatter de pouvoir inspirer de l'amour encore, jusqu'à tenter de communiquer enfin ce feu dévorant, mais stérile, dont depuis mon enfance je sentais en vain consumer mon cœur. Je ne l'espérai point, et je ne le désirai pas même. Je savais que le temps d'aimer était passé ; je sentais trop le ridicule des galants surannés pour y tomber, et je n'étais pas homme à devenir avantageux et confiant sur mon déclin, après l'avoir été si peu durant mes belles années. D'ailleurs, ami de la paix, j'aurais craint les orages domestiques ; et j'aimais trop sincèrement ma Thérèse pour l'exposer au chagrin de me voir porter à d'autres des sentiments plus vifs que ceux qu'elle m'inspirait.

Que fis-je en cette occasion ? Déjà mon lecteur l'a deviné, pour peu qu'il m'ait suivi jusqu'ici. L'impossibilité d'atteindre aux êtres réels me jeta dans le pays des chimères ; et ne voyant rien d'existant qui fût digne de mon délire, je le nourris dans un monde idéal que mon imagination créatrice eut bientôt peuplé d'êtres selon mon cœur. Jamais cette ressource ne vint plus à propos et ne se trouva si féconde. Dans mes continuelles extases, je m'enivrais à torrents des plus délicieux sentiments qui jamais soient entrés dans un cœur d'homme. Oubliant tout à fait la race

humaine, je me fis des sociétés de créatures parfaites, aussi célestes
par leurs vertus que par leurs beautés, d'amis sûrs, tendres,
fidèles, tels que je n'en trouvai jamais ici-bas. Je pris un tel goût à
planer ainsi dans l'empyrée, au milieu des objets charmants dont
je m'étais entouré, que j'y passais les heures, les jours, sans
compter; et, perdant le souvenir de toute autre chose, à peine
avais-je mangé un morceau à la hâte, que je brûlais de m'échapper
pour courir retrouver mes bosquets. Quand, prêt à partir pour le
monde enchanté, je voyais arriver de malheureux mortels qui
venaient me retenir sur la terre, je ne pouvais modérer ni cacher
mon dépit; et, n'étant plus maître de moi, je leur faisais un
accueil si brusque, qu'il pouvait porter le nom de brutal. Cela ne
fit qu'augmenter ma réputation de misanthropie, par tout ce qui
m'en eût acquis une bien contraire, si l'on eût mieux lu dans mon
cœur.

Au fort de ma plus grande exaltation, je fus retiré tout d'un coup
par le cordon, comme un cerf-volant, et remis à ma place par la
nature, à l'aide d'une attaque assez vive de mon mal. J'employai
le seul remède qui m'eût soulagé, savoir, les bougies, et cela fit
trêve à mes angéliques amours: car, outre qu'on n'est guère
amoureux quand on souffre, mon imagination, qui s'anime à la
campagne et sous les arbres, languit et meurt dans la chambre et
sous les solives d'un plancher. J'ai souvent regretté qu'il n'existât
pas de Dryades; c'eût infailliblement été parmi elles que j'aurais
fixé mon attachement.

D'autres tracas domestiques vinrent en même temps augmenter
mes chagrins. Madame Le Vasseur, en me faisant les plus beaux
compliments du monde, aliénait de moi sa fille tant qu'elle pouvait.
Je reçus des lettres de mon ancien voisinage, qui m'apprirent que
la bonne vieille avait fait à mon insu plusieurs dettes au nom de
Thérèse, qui le savait, et qui ne m'en avait rien dit. Les dettes à
payer me fâchaient beaucoup moins que le secret qu'on m'en avait
fait. Eh! comment celle pour qui je n'eus jamais aucun secret
pouvait-elle en avoir pour moi? Peut-on dissimuler quelque chose
aux gens qu'on aime? La coterie holbachique, qui ne me voyait
faire aucun voyage à Paris, commençait à craindre tout de bon

que je ne me plusse à la campagne, et que je ne fusse assez fou
pour y demeurer. Là commencèrent les tracasseries par lesquelles
on cherchait à me rappeler indirectement à la ville. Diderot, qui
ne voulait pas se montrer sitôt lui-même, commença par me
détacher Deleyre, à qui j'avais procuré sa connaissance, lequel
recevait et me transmettait les impressions que voulait lui donner
Diderot, sans que lui Deleyre en vît le vrai but.

Tout semblait concourir à me tirer de ma douce et folle rêverie.
Je n'étais pas guéri de mon attaque, quand je reçus un exemplaire
du poëme sur la ruine de Lisbonne, que je supposai m'être envoyé
par l'auteur. Cela me mit dans l'obligation de lui écrire, et de lui
parler de sa pièce. Je le fis par une lettre qui a été imprimée long-
temps après sans mon aveu, comme il sera dit ci-après.

Frappé de voir ce pauvre homme, accablé, pour ainsi dire, de
prospérité et de gloire, déclamer toutefois amèrement contre les
misères de cette vie et trouver toujours que tout était mal, je for-
mai l'insensé projet de le faire rentrer en lui-même, et de lui prou-
ver que tout était bien. Voltaire, en paraissant toujours croire en
Dieu, n'a réellement jamais cru qu'au diable, puisque son dieu
prétendu n'est qu'un être malfaisant qui, selon lui, ne prend
plaisir qu'à nuire. L'absurdité de cette doctrine, qui saute aux
yeux, est surtout révoltante dans un homme comblé des biens de
toute espèce, qui, au sein du bonheur, cherche à désespérer ses
semblables par l'image affreuse et cruelle de toutes les calamités
dont il est exempt. Autorisé plus que lui à compter et à peser les
maux de la vie humaine, j'en fis l'équitable examen, et je lui
prouvai que de tous ces maux, il n'y en avait pas un dont la Pro-
vidence ne fût disculpée, et qui n'eût sa source dans l'abus que
l'homme a fait de ses facultés, plus que dans la nature elle-même.
Je le traitai dans cette lettre avec tous les égards, toute la consi-
dération, tout le ménagement, et je puis dire avec tout le respect
possibles. Cependant, lui connaissant un amour-propre extrême-
ment irritable, je ne lui envoyai pas cette lettre à lui-même, mais
au docteur Tronchin, son médecin et son ami, avec plein pou-
voir de la donner ou supprimer, selon qu'il le trouverait le plus
convenable. Tronchin donna la lettre. Voltaire me répondit en

peu de lignes, qu'étant malade et garde-malade lui-même, il remettait à un autre temps sa réponse, et ne dit pas un mot sur la question. Tronchin, en m'envoyant cette lettre, en joignit une, où il marquait peu d'estime pour celui qui la lui avait remise.

Je n'ai jamais publié ni même montré ces deux lettres, n'aimant point à faire parade de ces sortes de petits triomphes ; mais elles sont en originaux dans mes recueils (liasse A, n^{os} 20 et 21). Depuis lors, Voltaire a publié cette réponse qu'il m'avait promise, mais qu'il ne m'a pas envoyée. Elle n'est autre que le roman de *Candide*, dont je ne puis parler, parce que je ne l'ai pas lu.

Toutes ces distractions m'auraient dû guérir radicalement de mes fantasques amours, et c'était peut-être un moyen que le ciel m'offrait d'en prévenir les suites funestes : mais ma mauvaise étoile fut la plus forte ; à peine recommençai-je à sortir, que mon cœur, ma tête et mes pieds reprirent les mêmes routes. Je dis les mêmes, à certains égards ; car mes idées, un peu moins exaltées, restèrent cette fois sur la terre, mais avec un choix si exquis de tout ce qui pouvait s'y trouver d'aimable en tout genre, que cette élite n'était guère moins chimérique que le monde imaginaire que j'avais abandonné.

Je me figurai l'amour, l'amitié, les deux idoles de mon cœur, sous les plus ravissantes images. Je me plus à les orner de tous les charmes du sexe que j'avais toujours adoré. J'imaginai deux amies, plutôt que deux amis, parce que si l'exemple est plus rare, il est aussi plus aimable. Je les douai de deux caractères analogues, mais différents ; de deux figures, non pas parfaites, mais de mon goût, qu'animaient la bienveillance et la sensibilité. Je fis l'une brune et l'autre blonde, l'une vive et l'autre douce, l'une sage et l'autre faible, mais d'une si touchante faiblesse, que la vertu semblait y gagner. Je donnai à l'une des deux un amant dont l'autre fût la tendre amie, et même quelque chose de plus ; mais je n'admis ni rivalité, ni querelles, ni jalousie, parce que tout sentiment pénible me coûte à imaginer, et que je ne voulais ternir ce riant tableau par rien qui dégradât la nature. Épris de mes deux charmants modèles, je m'identifiais avec l'amant et l'ami autant qu'il m'était possible ; mais je le fis aimable et jeune, lui

donnant au surplus les vertus et les défauts que je me sentais.

Pour placer mes personnages dans un séjour qui leur convînt, je passai successivement en revue les plus beaux lieux que j'eusse vus dans mes voyages. Mais je ne trouvai point de bocage assez frais, point de paysage assez touchant à mon gré. Les vallées de la Thessalie m'auraient pu contenter, si je les avais vues ; mais mon imagination, fatiguée à inventer, voulait quelque lieu réel qui pût lui servir de point d'appui, et me faire illusion sur la réalité des habitants que j'y voulais mettre. Je songeai longtemps aux îles Borromées, dont l'aspect délicieux m'avait transporté ; mais j'y trouvai trop d'ornement et d'art pour mes personnages. Il me fallait cependant un lac, et je finis par choisir celui autour duquel mon cœur n'a jamais cessé d'errer. Je me fixai sur la partie des bords de ce lac, à laquelle depuis longtemps mes vœux ont placé ma résidence dans le bonheur imaginaire auquel le sort m'a borné. Le lieu natal de ma pauvre maman avait encore pour moi un attrait de prédilection. Le contraste des positions, la richesse et la variété des sites, la magnificence, la majesté de l'ensemble qui ravit les sens, émeut le cœur, élève l'âme, achevèrent de me déterminer, et j'établis à Vevai mes jeunes pupilles. Voilà tout ce que j'imaginai du premier bond ; le reste n'y fut ajouté que dans la suite.

Je me bornai longtemps à un plan si vague, parce qu'il suffisait pour remplir mon imagination d'objets agréables, et mon cœur de sentiments dont il aime à se nourrir. Ces fictions, à force de revenir, prirent enfin plus de consistance, et se fixèrent dans mon cerveau sous une forme déterminée. Ce fut alors que la fantaisie me prit d'exprimer sur le papier quelques-unes des situations qu'elles m'offraient ; et, rappelant tout ce que j'avais senti dans ma jeunesse, de donner ainsi l'essor en quelque sorte au désir d'aimer, que je n'avais pu satisfaire, et dont je me sentais dévoré.

Je jetai d'abord sur le papier quelques lettres éparses, sans suite et sans liaison ; et lorsque je m'avisai de les vouloir coudre, j'y fus souvent fort embarrassé. Ce qu'il y a de peu croyable et de très vrai est que les deux premières parties ont été écrites

M^{me} D'HOUTETOT À L'ERMITAGE

presque en entier de cette manière, sans que j'eusse aucun plan bien formé, et même sans prévoir qu'un jour je serais tenté d'en faire un ouvrage en règle. Aussi voit-on que ces deux parties, formées après coup de matériaux qui n'ont pas été taillés pour la place qu'ils occupent, sont pleines d'un remplissage verbeux qu'on ne trouve pas dans les autres.

Au plus fort de mes rêveries, j'eus une visite de madame d'Houdetot, la première qu'elle m'eût faite en sa vie, mais qui malheureusement ne fut pas la dernière, comme on verra ci-après. La comtesse d'Houdetot était fille de feu M. de Belle-garde, fermier général, sœur de M. d'Épinay et de MM. de Lalive et de la Briche, qui depuis ont été tous deux introduc-teurs des ambassadeurs. J'ai parlé de la connaissance que je fis avec elle étant fille. Depuis son mariage je ne la vis qu'aux fêtes de la Chevrette, chez madame d'Épinay, sa belle-sœur. Ayant souvent passé plusieurs jours avec elle, tant à la Chevrette qu'à Épinay, non seulement je la trouvai toujours très aimable, mais je crus lui voir aussi pour moi de la bienveillance. Elle aimait assez à se promener avec moi ; nous étions marcheurs l'un et l'autre, et l'entretien ne tarissait pas entre nous. Cependant je n'allai jamais la voir à Paris, quoiqu'elle m'en eût prié et même sollicité plusieurs fois. Ses liaisons avec M. de Saint-Lambert, avec qui je commençais d'en avoir, me la rendirent encore plus intéressante ; et c'était pour m'apporter des nouvelles de cet ami, qui pour lors était, je crois, à Mahon, qu'elle vint me voir à l'Ermitage.

Cette visite eut un peu l'air d'un début de roman. Elle s'égara dans la route. Son cocher, quittant le chemin qui tournait, voulut traverser en droiture, du moulin de Clairvaux à l'Ermitage : son carrosse s'embourba dans le fond du vallon ; elle voulut descendre, et faire le reste du trajet à pied. Sa mignonne chaussure fut bientôt percée ; elle enfonçait dans la crotte ; ses gens eurent toutes les peines du monde à la dégager, et enfin elle arriva à l'Ermitage en bottes, et perçant l'air d'éclats de rire, auxquels je mêlai les miens en la voyant arriver. Il fallut changer de tout ; Thérèse y pourvut, et je l'engageai d'oublier la dignité, pour faire une colla-

tion rustique, dont elle se trouva fort bien. Il était tard, elle resta peu ; mais l'entrevue fut si gaie qu'elle y prit goût, et parut disposée à revenir. Elle n'exécuta pourtant ce projet que l'année suivante ; mais, hélas ! ce retard ne me garantit de rien.

Je passai l'automne à une occupation dont on ne se douterait pas, à la garde du fruit de M. d'Épinay. L'Ermitage était le réservoir des eaux du parc de la Chevrette : il y avait un jardin clos de murs, et garni d'espaliers et d'autres arbres, qui donnaient plus de fruits à M. d'Épinay que son potager de la Chevrette, quoiqu'on lui en volât les trois quarts. Pour n'être pas un hôte absolument inutile, je me chargeai de la direction du jardin et de l'inspection du jardinier. Tout alla bien jusqu'au temps des fruits ; mais à mesure qu'ils mûrissaient, je les voyais disparaître, sans savoir ce qu'ils étaient devenus. Le jardinier m'assura que c'étaient les loirs qui mangeaient tout. Je fis la guerre aux loirs, j'en détruisis beaucoup, et le fruit n'en disparaissait pas moins. Je guettai si bien, qu'enfin je trouvai que le jardinier lui-même était le grand loir. Il logeait à Montmorency, d'où il venait les nuits, avec sa femme et ses enfants, enlever les dépôts de fruits qu'il avait faits pendant la journée, et qu'il faisait vendre à la halle de Paris, aussi publiquement que s'il eût eu un jardin à lui. Ce misérable que je comblais de bienfaits, dont Thérèse habillait les enfants, et dont je nourrissais presque le père, qui était mendiant, nous dévalisait aussi aisément qu'effrontément, aucun des trois n'étant assez vigilant pour y mettre ordre ; et dans une seule nuit, il parvint à vider ma cave, où je ne trouvai rien le lendemain. Tant qu'il ne parut s'adresser qu'à moi, j'endurai tout ; mais voulant rendre compte du fruit, je fus obligé d'en dénoncer le voleur. Madame d'Épinay me pria de le payer, de le mettre dehors, et d'en chercher un autre ; ce que je fis. Comme ce grand coquin rôdait toutes les nuits autour de l'Ermitage, armé d'un gros bâton ferré qui avait l'air d'une massue, et suivi d'autres vauriens de son espèce, pour rassurer les gouverneuses, que cet homme effrayait terriblement, je fis coucher son successeur toutes les nuits à l'Ermitage ; et cela ne les tranquillisant pas encore, je fis demander à madame d'Épinay un fusil que je tins dans la

chambre du jardinier, avec charge à lui de ne s'en servir qu'au besoin, si l'on tentait de forcer la porte ou d'escalader le jardin, et de n'en tirer qu'à poudre uniquement pour effrayer les voleurs. C'était assurément la moindre précaution que pût prendre, pour la sûreté commune, un homme incommodé, ayant à passer l'hiver au milieu des bois, seul avec deux femmes timides. Enfin, je fis l'acquisition d'un petit chien pour servir de sentinelle. Deleyre m'étant venu voir dans ce temps-là, je lui contai mon cas, et ris avec lui de mon appareil militaire. De retour à Paris, il en voulut amuser Diderot à son tour ; et voilà comment la coterie holbachique apprit que je voulais tout de bon passer l'hiver à l'Ermitage. Cette constance, qu'ils n'avaient pu se figurer, les désorienta ; et en attendant qu'ils imaginassent quelque autre tracasserie pour me rendre mon séjour déplaisant, ils me détachèrent, par Diderot, le même Deleyre, qui d'abord ayant trouvé mes précautions toutes simples, finit par les trouver inconséquentes à mes principes, et pis que ridicules dans des lettres où il m'accablait de plaisanteries amères, et assez piquantes pour m'offenser, si mon humeur eût été tournée de ce côté-là. Mais alors saturé de sentiments affectueux et tendres, et n'étant susceptible d'aucun autre, je ne voyais dans ses aigres sarcasmes que le mot pour rire, et ne le trouvais que folâtre, où tout autre l'eût trouvé extravagant.

A force de vigilance et de soins, je parvins si bien à garder le jardin, que, quoique la récolte du fruit eût presque manqué cette année, le produit fut triple de celui des années précédentes ; et il est vrai que je ne m'épargnais point pour le préserver, jusqu'à escorter les envois que je faisais à la Chevrette et à Épinay, jusqu'à porter des paniers moi-même ; et je me souviens que nous en portâmes un si lourd, la tante et moi, que prêts à succomber sous le faix, nous fûmes contraints de nous reposer de dix en dix pas, et n'arrivâmes que tout en nage.

Quand la mauvaise saison commença de me renfermer au logis, je voulus reprendre mes occupations casanières ; il ne me fut pas possible. Je ne voyais partout que les deux charmantes amies, que leur ami, leurs entours, le pays qu'elles habitaient, qu'objets créés

ou embellis pour elles par mon imagination. Je n'étais plus un mo-
ment à moi-même, le délire ne me quittait plus. Après beaucoup
d'efforts inutiles pour écarter de moi toutes ces fictions, je fus
enfin tout à fait séduit par elles, et je ne m'occupai plus qu'à
tâcher d'y mettre quelque ordre et quelque suite, pour en faire
une espèce de roman.

Mon grand embarras était la honte de me démentir ainsi moi-
même si nettement et si hautement. Après les principes sévères
que je venais d'établir avec tant de fracas, après les maximes
austères que j'avais si fortement prêchées, après tant d'invectives
mordantes contre les livres efféminés qui respiraient l'amour et la
mollesse, pouvait-on rien imaginer de plus inattendu, de plus
choquant que de me voir tout d'un coup m'inscrire de ma propre
main parmi les auteurs de ces livres, que j'avais si durement cen-
surés? Je sentais cette inconséquence dans toute sa force, je me
la reprochais, j'en rougissais, je m'en dépitais : mais tout cela ne
put suffire pour me ramener à la raison. Subjugué complètement,
il fallut me soumettre à tout risque, et me résoudre à braver le
qu'en dira-t-on ; sauf à délibérer dans la suite si je me résoudrais
à montrer mon ouvrage ou non : car je ne supposais pas encore
que j'en vinsse à le publier.

Ce parti pris, je me jette à plein collier dans mes rêveries; et à
force de les tourner et retourner dans ma tête, j'en forme enfin
l'espèce de plan dont on a vu l'exécution. C'était assurément le
meilleur parti qui se pût tirer de mes folies : l'amour du bien, qui
n'est jamais sorti de mon cœur, le tourna vers des objets utiles, et
dont la morale eût pu faire son profit. Mes tableaux voluptueux
auraient perdu toutes leurs grâces, si le doux coloris de l'inno-
cence y eût manqué. Une fille faible est un objet de pitié que
l'amour peut rendre intéressant, et qui souvent n'est pas moins
aimable : mais qui peut supporter sans indignation le spectacle
des mœurs à la mode? et qu'y a-t-il de plus révoltant que l'orgueil
d'une femme infidèle, qui, foulant ouvertement aux pieds tous ses
devoirs, prétend que son mari soit pénétré de reconnaissance de
la grâce qu'elle lui accorde de vouloir bien ne pas se laisser
prendre sur le fait? Les êtres parfaits ne sont pas dans la nature,

et leurs leçons ne sont pas assez près de nous. Mais qu'une jeune personne, née avec un cœur aussi tendre qu'honnête, se laisse vaincre à l'amour étant fille, et retrouve étant femme des forces pour le vaincre à son tour et redevenir vertueuse: quiconque vous dira que ce tableau dans sa totalité est scandaleux et n'est pas utile, est un menteur et un hypocrite ; ne l'écoutez pas.

Outre cet objet de mœurs et d'honnêteté conjugale, qui tient radicalement à tout l'ordre social, je m'en fis un plus secret de concorde et de paix publique; objet plus grand, plus important peut-être en lui-même, et du moins pour le moment où l'on se trouvait. L'orage excité par l'*Encyclopédie*, loin de se calmer, était alors dans sa plus grande force. Les deux partis, déchaînés l'un contre l'autre avec la dernière fureur, ressemblaient plutôt à des loups enragés, acharnés à s'entre-déchirer, qu'à des chrétiens et des philosophes qui veulent réciproquement s'éclairer, se convaincre, et se ramener dans la voie de la vérité. Il ne manquait peut-être à l'un et à l'autre que des chefs remuants qui eussent du crédit, pour dégénérer en guerre civile; et Dieu sait ce qu'eût produit une guerre civile de religion, où l'intolérance la plus cruelle était au fond la même des deux côtés. Ennemi né de tout esprit de parti, j'avais dit franchement aux uns et aux autres des vérités dures qu'ils n'avaient pas écoutées. Je m'avisai d'un autre expédient, qui, dans ma simplicité, me parut admirable : c'était d'adoucir leur haine réciproque en détruisant leurs préjugés, et de montrer à chaque parti le mérite et la vertu dans l'autre, dignes de l'estime publique et du respect de tous les mortels. Ce projet peu sensé, qui supposait de la bonne foi dans les hommes, et par lequel je tombais dans le défaut que je reprochais à l'abbé de Saint-Pierre, eut le succès qu'il devait avoir; il ne rapprocha point les partis, et ne les réunit que pour m'accabler. En attendant que l'expérience m'eût fait sentir ma folie, je m'y livrai, j'ose le dire, avec un zèle digne du motif qui me l'inspirait, et je dessinai les deux caractères de Wolmar et de Julie, dans un ravissement qui me faisait espérer de les rendre aimables tous les deux, et, qui plus est, l'un par l'autre.

Content d'avoir grossièrement esquissé mon plan, je revins aux

situations de détail que j'avais tracées ; et de l'arrangement que je leur donnai résultèrent des deux premières parties de la *Julie*, que je fis et mis au net durant cet hiver avec un plaisir inexprimable, employant pour cela le plus beau papier doré, de la poudre d'azur et d'argent pour sécher l'écriture, de la nonpareille bleue pour coudre mes cahiers ; enfin ne trouvant rien d'assez galant, rien d'assez mignon pour les charmantes filles dont je raffolais comme un autre Pygmalion. Tous les soirs, au coin de mon feu, je lisais et relisais ces deux parties aux gouverneuses. La fille, sans rien dire, sanglotait avec moi d'attendrissement ; la mère, qui, ne trouvant point là de compliments, n'y comprenait rien, restait tranquille, et se contentait, dans les moments de silence, de me répéter toujours : *Monsieur, cela est bien beau.*

Madame d'Épinay, inquiète de me savoir seul en hiver au milieu des bois, dans une maison isolée, envoyait très souvent savoir de mes nouvelles. Jamais je n'eus de si vrais témoignages de son amitié pour moi, et jamais la mienne n'y répondit plus vivement. J'aurais tort de ne pas spécifier parmi ces témoignages, qu'elle m'envoya son portrait, et qu'elle me demanda des instructions pour avoir le mien peint par Latour, et qui avait été exposé au salon. Je ne dois pas non plus omettre une autre de ses attentions, qui paraîtra risible, mais qui fait trait à l'histoire de mon caractère, par l'impression qu'elle fit sur moi. Un jour qu'il gelait très fort, en ouvrant un paquet qu'elle m'envoyait de plusieurs commissions dont elle s'était chargée, j'y trouvai un petit jupon de dessous, de flanelle d'Angleterre, qu'elle me marquait avoir porté, et dont elle voulait que je me fisse un gilet. Le tour de son billet était charmant, plein de caresses et de naïveté. Ce soin, plus qu'amical, me parut si tendre, comme si elle se fût dépouillée pour me vêtir, que dans mon émotion, je baisai vingt fois le billet et le jupon. Thérèse me croyait devenu fou. Il est singulier que, de toutes les marques d'amitié que madame d'Épinay m'a prodiguées, aucune ne m'a jamais touché comme celle-là ; et que même, depuis notre rupture, je n'y ai jamais repensé sans attendrissement. J'ai longtemps conservé son petit billet ; et je l'aurais encore, s'il n'eût eu le sort de mes autres lettres du même temps.

Quoique mes rétentions me laissassent alors peu de relâche en hiver, et qu'une partie de celui-ci je fusse réduit à l'usage des sondes, ce fut pourtant, à tout prendre, la saison que depuis ma demeure en France j'ai passée avec le plus de douceur et de tranquillité. Durant quatre ou cinq mois que le mauvais temps me tint davantage à l'abri des survenants, je savourai, plus que je n'ai fait avant et depuis, cette vie indépendante, égale et simple, dont la jouissance ne faisait pour moi qu'augmenter le prix, sans autre compagnie que celle des deux gouverneuses en réalité, et celle des deux cousines en idée. C'est alors surtout que je me félicitais chaque jour davantage du parti que j'avais eu le bon sens de prendre, sans égard aux clameurs de mes amis, fâchés de me voir affranchi de leur tyrannie : et quand j'appris l'attentat d'un forcené, quand Deleyre et madame d'Épinay me parlaient dans leurs lettres du trouble et de l'agitation qui régnaient dans Paris, combien je remerciai le ciel de m'avoir éloigné de ces spectacles d'horreurs et de crimes, qui n'eussent fait que nourrir, qu'aigrir l'humeur bilieuse que l'aspect des désordres publics m'avait donné; tandis que, ne voyant plus autour de ma retraite que des objets riants et doux, mon cœur ne se livrait qu'à des sentiments aimables. Je note ici avec complaisance le cours des derniers moments paisibles qui m'ont été laissés. Le printemps qui suivit cet hiver si calme vit éclore le germe des malheurs qui me restent à décrire, et dans le tissu desquels on ne verra plus d'intervalle semblable, où j'aie eu le loisir de respirer.

Je crois pourtant me rappeler que durant cet intervalle de paix, et jusqu'au fond de ma solitude, je ne restai pas tout à fait tranquille de la part des holbachiens. Diderot me suscita quelque tracasserie, et je suis fort trompé si ce n'est durant cet hiver que parut le *Fils naturel*, dont j'aurai bientôt à parler. Outre que, par des causes qu'on saura dans la suite, il m'est resté peu de monuments sûrs de cette époque, ceux même qu'on m'a laissés sont très peu précis quant aux dates. Diderot ne datait jamais ses lettres. Madame d'Épinay, madame d'Houdetot ne dataient guère les leurs que du jour de la semaine, et Deleyre faisait comme elles le plus souvent. Quand j'ai voulu ranger ces lettres dans

leur ordre, il a fallu suppléer, en tâtonnant, des dates incertaines, sur lesquelles je ne puis compter. Ainsi, ne pouvant fixer avec certitude le commencement de ces brouilleries, j'aime mieux rapporter ci-après, dans un seul article, tout ce que je m'en puis rappeler.

Le retour du printemps avait redoublé mon tendre délire, et dans mes érotiques transports j'avais composé pour les dernières parties de la *Julie* plusieurs lettres qui se sentent du ravissement dans lequel je les écrivis. Je puis citer entre autres celles de l'Élysée et de la promenade sur le lac, qui, si je m'en souviens bien, sont à la fin de la quatrième partie. Quiconque, en lisant ces deux lettres, ne sent pas amollir et fondre son cœur dans l'attendrissement qui me les dicta, doit fermer le livre : il n'est pas fait pour juger des choses de sentiment.

Précisément dans le même temps, j'eus de madame d'Houdetot une seconde visite imprévue. En l'absence de son mari qui était capitaine de gendarmerie, et de son amant qui servait aussi, elle était venue à Eaubonne, au milieu de la vallée de Montmorency, où elle avait loué une assez jolie maison. Ce fut de là qu'elle vint faire à l'Ermitage une nouvelle excursion. A ce voyage, elle était à cheval et en homme. Quoique je n'aime guère ces sortes de mascarades, je fus pris à l'air romanesque de celle-là, et pour cette fois, ce fut de l'amour. Comme il fut le premier et l'unique en toute ma vie, et que ses suites le rendront à jamais mémorable et terrible à mon souvenir, qu'il me soit permis d'entrer dans quelque détail sur cet article.

TABLE DES EAUX-FORTES

DU TOME DEUXIÈME

Imprimerie de J. DUMOULIN, à Paris. — 971.10.22

www.ingramcontent.com/pod-product-compliance
Lightning Source LLC
LaVergne TN
LVHW021141050726
842519LV00002B/459